AF468224

PETIT MANUEL

DE

L'ASSISTANCE PUBLIQUE

DES HOSPICES, HOPITAUX, BUREAUX DE BIENFAISANCE

ET

DES BUREAUX D'ASSISTANCE MÉDICALE

(*Exécution de la loi du 15 juillet 1893.*)

Textes législatifs et réglementaires
Instructions détaillées — Commentaires et rapports officiels
Statistiques générales

FORMULES ET MODÈLES A ADOPTER

PAR V. TURQUAN

Lauréat de l'Institut,
Chef de Bureau au Ministère du Commerce, de l'Industrie, et des Postes et des Télégraphes

PARIS
PAUL DUPONT, ÉDITEUR
4, RUE DU BOULOI, 4

1894

PETIT MANUEL

DE

L'ASSISTANCE PUBLIQUE

AVANT PROPOS

La loi du 15 juillet 1893 sur l'assistance médicale gratuite, mettant en œuvre un principe posé il y a un siècle, réalise dans l'ordre social une réforme longtemps attendue, réclamée avec une ardeur croissante par les organes les plus autorisés de l'opinion, déclarée nécessaire pour le monde civilisé par le congrès international de l'assistance publique tenu à Paris en 1889, et spécialement pour la France par le conseil supérieur de l'assistance publique qui en a fait l'objet de ses premiers travaux. Elle rend obligatoire l'assistance médicale aux malades privés de ressources.

Sous tous les régimes, l'administration s'était efforcée d'assurer aux malades pauvres les secours médicaux et pharmaceutiques. Un grand nombre de départements avaient répondu à son appel, et fait appel à leur tour à la coopération des communes. Mais il restait à vaincre des résistances opiniâtres ; certains départements se refusaient absolument à organiser le service de la médecine gratuite, et dans les départements qui l'avaient organisée, certaines communes s'obstinaient à ne pas adhérer au service.

La loi est intervenue pour triompher de ces résistances. Là même où elle paraît ne consacrer qu'un état de choses existant, elle crée en réalité une situation nouvelle. Autre chose est un service dépendant de la bonne volonté des départements et des communes, aujourd'hui fonctionnant, demain délaissé, autre chose est un service public obligatoire. La loi du 15 juillet 1893 a fait de l'assistance un service public : ce fait considérable produira, degré par degré, toutes ses conséquences.

Le présent ouvrage, destiné surtout aux municipalités et aux membres des bureaux d'assistance, de bienfaisance, et des commissions des hôpitaux et hospices, n'a pas la prétention d'être une œuvre scientifique ; il a pour but de mettre entre les mains des administrateurs l'énoncé des lois et des règlements relatifs à l'assistance ; de leur donner des modèles, de leur permettre de se rendre compte des besoins de leurs départements et régions, et des conséquences financières de la loi nouvelle.

Les administrateurs chargés d'organiser les bureaux d'assistance, et les hôpitaux intercommunaux trouveront également dans cet ouvrage tous les textes législatifs et réglementaires relatifs à la création de syndicats de communes, à l'installation et au fonctionnement des bureaux de bienfaisance, et enfin à l'organisation administrative des hôpitaux et des hospices.

Ils trouveront également, page 97 la liste complète des imprimés nécessaires pour le fonctionnement de la loi ; des bureaux d'assistance, leur fonctionnement, hospitalisations, comptes, etc.

LOI DU 15 JUILLET 1893

SUR

L'ASSISTANCE MÉDICALE GRATUITE

TITRE Ier

Organisation de l'Assistance médicale.

ARTICLE PREMIER. — Tout Français malade, privé de ressources, reçoit gratuitement de la commune, du département ou de l'État, suivant son domicile de secours, l'assistance médicale à domicile ou, s'il y a impossibilité de le soigner utilement à domicile, dans un établissement hospitalier.

Les femmes en couches sont assimilées à des malades.

Les étrangers malades, privés de ressources, seront assimilés aux Français toutes les fois que le Gouvernement aura passé un traité d'assistance réciproque avec leur nation d'origine (*page* 24) (1).

---

(1) Les numéros qui figurent à la fin de chaque paragraphe de la loi indiquent la page à laquelle figure le commentaire qui s'y rapporte.

Art. 2. — La commune, le département ou l'État peuvent toujours exercer leur recours, s'il y a lieu, soit l'un contre l'autre, soit contre toutes personnes, sociétés ou corporations tenues à l'assistance médicale envers l'indigent malade, notamment contre les membres de la famille de l'assisté désignés par les articles 205, 206, 207 et 212 du Code civil (p. 26).

Art. 3. — Toute commune est rattachée pour le traitement de ses malades à un ou plusieurs des hôpitaux les plus voisins.

Dans le cas où il y a impossibilité de soigner utilement un malade à domicile, le médecin délivre un certificat d'admission à l'hôpital. Ce certificat doit être contresigné par le président du bureau d'assistance ou son délégué.

L'hôpital ne pourra réclamer à qui de droit le remboursement des frais de journée qu'autant qu'il représentera le certificat ci-dessus.

Art. 4. — Il est organisé dans chaque département, sous l'autorité du préfet et suivant les conditions déterminées par la présente loi, un service d'assistance médicale gratuite pour les malades privés de ressources.

Le conseil général délibère dans les conditions prévues par l'article 48 de la loi du 10 août 1871 :

1° Sur l'organisation du service de l'assistance médicale, la détermination et la création des hôpitaux auxquels est rattaché chaque commune ou syndicat de communes;

2° Sur la part de la dépense incombant aux communes et au département.

Art. 5. — A défaut de délibération du conseil général sur les objets prévus à l'article précédent, ou en cas de la suspension de la délibération en exécution de l'article 49 de la loi du 10 août 1871, il peut être pourvu à la réglementation du service par un décret rendu dans la forme des règlements d'administration publique.

TITRE II

Domicile de secours.

Art. 6. — Le domicile de secours s'acquiert :

1° Par une résidence habituelle d'un an dans une commune postérieurement à la majorité ou à l'émancipation;

2° Par la filiation. L'enfant a le domicile de secours de son père. Si la mère a survécu au père, ou si l'enfant est un enfant naturel reconnu par sa mère seulement, il a le domicile de sa mère. En cas de séparation de corps ou de divorce des époux, l'enfant légitime partage le domicile de l'époux à qui a été confié le soin de son éducation;

3° Par le mariage. La femme, du jour de son mariage, acquiert le domicile de secours de son mari. Les veuves, les femmes divorcées ou séparées de corps, conservent le domicile de secours antérieur à la dissolution du mariage ou au jugement de séparation.

Pour les cas non prévus dans le présent article, le domicile de secours est le lieu de la naissance jusqu'à la majorité ou à l'émancipation.

Art. 7. — Le domicile de secours se perd :

1° Par une absence ininterrompue d'une année postérieurement à la majorité ou à l'émancipation;

2° Par l'acquisition d'un autre domicile de secours.

Si l'absence est occasionnée par des circonstances excluant toute liberté de choix de séjour ou par un traitement dans un établissement hospitalier situé en dehors du lieu habituel de résidence du malade, le délai d'un an ne commence à courir que du jour où ces circonstances n'existent plus.

Art. 8. — A défaut de domicile de secours communal, l'assistance médicale incombe au département dans lequel le malade privé de ressources aura acquis son domicile de secours.

Quand le malade n'a ni domicile de secours communal ni domicile de secours départemental, l'assistance médicale incombe à l'État.

ART. 9. — Les enfants assistés ont leur domicile de secours dans le département au service duquel ils appartiennent, jusqu'à ce qu'ils aient acquis un autre domicile de secours.

TITRE III

Bureau et liste d'assistances.

ART. 10. — Dans chaque commune, un bureau d'assistance assure le service de l'assistance médicale.

La commission administrative du bureau d'assistance est formée par les commissions administratives réunies de l'hospice et du bureau de bienfaisance, ou par cette dernière seulement quand il n'existe pas d'hospice dans la commune.

A défaut d'hospice ou de bureau de bienfaisance, le bureau d'assistance est régi par la loi du 21 mai 1873 (articles 1 à 5) modifiée par la loi du 5 août 1879, et possède, outre les attributions qui lui sont dévolues par la présente loi, tous les droits et attributions qui appartiennent au bureau de bienfaisance.

ART. 11. — Le président du bureau d'assistance a le droit d'accepter, à titre conservatoire, des dons et legs et de former, avant l'autorisation, toute demande en délivrance.

Le décret du Président de la République ou l'arrêté du préfet qui interviennent ultérieurement ont effet du jour de cette acceptation.

Le bureau d'assistance est représenté en justice et dans tous les actes de la vie civile par un de ses membres que ses collègues élisent à cet effet, au commencement de chaque année.

L'administration des fondations, dons et legs qui ont été faits aux pauvres ou aux communes, en vue d'assurer l'assistance médicale, est dévolue au bureau d'assistance.

Les bureaux d'assistance sont soumis aux règles qui régissent l'administration et la comptabilité des hospices, en ce qu'elles n'ont rien de contraire à la présente loi.

Art. 12. — La commission administrative du bureau d'assistance, sur la convocation de son président, se réunit au moins quatre fois par an.

Elle dresse, un mois avant la première session ordinaire du conseil municipal, la liste des personnes qui, ayant dans la commune leur domicile de secours, doivent être, en cas de maladie, admises à l'assistance médicale, et elle procède à la revision de cette liste un mois avant chacune des trois autres sessions.

Le médecin de l'assistance ou un délégué des médecins de l'assistance, le receveur municipal et un des répartiteurs désignés par le sous-préfet, peuvent assister à la séance avec voix consultative.

Art. 13. — La liste d'assistance médicale doit comprendre nominativement tous ceux qui seront admis aux secours, lors même qu'ils sont membres de la même famille.

Art. 14. — La liste est arrêtée par le conseil municipal, qui délibère en comité secret : elle est déposée au secrétariat de la mairie.

Le maire donne avis du dépôt par affiches aux lieux accoutumés.

Art. 15. — Une copie de la liste et du procès-verbal constatant l'accomplissement des formalités prescrites par l'article précédent est en même temps transmise au sous-préfet de l'arrondissement.

Si le préfet estime que les formalités prescrites par la loi n'ont pas été observées, il défère les opérations, dans les huit jours de la réception de la liste, au conseil de préfecture, qui statue dans les huit jours et fixe, s'il y a lieu, le délai dans lequel les opérations annulées seront refaites.

ART. 16. — Pendant un délai de vingt jours à compter du dépôt, les réclamations en inscription ou en radiation peuvent être faites par tout habitant ou contribuable de la commune.

ART. 17. — Il est statué souverainement sur ces réclamations, le maire entendu ou dûment appelé, par une commission cantonale composée du sous-préfet de l'arrondissement, du conseiller général, d'un conseiller d'arrondissement dans l'ordre de nomination et du juge de paix du canton.

Le sous-préfet, ou à son défaut, le juge de paix préside la commission.

ART. 18. — Le président de la commission donne, dans les huit jours, avis des décisions rendues au sous-préfet et au maire, qui opèrent sur la liste les additions ou les retranchements prononcés.

ART. 19. — En cas d'urgence, dans l'intervalle de deux sessions, le bureau d'assistance peut admettre provisoirement, dans les conditions de l'article 12 de la présente loi, un malade non inscrit sur la liste.

En cas d'impossibilité de réunir à temps le bureau d'assistance, l'admission peut être prononcée par le maire, qui en rend compte, en comité secret, au conseil municipal dans sa plus prochaine séance.

ART. 20. — En cas d'accident ou de maladie aiguë, l'assistance médicale des personnes qui n'ont pas le domicile de secours dans la commune où s'est produit l'accident ou la maladie incombe à la commune, dans les conditions prévues à l'article 21, s'il n'existe pas d'hôpital dans la commune.

L'admission de ces malades à l'assistance médicale est prononcée par le maire, qui avise immédiatement le préfet et en rend compte, en comité secret, au conseil municipal dans sa prochaine séance.

Le préfet accuse réception de l'avis et prononce dans les dix jours sur l'admission aux secours de l'assistance.

Art. 21. — Les frais avancés par la commune en vertu de l'article précédent, sauf pour les dix premiers jours de traitement, sont remboursés par le département d'après un état régulier dressé conformément au tarif fixé par le conseil général.

Le département qui a fourni l'assistance peut exercer son recours contre qui de droit. Si l'assisté a son domicile de secours dans un autre département, le recours est exercé contre ce département, sauf la faculté pour ce dernier d'exercer à son tour son recours contre qui de droit.

Art. 22. — L'inscription sur la liste prévue à l'article 12 continue à valoir pendant un an, au regard des tiers, à partir du jour où la personne inscrite a quitté la commune, sauf la faculté pour la commune de prouver que cette personne n'est plus en situation d'avoir besoin de l'assistance médicale gratuite.

Art. 23. — Le préfet prononce l'admission aux secours de l'assistance médicale des malades privés de ressources et dépourvus d'un domicile de secours communal.

Le préfet est tenu d'adresser, au commencement de chaque mois, à la commission départementale ou au ministre de l'Intérieur, suivant que l'assistance incombe au département ou à l'Etat, la liste nominative des malades ainsi admis pendant le mois précédent aux secours de l'assistance médicale.

TITRE IV

Secours hospitaliers.

Art. 24. — Le prix de la journée des malades placés dans les hôpitaux aux frais des communes, des départements ou de l'État est réglé, par arrêté du préfet, sur la proposition des commissions administratives de ces établissements et après avis du conseil général du département, sans qu'on puisse imposer un prix de journée inférieur à la moyenne du prix de revient constaté pendant les cinq dernières années.

Art. 25. — Les droits résultant d'actes de fondation, des édits d'union ou de conventions particulières sont et demeurent réservés.

Il n'est pas dérogé à l'article 1er de la loi du 7 août 1851.

Tous les lits dont l'affectation ne résulte pas des deux paragraphes précédents ou qui ne seront pas reconnus nécessaires aux services des vieillards ou incurables, des militaires, des enfants assistés et des maternités seront affectés au service de l'assistance médicale.

TITRE V

Dépenses, voies et moyens.

Art. 26. — Les dépenses du service de l'assistance médicale se divisent en dépenses ordinaires et dépenses extraordinaires :

Les dépenses ordinaires comprennent :

1° Les honoraires des médecins, chirurgiens et sages-femmes du service d'assistance à domicile;

2° Les médicaments et appareils;

3° Les frais de séjour des malades dans les hôpitaux.

Ces dépenses sont obligatoires. Elles sont supportées par les communes, le département et l'État, suivant les règles établies par les articles 27, 28 et 29.

Les dépenses extraordinaires comprennent les frais d'agrandissement et de construction d'hôpitaux.

L'État contribuera à ces dépenses par des subventions dans la limite des crédits votés.

Chaque année une somme sera à cet effet inscrite au budget.

Art. 27. — Les communes dont les ressources spéciales de l'assistance médicale et les ressources ordinaires inscrites à leur budget seront insuffisantes pour couvrir les frais de ce service sont autorisées à voter des centimes additionnels aux quatre contributions directes ou des taxes d'octroi pour se procurer le complément des ressources nécessaires.

Les taxes d'octroi votées en vertu du paragraphe précédent seront soumises à l'approbation de l'autorité compétente, conformément aux dispositions de l'article 137 de la loi du 5 avril 1884.

La part que les communes seront obligées de demander aux centimes additionnels ou aux taxes d'octroi ne pourra être moindre de 20 p. 100 ni supérieure à 90 p. 100 de la dépense à couvrir, conformément au tableau A ci-annexé (*page* 14).

Art. 28. — Les départements, outre les frais qui leur incombent de par les articles précédents, sont tenus d'accorder aux communes qui auront été obligées de recourir aux centimes additionnels ou à des taxes d'octroi des subventions d'autant plus fortes que leur centime sera plus faible, mais qui ne pourront dépasser 80 p. 100 ni être inférieurs à 10 p. 100 du produit de ces centimes additionnels ou taxes d'octroi conformément au tableau A précité.

En cas d'insuffisance des ressources spéciales de l'assistance médicale et des ressources ordinaires de leur budget, ils sont autorisés à voter des centimes additionnels aux quatre contributions directes dans la mesure nécessitée par la présente loi.

Art. 29. — L'État concourt aux dépenses départementales de l'assistance médicale par des subventions aux départements dans une proportion qui variera de 10 à 70 p. 100 du total de ces dépenses couvertes par des centimes additionnels et qui sera calculée en raison inverse de la valeur du centime départemental par kilomètre carré, conformément au tableau B ci-annexé (*page* 15).

L'État est en outre chargé :

1° Des dépenses occasionnées par le traitement des malades n'ayant aucun domicile de secours;

2° Des frais d'administration relatifs à l'exécution de la présente loi.

TITRE VI

Dispositions générales.

Art. 30. — Les communes, les départements, les bureaux de bienfaisance et les établissements hospitaliers possédant, en vertu d'actes de fondations, des biens dont le revenu a été affecté par le fondateur à l'assistance médicale des indigents à domicile, sont tenus de contribuer aux dépenses du service de l'assistance médicale jusqu'à concurrence dudit revenu, sauf ce qui a été dit à l'article 25.

Art. 31. — Tous les recouvrements relatifs au service de l'assistance médicale s'effectuent comme en matière de contributions directes.

Toutes les recettes du bureau d'assistance pour lesquelles les lois et règlements n'ont pas prévu un mode spécial de recouvrement s'effectuent sur les états dressés par le président.

Ces états sont exécutoires après qu'ils ont été visés par le préfet ou le sous-préfet.

Les oppositions, lorsque la matière est de la compétence

des tribunaux ordinaires, sont jugés comme affaires sommaires, et le bureau peut y défendre sans autorisation du conseil de préfecture.

Art. 32. — Les certificats, significations, jugements, contrats, quittances et autres actes faits en vertu de la présente loi et exclusivement relatifs au service de l'assistance médicale, sont dispensés du timbre et enregistrés gratis lorsqu'il y a lieu à la formalité de l'enregistrement, sans préjudice du bénéfice de la loi du 22 janvier 1851 sur l'assistance judiciaire.

Art. 33. — Toutes les contestations relatives à l'exécution soit de la délibération du conseil général prise en vertu de l'article 4, soit du décret rendu en vertu de l'article 5, ainsi que les réclamations des commissions administratives relatives à l'exécution de l'arrêté préfectoral prévu à l'article 24 sont portées devant le conseil de préfecture du département du requérant et, en cas d'appel, devant le conseil d'État.

Les pourvois devant le conseil d'État dans les cas prévus au paragraphe précédent sont dispensés de l'intervention de l'avocat.

Art. 34. — Les médecins de service de l'assistance médicale gratuite ne pourront être considérés comme inéligibles au conseil général ou au conseil d'arrondissement à raison de leur rétribution sur le budget départemental.

Art. 35. — Les communes ou syndicats de communes qui justifient remplir d'une manière complète leur devoir d'assistance envers leurs malades peuvent être autorisés par une décision spéciale du ministre de l'Intérieur, rendue après avis du conseil supérieur de l'assistance publique, à avoir une organisation spéciale.

Art. 36. — Sont abrogées les dispositions du décret-loi du 24 vendémiaire an II, en ce qu'elles ont de contraire à la présente loi.

La présente loi, délibérée et adoptée par le Sénat et par la Chambre des députés, sera exécutée comme loi de l'État.

Fait à Paris, le 15 juillet 1893.

CARNOT.

Par le Président de la République :

Le Président du Conseil, ministre de l'Intérieur,

CH. DUPUY.

Le Garde des Sceaux, ministre de la Justice,

E. GUÉRIN.

Le Ministre des Finances,

P. PEYTRAL.

Tableau A

Servant à déterminer la part de dépense à couvrir par les communes au moyen des ressources extraordinaires (centimes additionnels et taxes d'octroi) et le montant de la subvention qui doit leur être allouée par le département par l'assistance médicale gratuite, eu égard à la valeur du centime additionnel.

VALEUR DU CENTIME.	PORTION DE LA DÉPENSE A COUVRIR	
	par les communes au moyen des ressources extra-ordinaires.	par le département au moyen de ses subventions celles de l'Etat.
Au-dessous de 20 fr.	20 pour 100	80 pour 100
De 20 fr. 01 à 40 fr.	25 —	75 —
De 40 fr. 01 à 60 fr.	30 —	70 —
De 60 fr. 01 à 80 fr.	35 —	65 —
De 80 fr. 01 à 100 fr.	40 —	60 —
De 100 fr. 01 à 200 fr.	50 —	50 —
De 200 fr. 01 à 300 fr.	60 —	40 —
De 300 fr. 01 à 600 fr.	70 —	30 —
De 600 fr. 01 à 900 fr.	80 —	20 —
De 900 fr. 01 et au-dessus	90 —	10 —

Tableau B

Servant à déterminer le montant de la subvention qui doit être allouée par l'Etat aux départements pour leur part dans les frais de l'assistance médicale, eu égard à la valeur du centime départemental par kilomètre carré.

VALEUR DU CENTIME par KILOMÈTRE CARRÉ.	COEFFICIENT de subvention de l'Etat.	DÉPENSE à couvrir par le département.
Au-dessous de 2 fr.	70 pour 100	30 pour 100
De 2 fr. 01 à 2 fr. 50	65 —	35 —
De 2 fr. 51 à 3 fr	60 —	40 —
De 3 fr. 01 à 3 fr. 50	55 —	45 —
De 3 fr. 51 à 4 fr.	50 —	50 —
De 4 fr. 01 à 4 fr. 75	45 —	55 —
De 4 fr. 76 à 6 fr	40 —	60 —
De 6 fr. 01 à 9 fr.	30 —	70 —
De 9 fr. 01 à 15 fr.	20 —	80 —
Au-dessus de 15 fr.	10 —	90 —

Vu pour être annexé à la loi du 15 juillet 1893, votée par le Sénat et par la Chambre des Députés.

Paris, le 15 juillet 1893.

CARNOT.

Par le Président de la République :

Le Président du Conseil, ministre de l'Intérieur,

CH. DUPUY.

Le Garde des Sceaux, ministre de la Justice,

E. GUÉRIN.

Le Ministre des Finances,

P. PEYTRAL.

CIRCULAIRE

SUR

L'APPLICATION DE LA LOI DU 15 JUILLET 1893

Paris, le 31 juillet 1893.

Monsieur le Préfet, la loi du 15 juillet 1893 sur l'assistance médicale gratuite, publiée au *Journal officiel* du 18 du même mois, a pour but d'étendre à tous les départements et à toutes les communes de la République, le bénéfice du service de la médecine gratuite, qui ne fonctionne à l'heure actuelle que dans quarante-neuf départements, sans même comprendre toutes les communes de ces départements; elle doit avoir aussi pour résultat de régulariser le fonctionnement de cet important service; enfin elle lui assure le concours de l'État.

La proximité de l'ouverture de la session d'août des Conseils généraux ne permet pas de réaliser l'application immédiate de cette loi. Au surplus aucun crédit spécial n'est prévu aux budgets de mon ministère pour les exercices 1893 et 1894. Je vous adresserai en temps utile les instructions nécessaires pour l'interprétation et l'exécution de la loi du 15 juillet. Mais dès à présent, il vous appartient de réunir les éléments d'information qui vous permettront, quand le temps en sera venu, de saisir utilement l'Assemblée départementale du projet de règlement prévu par l'article 4 de la loi.

Je crois vous faciliter ce travail de préparation en vous adressant en double exemplaire le fascicule 42 du Conseil supérieur de l'assistance publique où sont exposées les conséquences financières probables de la nouvelle loi (*Voir page* 149).

Il ne vous échappera pas que l'article 10 institue dans toute commune un bureau d'assistance et confère à ce bureau tous les droits et attributions qui appartiennent au bureau de bienfaisance. L'intervention du gouvernement cesse donc d'être nécessaire pour l'institution de bureaux de bienfaisance où vous n'aurez plus à me saisir de demande de création d'établissement de cette nature.

Là où il n'existe encore ni hospice, ni bureau de bienfaisance, il faudra constituer les commissions administratives des bureaux d'assistance. Elles seront composées comme celles des autres établissements charitables conformément à la loi du 21 mai 1873 modifiée par celle du 5 août 1879. Vous recevrez prochainement mes instructions pour la forme dans laquelle vous aurez à m'adresser vos propositions en vue de la constitution de ces commissions.

Recevez, Monsieur le Préfet, l'assurance de ma considération la plus distinguée.

Le Président du Conseil, ministre de l'Intérieur,

CHARLES DUPUY.

CIRCULAIRE

SUR

LA CONSTITUTION DES BUREAUX D'ASSISTANCE

Paris, le 3 août 1893.

Monsieur le Préfet, je vous adresse les instructions que vous a annoncées ma circulaire du 31 juillet dernier, au sujet de la constitution de commissions administratives des bureaux d'assistance.

L'article 10 de la loi du 15 juillet 1893, est ainsi conçu :

« Dans chaque commune, un bureau d'assistance assure le service de l'assistance médicale.

« La commission administrative du bureau d'assistance est formée par les commissions administratives de l'hospice et du bureau de bienfaisance ou par cette dernière seulement quand il n'existe pas d'hospice dans la commune.

« A défaut d'hospice ou de bureau de bienfaisance, le bureau d'assistance est régi par la loi du 21 mai 1873 (articles 1 à 5), modifiée par la loi du 5 août 1879, et possède, outre les attributions qui lui sont dévolues par la présente loi, tous les droits et attributions qui appartiennent au bureau de bienfaisance. »

Jusqu'à l'organisation du service, il n'y a pas à s'occuper, pour la constitution du bureau d'assistance, des communes qui possèdent soit tout à la fois un hospice et un bureau de bienfaisance, soit un bureau de bienfaisance seulement.

On doit y assimiler les communes, fort rares d'ailleurs, où il existe un hospice, mais qui n'ont pas de bureau de bienfaisance. Il a été déclaré dans la discussion devant le Sénat (séance du 11 juillet) que par analogie, la commission administrative du bureau d'assistance serait alors formée des administrateurs de l'hospice.

Mais dans les vingt mille communes jusqu'ici privées de toute organisation charitable ou hospitalière, il y a lieu de constituer le plus tôt possible la commission du bureau d'assistance que la loi y institue de plein droit.

C'est en effet cette commission qui aura à gérer le bien des pauvres et qui notamment interviendra dans l'acceptation des libéralités faites en faveur des indigents. Ces commissions devront être constituées comme le sont, depuis la loi du 5 août 1879, les commissions administratives des bureaux de bienfaisance et des hospices; elles devront donc comprendre outre le Maire, président de droit, deux délégués du Conseil municipal et quatre administrateurs nommés pour la première fois par le Ministre de l'Intérieur.

Vous inviterez les Conseils municipaux à choisir leurs délégués. En ce qui touche les formes de cette élection, je ne puis que vous prier de vous référer aux instructions très précises d'un de mes prédécesseurs, en date du 15 mai 1884.

Puis vous m'adresserez vos propositions concernant la nomination des quatre membres dont le choix est réservé à l'administration.

La circulaire que je viens de citer vous fournira aussi un ensemble de règles relatives aux qualités que vous devez rechercher dans les candidats, aux incapacités et aux incompatibilités.

Afin de faciliter le travail de mes bureaux qui doit s'étendre à plus de 80,000 noms, il convient de procéder comme on l'a fait en 1879, année ou l'administration dut reconstituer toutes les commissions des hospices et des bureaux de bienfaisance en exécution de la loi du 5 août. Vous me fournirez donc les éléments de la constitution des bureaux d'assistance créés dans les communes dépourvues de bureau de bienfaisance et d'hospice, aux moyens *d'arrêtés collectifs*, préparés par vos soins, conformément au modèle ci-annexé (n° 1) et que vous m'enverrez en *triple expédition*. Chacun de ces arrêtés devra comprendre les commissions administratives des bureaux d'assistance d'un même arrondissement rangées par canton, en plaçant les cantons et les communes de chaque canton par ordre alphabétique.

Votre *état de propositions*, dressé dans le même ordre, conformément au modèle ci-après (n° 2) sera joint à l'arrêté; une *seule expédition* me suffira.

Recevez, Monsieur le Préfet, l'assurance de ma considération la plus distinguée.

Le Président du Conseil, ministre de l'Intérieur,

CHARLES DUPUY.

BUREAUX

D'ASSISTANCE

Constitution des commissions administratives en exécution de la loi du 15 juillet 1893.

DÉPARTEMENT

d

ARRONDISSEMENT

d

Modèle n° 1 (1).

ARRÊTÉ MINISTÉRIEL

LE MINISTRE DE L'INTÉRIEUR,

Sur les propositions du Préfet du département d

en date du

Vu les lois du 15 juillet 1893 et du 5 août 1879;

ARRÊTE :

ARTICLE PREMIER

Sont nommés membres de la commission administrative (2) des bureaux d'assistance des communes ci-après (3) les personnes dont les noms suivent :

Canton de A... *Commune de A.* (4)

MM. A. HENRI, propriétaire,
B. CLÉMENT, rentier,
C. LÉON, cultivateur,
D. CHARLES, notaire. (5)

---

(1) Sur papier du même format que celui des arrêtés du Ministre de l'Intérieur (format tellière), afin que les arrêtés relatifs aux commissions puissent être réunis pour former un registre.

(2) Ne comprendre que les noms des quatre candidats proposés comme délégués de l'administration et non ceux des deux délégués que le Conseil municipal aura préalablement désignés.

(3) Comprendre seulement les communes qui ne possèdent ni hospice ni bureau de bienfaisance.

(4) Ranger les cantons et les communes du même canton dans l'ordre alphabétique.

(5) Indiquer si les candidats sont conseillers municipaux.

Commune de B.

MM. (*Disposer les noms par ordre alphabétique comme ci-dessus*).

Commune de C.

(*Comme ci-dessus.*)

Canton de B.

Commune de A.

(*Comme ci-dessus et cœtera.*)

ART. 2.

Le Conseiller d'État, directeur de l'Assistance et de l'Hygiène publiques, et le préfet d sont chargés, chacun en ce qui le concerne, de l'exécution du présent arrêté.

Fait à Paris, le 1893.

BUREAUX D'ASSISTANCE

Modèle n° 2.

Constitution des commissions administratives en exécution de la loi du 15 juillet 1893.

DÉPARTEMENT
d

ARRONDISSEMENT
d

ÉTAT de présentation des candidats proposés à la nomination du Ministère de l'Intérieur.

CANTONS (1)	COMMUNES (1-2)	NOMS ET PRÉNOMS DES CANDIDATS proposés	PROFESSION ET QUALITÉ des candidats (3)	OBSERVATIONS

A le 1893.

Le Préfet d

(1) Mettre les cantons dans l'ordre alphabétique et les communes du même canton également dans cet ordre.
(2) Il n'y a à comprendre que les communes qui ne possèdent ni hospice ni bureau de bienfaisance.
(3) Spécifier *notamment*, si le candidat est conseiller municipal.

INSTRUCTIONS DU 18 MAI 1894

POUR L'EXÉCUTION DE LA LOI SUR

L'ASSISTANCE MÉDICALE GRATUITE

TITRE PREMIER

ORGANISATION DE L'ASSISTANCE MÉDICALE

Principes généraux

ARTICLE PREMIER

Tout Français malade, privé de ressources, reçoit gratuitement de la commune, du département ou de l'État, suivant son domicile de secours, l'assistance médicale à domicile, ou, s'il y a impossibilité de le soigner utilement à domicile, dans un établissement hospitalier.

Les femmes en couches sont assimilées à des malades.

Les étrangers malades, privés de ressources, seront assimilés aux Français toutes les fois que le gouvernement aura passé un traité d'assistance réciproque avec leur nation d'origine.

Cet article précise, d'une part, les personnes qui sont appelées à bénéficier de l'assistance médicale gratuite ; d'autre part, les collectivités qui sont tenues de fournir cette assistance. Il indique, en outre, d'une manière générale les conditions dans lesquelles sera donnée l'assistance médicale.

I

Personnes appelées à bénéficier de l'assistance

D'après le paragraphe premier, tout Français malade, privé de ressources, reçoit l'assistance médicale gratuite.

Qualité de Français

Tout Français... La qualité de Français est donc la première condition requise pour l'obtention des secours prévus par la loi. Les étrangers malades, privés de ressources, ne sont pas cependant exclus du bénéfice de l'assistance médicale gratuite par cette considération qu'ils ne sont pas Français. En premier lieu, ils sont, en vertu du paragraphe 3 de l'article premier, assimilés à des Français lorsque le gouvernement aura passé un traité d'assistance réciproque avec leur nation d'origine. En l'absence de traité, ils ne seront pas privés de tout secours : ils se trouveront dans la situation où ils sont actuellement : les administrations hospitalières continueront à leur faire application, comme elles le font en général, de l'article premier de la loi du 7 août 1851. Mais, sauf dans le cas de traité réciproque, ils ne seront pas inscrits sur la liste d'assistance médicale, et les frais que causerait leur maladie ne seront pas payés par la caisse d'assistance médicale.

Malades

La seconde condition requise des personnes appelées à l'assistance médicale gratuite est le fait d'être *malade*. La loi du 15 juillet 1893 laisse ainsi en dehors de son application, en tant que tels les vieillards, les infirmes incurables. Les malades sont ceux qui pourraient être admis dans un hôpital, mais ne seraient pas reçus dans un hospice. Les blessés sont, bien entendu, au nombre de ces malades. Il faut encore comprendre parmi les personnes qui doivent bénéficier de la loi les femmes en couches ; l'article premier les assimile aux malades.

Privés de ressources

La troisième condition est d'être *privé de ressources*. Cette dernière expression, empruntée à la loi du 7 août 1851 (art. 1er), a un sens plus compréhensif que le mot *indigents*. Dans les usages de la langue administrative, on regarde comme indigents les seuls individus inscrits sur les listes des bureaux de bienfaisance. Mais la liste du bureau d'assistance ne se confondra pas nécessairement avec celle du bureau de bienfaisance. Elle devra comprendre tous ceux qui, en cas de maladie, se trouveront hors d'état de se faire soigner à leurs frais. Ceci sera expliqué plus au long sous l'article 12.

II

Collectivités tenues de fournir l'assistance

L'assistance médicale gratuite est donnée par la commune, le département ou l'État, suivant le domicile de secours du malade.

L'article premier se borne à poser le principe du domicile de secours ; il sera fait application de ce principe dans le titre II de la présente loi, consacré au domicile de secours et aux obligations qu'entraîne sa détermination.

Mais, dès le début, le législateur a tenu à indiquer, à côté des bénéficiaires de l'assistance médicale gratuite, les collectivités tenues à fournir cette assistance.

III

Conditions dans lesquelles sera donnée l'assistance

En disposant que le malade recevra l'assistance à domicile ou, s'il y a impossibilité de le soigner utilement à domicile, dans un établissement hospitalier, l'article 1er place en première ligne, avec plus de netteté encore que ne l'avait fait la loi du 24 vendémiaire an II (art. 18), les secours à domicile. On doit en effet, pour des raisons d'économie, de morale et d'hygiène, leur donner la préférence. Ce n'est que dans le cas où il y aurait imposibilité de soigner le malade à domicile que l'assistance sera fournie sous forme de secours hospitalier. Je ne saurais trop insister sur l'importance morale et sur l'importance pratique de ce principe. Il a été posé avec force par le conseil supérieur de l'assistance publique dès le début de ses travaux. Il a été voté à l'unanimité par le congrès de 1889. Ce n'est qu'en cas de nécessité absolue qu'il faut soustraire le malade à son milieu naturel, et dispenser sa famille des soins qu'elle lui doit. Ce n'est qu'en cas de nécessité absolue qu'il faut l'exposer aux dangers résultant par la force des choses, et malgré toutes les précautions prises, de l'accumulation de maladies diverses dans un établissement. Ce n'est aussi qu'en cas de nécessité absolue qu'il est permis d'imposer aux contribuables les dépenses de l'hospitalisation, de beaucoup plus élevées que celles des soins donnés à domicile. Il ne serait sans doute pas exagéré de dire que du plus ou moins d'exactitude avec laquelle ce principe sera observé, du plus ou moins d'intelligence avec laquelle il sera appliqué dépend le succès de la loi. Sa base même, c'est la bonne organisation d'un service de secours médicaux sur place, dans de petits dispensaires locaux ou à domicile.

Art. 2

La commune, le département ou l'État peuvent toujours exercer leur recours, s'il y a lieu, soit l'un contre l'autre, soit contre toutes personnes, sociétés ou corporations tenues à l'assistance médicale envers le malade, notamment contre les membres de la famille de l'assisté désignés par les articles 205, 206, 207 *et* 212 *du Code civil* (1).

Recours

L'article premier a déterminé les collectivités administratives à qui incombe le devoir d'assistance. Mais cette obligation qui est à la charge de la commune, du département ou de l'État, peut n'être pas définitive.

Contre qui ils peuvent s'exercer

D'une part, la collectivité qui a fourni l'assistance médicale gratuite peut n'être pas le domicile de secours de l'assisté : elle n'a dès lors à supporter que provisoirement la dépense sauf ce qui sera dit aux articles 20 et 21.

(1) Code civil. — Art. 205 : Les enfants doivent des aliments à leurs père et mère et autres ascendants qui sont dans le besoin.
Art. 206 : Les gendres et belles-filles doivent également, et dans les mêmes circonstances, des aliments à leurs beau-père et belle-mère ; mais cette obligation

D'autre part, l'article 2 rappelle que certaines personnes, sociétés ou corporations peuvent être tenues à l'assistance médicale envers le malade. En ce cas, l'obligation acquittée par la collectivité administrative du domicile de secours ne l'a été qu'à titre d'avance, et la collectivité, qui a payé ce qu'un autre doit, se fait rembourser de cette avance.

Le recours sera exercé par la commune, le département ou l'État suivant que l'assisté a le domicile de secours communal ou départemental, ou qu'il n'en a aucun. Le recours de la collectivité qui a donné les soins et secours médicaux contre la collectivité du domicile de secours s'exercera par votre intermédiaire, lorsque le département aura fourni l'assistance (art. 21). C'est encore vous qui aurez à examiner les recours dont vous seriez saisi par un autre département, que la réclamation vise votre département lui-même, ou l'une de ses communes.

Personnes, sociétés ou corporations contre lesquelles un recours peut être exercé.

Quant aux personnes, aux sociétés ou corporations tenues à l'assistance médicale, ce seront notamment les membres de la famille de l'assisté, désignés par les articles 205, 206, 207 et 212 du Code civil. L'expression *notamment* a été employée à dessein ; la disposition de l'article 2 est énonciative, non limitative. Les articles visés par la loi du 15 juillet sont ceux qui se réfèrent à la dette alimentaire. Il y aura lieu de se reporter aux règles générales édictées par le Code : le recours en remboursement des frais d'assistance médicale n'existe pas contre les frères et sœurs, beaux-frères et belles-sœurs de l'assisté qui ne sont pas tenus vis-à-vis de lui à la dette alimentaire ; le législateur n'a point voulu, dans une disposition spéciale, étendre les principes du droit. Il conviendra également d'appliquer l'article 208 du Code civil : les secours d'assistance médicale, qui ne seront naturellement accordés que dans la

---

cesse: 1° lorsque la belle-mère a convolé en secondes noces ; 2° lorsque celui des époux qui produisait l'affinité, et les enfants issus de son union avec l'autre époux, sont décédés.

Art. 207 : Les obligations résultant de ces dispositions sont réciproques.

Art. 212: Les époux se doivent mutuellement fidélité, secours, assistance.

proportion de la fortune de celui qui les devra. Si des contestations s'élèvent, l'autorité judiciaire appréciera suivant le droit commun. En dehors des personnes tenues à la dette alimentaire, le recours pourra être exercé, conformément à l'article 1166 du Code civil, contre toutes autres personnes qui devraient l'assistance au malade, par exemple, contre une société de secours mutuels pour les soins donnés à ses membres, contre un patron dont la responsabilité serait engagée par l'accident survenu à un de ses ouvriers, etc.

Vous veillerez à ce que le recours soit exercé toutes les fois qu'il pourra l'être. Il serait immoral aussi bien que contraire au succès de la loi de grever les contribuables d'un poids que la loi ou un contrat imposerait à d'autres. On a fait entrevoir dans la discussion au Sénat certaines difficultés d'application au regard des patrons ou des compagnies d'assurances, certaines collusions possibles au détriment du service d'assistance ; c'est une raison pour redoubler de vigilance, et prendre des précautions telles que l'idée même d'une tentative de fraude ne se produise pas.

Situation des hôpitaux au point de vue des recours

L'article 2 ne fait point figurer les hôpitaux parmi les personnes morales fondées à exercer un recours, ce qui s'explique facilement. L'établissement hospitalier aura en effet recueilli le malade au sujet duquel il pourrait avoir un recours à exercer, soit en vertu de la loi du 7 août 1851, soit en vertu de la loi nouvelle. La loi de 1851 n'est pas abrogée, rien n'est innové à cet égard ; les recours actuellement ouverts subsistent donc. Quant aux malades qui auraient été envoyés à l'hôpital en exécution de la loi nouvelle, la commission administrative s'adressera à la préfecture pour le remboursement des frais. Ce sera à vous, Monsieur le Préfet, à exercer le recours contre qui de droit.

Avis à donner par les communes

Pour que les recours qui doivent être exercés par le département ou l'État puisse l'être d'une manière efficace, il importe que les communes donnent sans retard avis au service départemental des secours accordés avec possibilité d'un recours utile, et fournissent toutes les indications nécessaires pour faciliter le recouvrement des frais d'assistance ainsi avancés. Vous ne laisserez pas ignorer aux maires de votre département qu'un retard ou une omission de leur part dans la communication de ces renseignements pourrait avoir pour résultat de reculer l'exercice du droit de recours à une époque où il n'aboutirait à aucun résultat utile, par exemple dans le cas où la personne tenue à la dette alimentaire serait devenue insolvable : dans ce cas, une dépense qu'elle eût pu éviter resterait à la charge de la commune.

ART. 3

Toute commune est rattachée pour le traitement de ses malades à un ou plusieurs des hôpitaux les plus voisins.

Dans le cas où il y a impossibilité de soigner utilement un malade à domicile, le médecin délivre un certificat d'admission à l'hôpital. Ce certificat doit être contresigné par le président du bureau d'assistance ou son délégué.

L'hôpital ne pourra réclamer à qui de droit le remboursement des frais de journée qu'autant qu'il représentera le certificat ci-dessus.

Divers modes d'assistance médicale. — L'assistance à domicile doit être préférée

J'ai déjà dit la préférence très justifiée à tous égards que le législateur donne à l'assistance à domicile sur l'assistance hospitalière. C'est seulement en cas d'impossibilité dûment constatée que le malade devra être envoyé à l'hôpital. Par le mot *domicile* il ne faut pas entendre seulement le domicile personnel du malade ; si sa demeure ne se prête pas au traitement et qu'un parent, un ami, un voisin consente à le recueillir et à le soigner, l'Administration ne pourra que favoriser cette combinaison.

Dispensaires

Le projet de loi proposait, en vue de faciliter l'assistance à domicile, la création obligatoire de dispensaires, c'est-à-dire de locaux extrêmement simples, où les médecins de service donneraient des consutations et les premiers soins aux malades. La Chambre des députés n'a pas cru possible d'édicter à cet égard une disposition générale, parce que, sur certains points, l'application eût soulevé des difficultés sérieuses; mais il ne faudrait point voir dans cette modification au projet une marque de défaveur à l'égard de l'institution elle-même. L'expérience prouve qu'elle peut rendre les plus grands services à très peu de frais. Le local, qui est fourni par la mairie, où le médecin se rend à jour et heures fixes et qui peut n'être pas affecté à cet usage qu'aux jours et heures des consultations, est pourvu d'une petite pharmacie contenant les médicaments les plus fréquemment employés. Lorsque la chose est possible, le malade prend le remède sur place. Dans les communes plus importantes, où le dispensaire sera un établissement distinct, on pourra installer en outre un modeste service d'hydrothérapie. Un infirmier ou une infirmière suffit pour la garde et l'entretien du dispensaire. En créant un grand nombre de ces établissements, création qui peut se faire pour ainsi dire sans dépense, on restreindra beaucoup le nombre des hospitalisations, et on développera singulièrement les heureux effets de la loi.

Un seul dispensaire pourra d'ailleurs, si la résidence du ou des médecins s'y prête, servir à plusieurs communes contiguës, soit que celles-ci profitent des facilités que leur offre la loi du 22 mars 1890 pour se procurer un dispensaire intercommunal, soit que le dispensaire soit installé par le service de l'assistance médicale.

Il n'y aurait d'ailleurs pas d'objections à ce que vous traitiez pour le service d'une ou plusieurs communes, avec un dispensaire privé si ce dispensaire vous paraissait offrir des garanties suffisantes, et si vous vous assuriez sur son fonctionnement un contrôle effectif.

Les dispensaires ont leur utilité dans les cas où les malades sont en état de s'y transporter le jour où le médecin y donne sa consultation. Si le malade n'est pas en état de se rendre au dispensaire, ce sera au médecin à se rendre chez lui. Là encore, dans un grand nombre de cas, le malade pourra être soigné dans sa famille, au grand bénéfice des finances publiques.

Envoi à l'hôpital : certificat médical

Il y aura cependant des circonstances qui rendront impossible de soigner utilement le malade à domicile : ce sera tantôt la nature même de l'affection, tantôt l'insalubrité de la demeure, tantôt l'absence de toute personne capable de garder le malade. Cette *impossibilité* devra être constatée dans le certificat d'admission à l'hôpital que délivrera, sous sa responsabilité, le médecin traitant. Celui-ci ne devra pas se borner à affirmer l'impossibilité ; il aura le devoir de motiver son opinion, d'indiquer d'une manière précise la raison qui nécessite l'hospitalisation. Tout en rendant hommage au dévouement traditionnel du corps médical, il convient de se mettre en garde contre l'inclination que pourraient avoir certains praticiens à envoyer trop facilement les malades à l'hôpital.

Le certificat médical devra être contresigné par le président du bureau d'assistance, c'est-à-dire par le maire, ou par son délégué. Vous indiquerez aux maires que ce délégué devra être un adjoint ou un membre du bureau. Autant que possible, ce délégué ne devra pas être médecin, car le médecin du bureau accepterait sans doute difficilement le contrôle d'un confrère. Si le maire était lui-même le médecin du service, le contreseing serait donné par un adjoint. Ce contreseing obligatoire permettra au bureau d'assistance de se tenir au courant des admissions requises, servira à l'administration hospitalière pour le remboursement de ses frais, et aura sans doute pour effet de maintenir dans de justes limites la tendance à l'hospitalisation.

Le dernier paragraphe de l'article 3 spécifie que l'hôpital ne pourra réclamer le remboursement des frais de journée qu'autant qu'il représentera le certificat médical d'admission dûment contresigné. Cette disposition n'aura son application que pour les malades venant de communes voisines. La loi du 7 août 1851 subsiste avec toutes les obligations qu'elle imposait aux administrations hospitalières. Celles-ci devront donc continuer à recevoir gratuitement, sans ce certificat, les individus, dénués de ressources, tombés malades sur le territoire de la commune où l'hôpital est situé, y compris les malades qui auront déjà reçu des soins à domicile.

Hôpital sur lequel le malade doit être dirigé.

Reste à examiner sur quel hôpital devra être dirigé le malade d'une commune dépourvue d'établissement hospitalier.

Le 1er § de l'article 3 dispose que toute commune est rattachée pour le traitement de ses malades à *un ou plusieurs* des hôpitaux les plus voisins.

Circonscriptions hospitalières

Ce rattachement doit être opéré par le conseil général (art. 4). Là où, en exécution de l'article 3 de la loi du 7 août 1851 et de la circulaire ministérielle du 8 août 1852, des circonscriptions hospitalières embrassant les communes dépourvues d'hôpitaux ont déjà été tracées, il suffira d'en reviser le tableau, sans oublier que la nouvelle loi permet de rattacher toute commune à *un ou plusieurs* hôpitaux. Cette formule a été adoptée afin de tenir compte d'une idée émise dans le projet du gouvernement et développée dans l'exposé des motifs.

Infirmeries

Cette idée est que nombre de maladies, pour être convenablement soignées, n'exigent pas l'appareil coûteux et le personnel de choix d'un grand hôpital. Les personnes atteintes de ces maladies devraient être envoyées à un établissement modeste, auquel le projet de loi donnait le nom d'*infirmerie*, tandis que les malades présentant des cas graves, nécessitant par exemple des opérations chirurgicales difficiles, seraient dirigés sur un hôpital complètement outillé.

Lorsqu'une commune aura été ainsi rattachée par le conseil général à la fois à une infirmerie et à un hôpital, le certificat du médecin de service indiquera si c'est à l'hôpital ou à l'infirmerie que le malade devra être envoyé.

Vous trouverez dans le tableau VII du rapport publié sous le numéro 42 dans la série des fascicules du conseil supérieur de l'assistance publique des indications générales qui pourront servir de point de départ au travail de revision des circonscriptions hospitalières (1). Aucune disposition de la loi ne s'oppose à ce que les limites des circonscriptions se confondent avec celles des cantons ou avec celles des arrondissements. Cette dernière hypothèse a été adoptée pour la confection du tableau VII, ce qui a permis de restreindre les dimensions de cette nomenclature établie uniquement pour donner une idée d'ensemble du service à organiser. Le système qui me paraît devoir être recommandé consiste à former d'abord une circonscription autour de chaque commune possédant ou devant posséder un hôpital, puis à rattacher les circonscriptions dont l'hôpital n'aura pas au moins 50 lits de malades au grand hôpital sinon le plus rapproché, du moins le plus accessible.

Ce que l'on doit entendre par le mot hôpital

Le mot *hôpital* a, dans la langue administrative, un sens défini ; l'hôpital est l'établissement public affecté au traitement des malades. La loi du 15 juillet 1893 étant spéciale à l'assistance des malades, ainsi qu'il a été dit sous l'article premier, il était naturel que l'article 3 parlât du rattachement des communes à un ou plusieurs *des hôpitaux* les plus voisins. Mais rien n'empêche que, à défaut d'hôpital, les communes soient rattachées à un hôpital-hospice, ou même à un hospice plus spécialement réservé aux vieillards ou infirmes, si l'acte constitutif de l'établissement ne renferme pas de clause empêchant d'y adjoindre un service de malades. La plupart du temps, en développant l'infirmerie de l'hospice, on pourra à peu de frais créer un quartier d'hôpital qui profitera des services généraux de l'établissement existant.

D'une façon générale, il ne faudra recourir à la construction d'établissements nouveaux que lorsque les établissements actuels ne permettront pas d'organiser convenablement le service. En cas d'insuffisance de lits d'hôpital, vous examinerez donc s'il n'est pas possible d'en augmenter le nombre en désaffectant une ou deux des salles actuellement réservées aux vieillards et si fréquemment inoccupées.

---

(1) Voir page 194 et suivantes le détail de circonscriptions prévues par la direction de l'hygiène et de l'assistance publique.

ART. 4

Il est organisé dans chaque département, sous l'autorité du préfet et suivant les conditions déterminées par la présente loi, un service d'assistance médicale gratuite pour les malades privés de ressources.

Le conseil général délibère dans les conditions prévues par l'article 48 de la loi du 10 août 1871 :

1° Sur l'organisation du service de l'assistance médicale, la détermination et la création des hôpitaux auxquels est rattaché chaque commune ou syndicat de communes ;

2° Sur la part de la dépense incombant aux communes et au département.

Organisation du service médical par le conseil général

Le congrès de 1889, après avoir déclaré que l'assistance médicale est en principe communale, « qu'elle est due, à défaut de la famille, par l'unité administrative la plus petite », seule assez rapprochée du pauvre pour juger de ses besoins, votait la résolution suivante : « L'organisation doit être faite par une unité administrative supérieure à celle de la commune. » En effet, la commune, qui est compétente pour connaître les pauvres, est, dans la plupart des cas, une collectivité trop restreinte pour faire l'organisation du service. Là où la médecine gratuite fonctionne déjà, c'est le département qui y préside ; la loi ne fait que généraliser un système consacré par l'expérience.

Vous êtes le représentant du pouvoir exécutif dans le département ; vous êtes chargé de l'exécution des décisions du conseil général ; à ce double titre, c'est sous votre autorité que la loi place le service. Vous pouvez vous faire aider dans cette nouvelle tâche par l'inspecteur du service des enfants assistés que, dès 1839, l'administration centrale conseillait d'associer à la direction des services de bienfaisance dans le département. Mais cet auxiliaire n'agira qu'en votre nom, d'après vos ordres et sous votre responsabilité (1).

(1) Une circulaire ministérielle du 12 mars 1839 s'exprimait ainsi : « Monsieur le Préfet, plusieurs de vos collègues ont, depuis quelques années, demandé l'autorisaion de créer, dans les départements qu'ils administrent, des inspecteurs du service

C'est au conseil général que l'article 4 de la loi confie le soin d'organiser le nouveau service; il le fait de la manière la plus large. Il serait dangereux d'assujettir les œuvres de l'assistance publique à un cadre et à des procédés uniformes. Le législateur s'est donc gardé de contrarier les coutumes locales ; il a entendu ouvrir un champ libre à l'initiative des assemblées départementales, à la condition que celles-ci respectent, dans l'organisation qu'elles adopteront, certains principes considérés comme étant d'ordre public.

L'organisation du service d'assistance médicale variera donc selon les régions; elle se pliera aux habitudes déjà prises, aux conditions particulières du milieu, sauf un petit nombre de points sur lesquels l'intérêt général exige que les pratiques anciennes soient au besoin rectifiées. Ainsi l'application des deux barèmes qui règlent la part contributive des communes et le montant de la subvention de l'État est obligatoire. Il ne serait pas licite qu'un département fît avec les communes des conventions qui diminueraient leur intérêt dans la limitation du nombre des assistés, ou qu'il se laissât entraîner à des générosités qui auraient pour conséquence de forcer la part de l'État. Ainsi encore, le département est tenu de faire lui-même l'organisation administrative du service; il doit rester le lien qui unit toutes les communes dans l'accomplissement de leur devoir d'assistance. Il ne pourrait pas déléguer aux communes ou aux hôpitaux l'exercice de son droit de recours.

L'article 16 de la loi du 7 août 1851 permet de traiter, sous réserve de votre approbation, avec un hôpital privé. Comme l'a indiqué M. le rapporteur de la loi au Sénat dans sa séance du 13 mars 1893, ni la lettre ni l'esprit du texte législatif ne s'opposent à ce que cette faculté soit étendue au conseil général chargé d'organiser l'exécution de la présente loi.

des enfants trouvés... Pour que cette création fît tout le bien qu'elle me paraît appelée à réaliser, il faudrait que l'inspection du service des enfants trouvés et abandonnés ne fût pas seule confiée à ces inspecteurs ; mais qu'ils fussent également chargés, sous le rapport de l'administration et de la comptabilité, de l'inspection des hospices, des bureaux de bienfaisance, des maisons de secours et de tous les établissements charitables du département. »

La même pensée a inspiré le projet d'avis formé en janvier 1889 par le conseil supérieur de l'assistance publique, au sujet de l'extension des attributions des inspecteurs des enfants assistés (fascicule n° 21, pp. 21 et 22).

L'établissement choisi devra présenter des garanties sérieuses au point de vue de l'installation et au point de vue de la capacité professionnelle du personnel, notamment du personnel secondaire, et son fonctionnement devra pouvoir être surveillé de très près par vous ou par vos agents. Vos exigences à cet égard pourront être plus grandes qu'elles n'étaient lorsque vous aviez à appliquer l'article 16 de la loi de 1851. En effet, le régime de la loi de 1851 étant facultatif, il était permis de penser qu'un service de malades, même défectueux sur certains points, était préférable à l'absence de tout service, tandis qu'aujourd'hui les soins à donner aux malades pauvres constituent une obligation ; et l'obligation de faire implique l'obligation de bien faire.

Choix des médecins

Au point de vue du choix des médecins, les départements qui avaient, antérieurement à la loi du 15 juillet, organisé le service de la médecine gratuite, avaient pratiqué l'un des deux systèmes suivants, ou adopté une combinaison mixte :

1° Le préfet désigne, pour chaque circonscription, un médecin chargé de soigner les malades pauvres. Les malades ne peuvent s'adresser qu'à lui, et lui, à son tour, est tenu de donner ses soins à tous les malades inscrits sur les listes ;

2° Dans le système dit landais ou vosgien, les médecins qui ont accepté les conditions de fonctionnement du service sont les médecins de l'assistance ; le malade a la faculté d'appeler parmi ces médecins celui qu'il préfère.

Mode de rémunération des médecins

Le mode de rémunération des médecins présente aussi, selon les départements, et pourra continuer à présenter des différences assez notables. Le médecin est payé tantôt par abonnement, tantôt proportionnellement aux services rendus, d'après le nombre de ses visites ou bien encore d'après le nombre des malades soignés, ou d'après celui des personnes portées sur les listes d'indigents, ou d'après le chiffre de la population. Ici l'on tient compte, là on ne tient pas compte des distances parcourues : l'on accorde ou l'on n'accorde pas des indemnités spéciales pour les visites de nuit, etc. Même diversité en ce qui concerne la rémunération des sages-femmes.

Le conseil général choisira entre ces pratiques diverses ; il pourra même accepter une combinaison nouvelle, pourvu que soit toujours maintenu le principe que l'assistance devra être donnée à domicile, toutes les fois qu'elle pourra l'être utilement. Il n'échappera pas à l'assemblée départementale qu'avec le paiement à l'abonnement, on risque d'augmenter au delà du nécessaire le nombre des hospitalisations.

Les départements dans lesquels fonctionne déjà un service de médecine gratuite auront moins à faire que les autres pour se conformer aux prescriptions de la loi, mais leur expérience ne servira pas qu'à eux seuls : ceux qui sont demeurés jusqu'à ce jour en dehors du service profiteront des résultats obtenus dans les départements voisins ou similaires.

Détermination des circonscriptions hospitalières

C'est aussi le conseil général qui déterminera les infirmeries et les hôpitaux auxquels sera rattaché chaque commune ou syndicat de communes, ainsi qu'il est prévu à l'article 3 : je n'ai pas à revenir sur ce point. J'ajoute seulement que la désignation du conseil général sera obligatoire pour les établissements qui en auront été l'objet : ceux-ci n'auront du reste aucun désir de se soustraire à cette obligation, puisque, au moins au point de vue financier, cette désignation ne créera pas pour eux des charges nouvelles.

Dans le cas où il serait impossible d'assurer sur certains points le service à raison de l'absence de tout médecin, vous m'en aviseriez en me faisant connaître les circonscriptions restant à desservir et le minimum de la rémunération sur laquelle un médecin pourrait compter dans chacune d'elles.

Création de nouveaux hôpitaux

Si les établissements existants étaient décidément insuffisants, et s'il n'était pas possible de les agrandir assez pour répondre aux exigences de la loi, il faudrait construire de nouveaux hôpitaux. Cette nécessité se présentera rarement : presque partout, avec une bonne organisation du service à domicile et l'installation de nombreux dispensaires, la quantité de lits existants, ou pouvant être facilement créés dans les établissements actuels, sera suffisante. En cas de constructions à faire, c'est encore le conseil général qui prononcera. La loi du 10 août 1871 donne aux assemblées départementales le droit de délibérer sur les créations d'institutions départementales d'assistance publique. Celle du 15 juillet 1893 n'est qu'une application déterminée de ce principe général. Le cas échéant, vous ne manquerez pas de me communiquer, au cours de l'instruction, les plans et devis du projet de ces nouveaux hôpitaux, ou des modifications de quelque importance nécessitées dans les établissements existants par l'application de la loi, afin que je puisse provoquer l'avis du conseil des inspecteurs généraux de l'assistance publique, conformément à l'article 15 du décret du 15 juin 1891 (1).

Les hôpitaux créés par le conseil général, seront, comme le reste du service, sous votre autorité. Vous les administrerez au même titre que toute autre branche des services départementaux. La jurisprudence est établie sur ce point (voir décret en Conseil d'État du 24 avril 1881 annulant une délibération du conseil général de l'Aude : *Les conseils généraux*, tome II, in-8°, Berger-Levrault, 1890, page 562).

Répartition de la dépense entre les communes et le département

Le dernier point qui devra faire l'objet de la réglementation du conseil général, c'est la répartition de la dépense du service entre les communes et le département. Le projet du gouvernement laissait aux conseils généraux, pour établir cette répartition en tenant compte du degré de pauvreté ou de richesse des communes, la même liberté qu'ils ont pour la répartition des dépenses des aliénés. Le législateur a maintenu la rédaction du projet, mais, en introduisant dans la loi le 3e paragraphe de l'article 27, et le

(1) Art. 15 : Le conseil des inspecteurs généraux (section des établissements de bienfaisance) donne son avis... sur les travaux de construction des hospices ou hôpitaux.

barême A, qui détermine la part de la dépense à couvrir par les communes « eu égard à la valeur du centime additionnel », il a évidemment limité sur ce point l'intervention du conseil général.

Le conseil général délibérera en la matière, non point définitivement, mais dans les conditions prévues par l'article 48 de la loi du 10 août 1871. Ceci va être plus complètement expliqué à propos de l'article 5.

Art. 5

A défaut de délibération du conseil général sur les objets prévus à l'article précédent, ou en cas de suspension de la délibération en exécution de l'article 49 de la loi du 10 août 1871 (1), *il peut être pourvu à la réglementation du service par un décret rendu dans la forme des règlements d'administration publique.*

Organisation par décret à défaut de délibération du conseil général

Le conseil général a toute liberté pour organiser au mieux des convenances locales le nouveau service d'assistance. Mais le respect de l'initiative des pouvoirs locaux ne pouvait aller jusqu'à la tolérance d'une organisation évidemment insuffisante ; c'eût été la négation même du principe. Dans ce cas, la délibération pourra être suspendue (art. 49 de la loi du 10 août 1871) et vous devrez m'adresser votre rapport et vos propositions dans le plus bref délai, puisque la loi de 1871 n'accorde au gouvernement que trois mois à partir de la clôture de la session pour rendre le décret qui prononce cette suspension.

Il a fallu également prévoir, si invraisemblable que fût l'hypothèse, le cas où un conseil général se refuserait à délibérer.

Dans l'un et l'autre cas, le gouvernement assurera le service par un décret rendu en Conseil d'État. Ce décret devra se rapprocher autant que possible du règlement que le conseil général aurait dû

(1) Article 49 : Les délibérations prises par le conseil général, sur l'une des matières énumérées à l'article précédent, sont exécutoires si, dans le délai de trois mois, à partir de la clôture de la session, un décret motivé n'en a pas suspendu l'exécution.

élaborer : il devra, dès lors, tenir compte des conditions locales, dans la limite des exigences reconnues d'ordre public par la loi. Ce sont là des circonstances de fait que vous auriez à étudier avec le plus grand soin et que vous exposeriez d'une manière précise. Vous joindriez à votre rapport un projet de règlement.

Quel que soit d'ailleurs le règlement délibéré par le conseil général, vous m'en ferez parvenir sans retard une copie, comprenant les tarifs annexés.

TITRE II

DOMICILE DE SECOURS

Art. 6

Le domicile de secours s'acquiert :

1° *Par une résidence habituelle d'un an dans une commune postérieurement à la majorité ou à l'émancipation ;*

2° *Par la filiation. L'enfant a le domicile de secours de son père. Si la mère a survécu au père, ou si l'enfant est un enfant naturel reconnu par sa mère seulement, il a le domicile de sa mère. En cas de séparation de corps ou de divorce des époux, l'enfant légitime partage le domicile de l'époux à qui a été confié le soin de son éducation ;*

3° *Par le mariage. La femme, du jour de son mariage, acquiert le domicile de secours de son mari. Les veuves, les femmes divorcées ou séparées de corps, conservent le domicile de secours antérieur à la dissolution du mariage ou au jugement de séparation.*

Pour les cas non prévus dans le présent article, le domicile de secours est le lieu de naissance jusqu'à la majorité ou à l'émancipation.

Acquisition du domicile de secours

La fixation du domicile de secours a pour objet de déterminer la collectivité qui a le devoir de secourir l'indigent malade et qui, en conséquence, supporte en première ligne la charge de ce secours.

La loi nouvelle substitue au système de celle du 24 vendémiaire an II des règles moins compliquées et plus respectueuses des liens de famille.

Le domicile de secours peut s'acquérir désormais :

1° Par la résidence ;

2° Par la filiation ;

3° Par le mariage.

I

Résidence

La résidence acquisitive du domicile de secours est une résidence habituelle d'un an dans une commune, postérieurement à la majorité ou à l'émancipation.

Le projet du gouvernement portait « une résidence de deux ans ». Le rapport du projet de loi à la Chambre des députés indique dans les termes suivants les motifs qui ont décidé la commission à restreindre ce terme à un an : « Le projet de loi du gouvernement introduisait encore une modification relativement à la durée de séjour nécessaire pour acquérir le domicile de secours : il la portait de un à deux ans. Ce changement n'a pas paru à la commission suffisamment justifié. Depuis un siècle, on est habitué à la disposition en vigueur et ce n'est pas contre elle que se sont élevées les objections auxquelles a donné lieu la loi de vendémiaire. Lors de l'enquête faite en 1873 par l'Assemblée nationale, les conseils généraux, questionnés à ce sujet, répondirent au nombre de quarante-six. Six seulement demandèrent que le délai fût augmenté ; tous les autres furent d'avis qu'il fallait le laisser à un an ou même le réduire à six mois. Il est probable que les quarante conseils généraux qui n'ont pas fait connaître leur opinion étaient ou indifférents ou partisans du *statu quo*. Nous pensons donc qu'il n'y a pas lieu de toucher à cette disposition. »

La durée de la résidence est d'une manière générale fixée à un an ; il n'y a donc plus à distinguer, comme sous le régime de la loi de vendémiaire an II, suivant que l'assisté a ou non « loué ses services à un ou plusieurs particuliers ».

Le lieu de résidence n'est pas nécessairement, quoiqu'il soit le plus ordinairement, le lieu du domicile légal (art. 102 et suivants du Code civil.) Il suffit d'une résidence de fait, mais la loi exige qu'elle soit « habituelle », ce qui implique dans la demeure un caractère de fixité. La législation électorale qui réclame aussi, pour l'inscription sur les listes, des conditions de *résidence* sous le nom de *domicile réel* et la jurisprudence à laquelle l'interprétation de ce terme a donné lieu permettront de résoudre la plupart des difficultés.

La loi du 15 juillet 1893 ne demande pas, pour faire courir le délai d'un an, une inscription au greffe de la mairie, comme le faisait l'article 5 du titre V de la loi du 24 vendémiaire. Cette formalité est d'ailleurs tombée depuis longtemps en désuétude.

II

Filiation

Afin de conserver aux membres d'une même famille un même domicile de secours, l'article 6 attribue à l'enfant le domicile de secours du père et, dans le cas de survivance de la mère ou de reconnaissance d'un enfant naturel par la mère seule, le domicile de secours de la mère. Enfin, en cas de séparation de corps ou de divorce, l'enfant légitime partage le domicile de secours de l'époux à qui a été confié le soin de son éducation. La loi est assez précise pour qu'à cet égard aucune contestation ne soit à prévoir.

III

Mariage

Le même désir d'unifier le domicile de secours des divers membres de la famille, a conduit le législateur à faire partager à la femme, du jour du mariage, le domicile de secours de son mari. La loi de vendémiaire réclamait de la nouvelle épouse une habitation de six mois dans la commune où l'union avait été contractée. Cette union, cause d'acquisition du domicile de secours, venant à cesser par la mort du mari, le divorce ou la séparation de corps, la femme conserve cependant le domicile de secours qu'elle avait acquis par le mariage, c'est-à-dire le domicile de secours du mari : il est à peine nécessaire de faire observer que ce domicile n'est pas forcément le même que le domicile du jour du mariage. Le mari, et par suite sa femme, peuvent en effet avoir acquis depuis un autre domicile de secours, et c'est ce domicile du mari, au moment de la dissolution du mariage ou du jugement de séparation, qui continue à être le domicile de la femme, bien entendu jusqu'à ce qu'elle l'ait perdu par un des moyens prévus à l'article 7.

Lieu de naissance

Enfin, pour les cas non prévus par les trois premiers paragraphes de l'article 6, le domicile de secours est le lieu de la naissance jusqu'à la majorité ou l'émancipation, ou plus exactement jusqu'à ce que la majorité ou l'émancipation aient permis à l'intéressé, devenu libre de ses actes, d'acquérir un nouveau domicile ou de perdre celui qu'il tenait du fait de la naissance. A titre d'exemple pour l'application du dernier paragraphe, on peut citer l'enfant naturel, que ni le père ni la mère n'auraient reconnu et qui n'appartiendrait pas au service des enfants assistés (voir art. 9) : cet enfant a son domicile de secours dans la commune où il est né. Il conserve ce domicile jusqu'au jour où, étant majeur ou émancipé, il en a acquis un autre par une résidence habituelle d'un an.

ART. 7

Le domicile de secours se perd :

1° *Par une absence ininterrompue d'une année postérieurement à la majorité ou à l'émancipation ;*

2° *Par l'acquisition d'un autre domicile de secours.*

Si l'absence est occasionnée par des circonstances excluant toute liberté de choix de séjour ou par un traitement dans un établissement hospitalier situé en dehors du lieu habituel de résidence du malade, le délai d'un an ne commence à courir que du jour où ces circonstances n'existent plus.

Perte du domicile de secours

L'article 7 précise les cas dans lesquels se perd le domicile de secours, dans lesquels par conséquent la commune ou le département cesse d'être tenu de la dépense d'assistance aux malades privés de ressources qui ont pu avoir le domicile de secours dans cette commune ou ce département.

Absence

La durée de l'absence qui entraîne la perte du domicile de secours est d'un an. Il n'est donc plus indispensable qu'un nouveau domicile de secours soit acquis pour que l'ancien soit perdu. Même si à cette absence d'un an n'a pas correspondu une résidence acquisitive du domicile de secours, l'ancien domicile de secours se trouve exonéré. L'absence doit être ininterrompue. Des absences réitérées, se produisant à intervalles rapprochés et dont la durée totale excéderait une année, ne suffiraient pas pour perdre le domicile de secours.

De même encore l'absence doit être volontaire. Si elle est occasionnée par des circonstances excluant toute liberté de choix de séjour ou par un traitement dans un établissement hospitalier situé en dehors du lieu habituel de résidence des malades, elle ne fait pas courir le délai d'un an nécessaire pour que le domicile de secours soit perdu. Ce délai ne pourra courir utilement qu'à partir du moment où ces circonstances ou bien ce traitement ont pris fin. Les circonstances excluant toute liberté de choix de séjour seront notamment la présence sous les drapeaux, l'internement dans un asile d'aliénés, dans un dépôt de mendicité, l'emprisonnement, etc.,

Enfin, l'absence doit être postérieure à la majorité ou à l'émancipation. Jusqu'à cette époque le domicile de secours est celui des parents, et le mineur, n'étant pas libre d'acquérir un domicile, ne peut pas davantage perdre celui qu'il a.

Acquisition d'un autre domicile de secours

L'acquisition d'un nouveau domicile de secours fait perdre au malade celui qu'il possédait antérieurement, l'assistance ne lui étant due que par une seule collectivité.

Cette acquisition d'un autre domicile de secours est réglée par l'article 6.

Art. 8

A défaut de domicile de secours communal, l'assistance médicale incombe au département dans lequel le malade privé de ressources aura acquis son domicile de secours.

Quand le malade n'a ni domicile de secours communal, ni domicile de secours départemental, l'assistance médicale incombe à l'État.

Absence de domicile de secours communal

Les règles édictées par les articles 6 et 7 pour l'acquisition et la perte d'un domicile de secours communal permettent de constater que, dans des hypothèses assez fréquentes, pour des individus sans résidence fixe, le domicile de secours aura été perdu dans une commune sans avoir été acquis dans une autre. Ainsi, une personne a quitté depuis plus d'un an la commune du domicile de secours, sans avoir résidé habituellement pendant un an dans une autre commune : sera-t-elle considérée comme n'ayant pas de domicile de secours? sera-t-elle exclue du bénéfice de l'assistance médicale gratuite ? Non ; mais une distinction est ici nécessaire.

Domicile de secours départemental

Si le malade qui a perdu le domicile de secours communal a résidé un an dans diverses communes du même département, il aura acquis dans ce département un domicile de secours départemental qui impliquera pour le département l'obligation de faire face aux dépenses d'assistance médicale. La loi crée donc, à côté du domicile de secours communal, un domicile de secours départemental qui s'acquiert et qui se perd conformément aux règles posées par les articles 6 et 7 pour le domicile communal. En fait, le domicile de secours départemental s'acquiert plus aisément, puisqu'il suffit de résider un an dans des communes différentes d'un même département.

Assistance à la charge de l'État

Si le malade n'a ni domicile de secours communal ni domicile de secours départemental, l'assistance médicale, dit la loi, incombe à l'État. L'obligation de l'État n'a ainsi qu'un caractère subsidiaire. Elle n'interviendra que s'il y a impossibilité d'assigner à l'assisté aucun domicile de secours.

Art. 9

Les enfants assistés ont leur domicile de secours dans le département au service duquel ils appartiennent, jusqu'à ce qu'ils aient acquis un autre domicile de secours.

Domicile de secours des enfants assistés

Cet article règle en une seule phrase deux cas distincts : 1° celui où l'enfant assisté est placé dans un département autre que celui au service duquel il appartient ; 2° celui où l'enfant assisté, arrivé à sa majorité, n'a pas encore acquis par lui-même un domicile de secours.

Un enfant assisté, tant qu'il est inscrit sur les contrôles des pupilles de l'assistance, ne peut acquérir un domicile de secours : en cas de maladie, quel que soit son lieu de placement, il doit être soigné aux frais du service auquel il appartient. C'est ainsi que le département de la Seine procure les soins médicaux aux enfants assistés, placés dès les premiers jours de leur naissance dans un autre département, et ne l'ayant jamais quitté. Ce devoir d'assistance, indépendant du lieu où a été placé le pupille, est rappelé dans un passage de l'exposé des motifs, où il est dit que « les enfants assistés sont les pupilles du département, ses enfants adoptifs, et que, par suite, ils ont leur domicile de secours dans le département au service duquel ils appartiennent, même si en fait ils ont été placés dans un autre département ».

Mais voici l'enfant arrivé à sa majorité, ou bien émancipé ; le voici donc en situation d'acquérir un domicile de secours, et il acquerra en effet un domicile de secours communal par un séjour d'un an dans une commune. Mais dans l'intervalle ? La loi n'a pas voulu que pendant cet intervalle il n'eût aucun domicile de secours. Elle a donc décidé que jusqu'à ce qu'il ait acquis un domicile de secours nouveau, le devoir d'assistance médicale à son égard incombera au département sur les contrôles duquel il était inscrit.

TITRE III

BUREAU ET LISTE D'ASSISTANCE

ART. 10.

Dans chaque commune, un bureau d'assistance assure le service de l'assistance médicale.

La commission administrative du bureau d'assistance est formée par les commissions administratives réunies de l'hospice et du bureau de bienfaisance, ou par cette dernière seulement quand il n'existe pas d'hospice dans la commune.

A défaut d'hospice ou de bureau de bienfaisance, le bureau d'assistance est régi par la loi du 21 mai 1873 (art. 1 à 5), modifiée par la loi du 5 août 1879, et possède, outre les attributions qui lui sont dévolues par la présente loi, tous les droits et attributions qui appartiennent au bureau de bienfaisance.

Bureau d'assistance

On a été depuis longtemps frappé de l'inconvénient que présente la dissémination entre divers pouvoirs de moyens d'assistance ayant entre eux des liens étroits.

Cependant l'unité de direction des principaux services communaux d'assistance n'avait été, jusqu'à la loi de 1893, réalisée que pour la ville de Paris (loi du 10 janvier 1849.)

Composition de la commission administrative

Le conseil supérieur de l'assistance publique, consulté par le gouvernement sur l'opportunité de généraliser cette réforme, a émis à l'unanimité le vœu, dans sa séance du 28 février 1890, que « dans les communes où il n'existe ni établissement hospitalier ni bureau de bienfaisance il soit créé un bureau d'assistance réunissant dans ses mains tous les services d'assistance publique ».

Le conseil supérieur demandait aussi que, toutes les fois que la chose serait possible, la commission administrative de l'hospice et celle du bureau de bienfaisance fussent réunies, leurs patrimoines restant distincts (fascicule, du conseil supérieur, n° 31, p. 83.)

Le législateur de 1893 a eu la même préoccupation de créer l'unité de direction des services d'assistance, en respectant, dans la plus large mesure, les institutions existantes, et en créant un organe unique là où il n'existe rien.

C'est cette préoccupation qui s'est traduite dans la rédaction de l'article 10, due à la Chambre des députés.

Le premier alinéa pose en principe que toute commune sera pourvue d'un bureau d'assistance (1) ; le second assure l'unité de direction des services, sans porter atteinte à l'individualité des institutions qui fonctionnent actuellement; le troisième renferme deux dispositions, l'une qui pourvoit à la formation de la commission administrative du bureau d'assistance là où ne préexiste aucune commission pouvant en fournir les éléments ; l'autre qui assure une représentation légale aux pauvres devant être secourus à domicile dans les communes dépourvues de bureau de bienfaisance. M. Rey disait à ce sujet, dans son rapport à la Chambre des députés (p. 24) : « En accordant au bureau d'assistance tous les droits et attributions du bureau de bienfaisance, on en fait un organisme complet, qui commencera par remplir les obligations restreintes qui lui sont imposées par la nouvelle loi, mais qui sera prêt pour se livrer aux autres œuvres d'assistance au fur et à mesure que ses ressources se développeront. »

La réunion des deux commissisns administratives n'est pas sans précédents. Elle se produit déjà lorsque ces commissions ont à discuter des intérêts communs, notamment pour l'assistance à domicile des vieillards ou infirmes aux frais des hospices et hôpitaux (loi du 21 mai 1873, art. 7).

(1) Pour justifier cette création, le rapporteur du projet de la loi à la Chambre des députés reproduisait le passage suivant du rapport présenté au conseil supérieur par M. le Dr Dreyfus-Brisac: « La commune devant être le pivot de l'assistance, il est de toute nécessité qu'elle possède un organisme chargé d'en diriger les services. Cet organisme ne saurait être que le bureau de bienfaisance, ou, pour mieux dire, le *bureau d'assistance*. Le principe de l'assistance communale implique donc la création d'une telle institution dans chaque commune » (fascicules du conseil supérieur de l'assistance publique, n° 22, p. 16).

Le législateur respecte donc les types anciens d'établissements de bienfaisance ; mais ce respect s'arrête devant la nécessité de conférer au nouveau bureau toutes les attributions que comporte son rôle dans le service obligatoire de l'assistance médicale. En conséquence, il y a dévolution du bureau de bienfaisance au bureau d'assistance des droits et attributions se rapportant à l'assistance médicale à domicile (1).

Quatre cas peuvent se présenter.

Premier cas. — *La commune possède un bureau de bienfaisance et un établissement hospitalier.* — La commission administrative de l'établissement hospitalier garde toutes ses attributions. La commission administrative du bureau de bienfaisance garde ses attributions, sauf celles qui ont trait à l'assistance médicale. La commission administrative du nouveau bureau d'assistance se compose des deux commissions administratives réunies et, sauf des circonstances spéciales, comme le seraient l'insuffisance des lits d'hôpital pour les malades de la commune, ou le rattachement de la commune à un grand hôpital pour les maladies graves, n'a dans ses attributions que l'assistance médicale à domicile.

Deuxième cas. — *La commune possède seulement un bureau de bienfaisance.* — La commission administrative du bureau de bienfaisance garde également ses attributions sauf ce qui concerne l'assistance médicale à domicile. La commission administrative du nouveau bureau d'assistance, qui n'est autre que la commission du bureau de bienfaisance, a dans ses attributions l'assistance médicale à domicile, et tout ce qui concerne l'hospitalisation des malades.

Troisième cas. — *La commune possède seulement un établissement hospitalier.* La commission administrative de l'établissement hospitalier garde toutes ses attributions. La commission administrative du nouveau bureau d'assistance, qui est la même que celle de l'établissement hospitalier, a tous les droits et attributions d'un bureau de bienfaisance, tels qu'ils résultent des lois antérieures (2).

(1) Pour la dévolution des ressources correspondantes, il faut se reporter à l'article 30 ci-après.

(2) Droit de faire des quêtes dans les lieux publics, droit des pauvres sur les spectacles et autres fêtes, etc. ; représentation de la collectivité des pauvres de la

Quatrième cas. — *La commune ne possède ni bureau de bienfaisance ni établissement hospitalier*. La commission administrative du nouveau bureau d'assistance, composée comme l'eût été la commission administrative d'un bureau de bienfaisance, réunit dans ses mains les services d'assistance publique, ainsi que le conseil supérieur en avait émis le vœu.

Pour ce dernier cas, des instructions spéciales vous ont été déjà données par la circulaire de mon département du 3 août 1893 et vous vous y référerez si vous n'avez pas encore constitué les commissions administratives de tous les bureaux d'assistance. Je me borne à vous signaler l'intérêt qu'il y aura à choisir pour délégués de l'Administration les personnes les mieux à même de connaître et d'apprécier les besoins des populations sous le rapport de l'assistance médicale. Là où l'on pourrait trouver des médecins indépendants du service, par exemple ayant cessé d'exercer, et où les circonstances locales permettront de s'adresser à eux, vous jugerez sans doute qu'il est avantageux de faire appel à leur concours.

Présidence du bureau d'assistance

La présidence appartiendra en principe au maire, ou à l'adjoint, ou au conseiller municipal remplissant dans leur plénitude les fonctions de maire. En cas d'absence du président de droit, la présidence passe au vice-président, à son défaut, au plus ancien des administrateurs présents, et, à défaut d'ancienneté, au plus âgé (loi du 21 mai 1873.) Quelle que soit la personne qui exerce les fonctions de président, elle aura voix prépondérante en cas de partage (*id.*), et cela en toute circonstance (arrêt du Conseil d'État du 3 juillet 1866.)

Il n'y aura lieu d'élire un vice-président que lorsque le bureau d'assistance sera constitué avec des éléments nouveaux ou qu'il sera formé des deux commissions administratives.

---

commune, notamment pour l'acceptation des dons et legs ayant pour objet l'assistance à domicile, même lorsque les libéralités auront une affectation autre que l'assistance médicale.

ART. 11

Le président du bureau d'assistance a le droit d'accepter, à titre conservatoire, des dons et legs et de former, avant l'autorisation, toute demande en délivrance.

Le décret du président de la République ou l'arrêté du préfet qui interviennent ultérieurement ont effet du jour de cette acceptation.

Le bureau d'assistance est représenté en justice et dans tous les actes de la vie civile par un de ses membres que ses collègues élisent à cet effet, au commencement de chaque année.

L'administration des fondations, dons et legs qui ont été faits aux pauvres ou aux communes, en vue d'assurer l'assistance médicale, est dévolue au bureau d'assistance.

Les bureaux d'assistance sont soumis aux règles qui régissent l'administration et la comptabilité des hospices, en ce qu'elles n'ont rien de contraire à la présente loi.

Caractère du bureau d'assistance

Le bureau d'assistance constitue, du seul fait de la loi, un établissement public et jouit de la personnalité civile au même titre que les hospices et bureaux de bienfaisance.

Les actes de la vie civile du bureau d'assistance sont soumis en principe à des règles analogues à celles qui régissent les hospices.

Acceptation provisoire de dons et legs

Le président du bureau d'assistance peut, à titre conservatoire, accepter les dons et legs en faveur de l'assistance médicale et cette acceptation provisoire a les mêmes effets, que si la libéralité s'adressait à une commune (loi du 5 avril 1884, art. 113.)

Vous remarquerez qu'à la différence de ce que prévoit l'article 11 de la loi du 7 août 1851 pour les hospices, le président n'a pas besoin, pour accepter provisoirement, d'être habilité par une délibération de la commission administrative ; néanmoins, toutes les fois que cela sera possible, il sera bon que le président agisse de concert avec la commission.

Représentation dans les actes de la vie civile

Le bureau pourra être représenté en justice et dans tous les actes de la vie civile par un seul de ses membres : cette disposition évite des complications. Le président du bureau, c'est-à-dire le maire, sera souvent absorbé par des occupations multiples : il convenait dès lors d'accorder au bureau d'assistance la faculté de désigner, pour cette représentation, un autre de ses membres, lequel sera délégué annuellement comme le sont déjà les ordonnateurs des hospices et des bureaux de bienfaisance d'après le décret du 31 mai 1862, article 555 (1).

Il va de soi que l'administrateur délégué ne saurait agir qu'en vertu et en exécution des délibérations prises par la commission administrative, celle-ci ayant seule en principe le droit de décision.

Administration des fondations

Le bureau d'assistance pourra avoir, dès sa création, un patrimoine à administrer, là où existent des fondations charitables qui, en l'absence d'établissement de bienfaisance ayant qualité pour les revendiquer, étaient possédées directement par la commune ou par le maire au nom des pauvres. L'administration de ces fondations lui serait dévolue soit en vertu du dernier paragraphe de l'article 10, soit en vertu du quatrième paragraphe de l'article 11.

D'après l'article 10, il administrera, comme tenant lieu de bureau de bienfaisance, dans les communes où cet établissement fait défaut, toutes les fondations, dons et legs faits en vue de l'assistance à domicile des indigents autres que les malades. Il ne saurait en être autrement puisque cet article lui donne tous les droits et attributions des bureaux de bienfaisance.

---

(1) Article 555 : Les commissions administratives des établissements de bienfaisance désignent un de leurs membres, lequel, sous le titre d'ordonnateur est exclusivement chargé de la délivrance des mandats aux créanciers de l'établissement, pour les dépenses régulièrement autorisés.

D'après l'article 11, il administrera, en tant qu'organe communal du nouveau service, toutes les fondations, dons et legs faits en vue de l'assistance des malades, à domicile ou dans un hôpital, qui ne font pas partie de la dotation d'un établissement déjà existant. Les hospices ou les hôpitaux et les bureaux de bienfaisance conservent en effet l'intégralité de leur dotation : elles les conservent du moins quant au capital, les revenus des biens destinés au soulagement des malades devant être employés comme il est dit à l'article 30. Mais il peut se trouver que les fondations pour l'assistance médicale aient été faites dans une commune dépourvue de bureau de bienfaisance et d'hospice, ou que la spécialité de leur objet s'oppose à ce qu'elles soient possédées par un des établissements anciens, par exemple s'il s'agit de libéralités tendant à faciliter le placement des malades de la commune dans un hôpital voisin.

Emploi des revenus des fondations

Quant aux revenus de la dotation immédiate ou future du bureau d'assistance, ils serviront, avant toutes autres ressources, à faire face aux dépenses communales du service, à l'exception seulement de ceux produits par des fondations que le bureau d'assistance administrera, comme faisant fonctions du bureau de bienfaisance, conformément aux intentions des bienfaiteurs (art. 25 et 30.)

Comptabilité du bureau d'assistance

En tout ce qui n'est pas contraire à la loi du 15 juillet 1893, les règles applicables à l'administration et à la comptabilité des hospices président à l'administration et à la comptabilité des bureaux d'assistance. Vous vous référerez à cet égard aux dispositions de la loi du 7 août 1851, reproduite ci-après, notamment aux articles 8, 9, 10 et 12.

Art. 12

La commission administrative du bureau d'assistance, sur la convocation de son président, se réunit au moins quatre fois par an.

Elle dresse, un mois avant la première session ordinaire du conseil municipal, la liste des personnes qui, ayant dans la commune leur domicile de secours, doivent être, en cas de maladie, admises à l'assistance médicale, et elle procède à la révision de cette liste un mois avant chacune des trois autres sessions.

Le médecin de l'assistance ou un délégué des médecins de l'assistance, le receveur municipal et un des répartiteurs désigné par le sous-préfet, peuvent assister à la séance avec voix consultative.

Établissement et revision de la liste d'assistance

C'est le bureau d'assistance qui doit procéder le premier à l'établissement de la liste des personnes admises à l'assistance médicale.

La formation de cette liste, qui fait l'objet des articles 12, 13, 14 et 15, les demandes en inscription ou en radiation, les réclamations y relatives et le jugement de ces réclamations (art 16, 17 et 18), sont soumis en principe et autant que le permet la différence des situations, aux règles consacrées par la législation existante en matière de listes électorales. Vous aurez donc à vous inspirer des instructions données par mon administration à cet égard, notamment de la circulaire du 30 novembre 1884, en tant qu'elles ne sont contraires ni à la loi du 15 juillet 1893, ni à la présente circulaire.

La liste est dressée par la commission administrative du bureau d'assistance un mois avant la première session ordinaire du conseil municipal, et revisée un mois avant chacune des autres sessions du conseil municipal.

Bien que le bureau d'assistance ait ainsi plutôt à formuler des propositions qu'à faire œuvre définitive, il importe qu'il soit procédé par lui avec un soin extrême à la formation de la liste.

La liste doit être *dressée* intégralement au début de chaque année, et seulement *revisée* tous les trimestres ; il ne faut pas en effet de liste permanente « qui finirait par être confondue », comme le dit l'exposé des motifs, « avec celle du bureau de bienfaisance, et où des familles prendraient l'habitude d'être inscrites ».

La liste d'assistance doit comprendre toutes les personnes qui ont dans la commune leur domicile de secours et dont on peut penser raisonnablement que, si elles tombent malades dans le cours du trimestre, elles auront besoin, en tout ou en partie, de l'assistance médicale gratuite. Ainsi que j'ai eu l'occasion de le faire remarquer sous l'article premier, ces personnes ne sont pas nécessairement dans un état d'indigence attesté par un certificat de non imposition ou par l'inscription sur la liste du bureau de bienfaisance : ce sont bien les individus dénués habituellement de ressources, mais ce sont aussi ceux dont la situation de famille et de fortune est telle, que, suivant toute probabilité, ils seraient privés de ressources le jour où la maladie surviendrait.

Adjonction à la commission du receveur municipal, d'un répartiteur et du médecin ou d'un délégué des médecins

Pour l'établissement de la liste d'assistance, la loi adjoint à la commission administrative des collaborateurs qui seront en position de la seconder utilement. Ainsi la participation du receveur municipal et d'un des répartiteurs à l'œuvre de la commission sera précieuse : mieux que personne ils pourront fournir des renseignements exacts sur la situation de fortune de tel ou tel. Le sous-préfet désignera celui des répartiteurs qui sera chargé d'éclairer la commission.

L'intervention du médecin de l'assistance ou d'un délégué des médecins de l'assistance constituera une garantie sérieuse contre l'extension abusive de la liste, puisque l'intérêt professionnel du corps médical, d'accord avec celui des finances publiques, sera que les secours soient réservés à ceux qui ne pourraient se suffire.

L'article dit : « le médecin de l'assistance ou un *délégué des médecins de l'assistance...* » Cette dernière expression est destinée à sauvegarder les droits du corps médical dans les départements qui auront adopté le système dans lequel il n'y a pas un médecin désigné pour chaque circonscription (voir ci-dessus art. 4.)

Ces collaborateurs de la commission administrative *peuvent assister* à la séance, dit l'article 12. D'après les explications fournies au Sénat par le commissaire du gouvernement (séance du 11 juillet 1893), ces mots « peuvent assister » déterminent un droit. La loi n'a pas dit « assistent », afin de ne pas donner à croire que leur présence est une condition essentielle pour la validité des délibérations. Mais qui dit « peuvent assister » dit « ont droit d'assister ». Ce droit serait illusoire si la convocation n'était pas obligatoire. Ainsi le médecin de l'assistance ou le délégué des médecins devra être nécessairement convoqué aux séances du bureau quand il s'agira de dresser ou de reviser la liste d'assistance. Comme le receveur municipal et le répartiteur, il n'aura que voix consultative : le législateur n'a pas voulu lui attribuer un pouvoir de décision dans une question qui le touche personnellement.

Art. 13

La liste d'assistance médicale doit comprendre nominativement tous ceux qui seront admis aux secours, lors même qu'ils sont membres d'une même famille.

Inscription nominative sur la liste

La liste d'assistance comprend *nominativement* tous ceux qui, en cas de maladie, sont appelés à bénéficier de l'assistance médicale, lors même qu'ils sont membres d'une même famille.

Cette prescription a pour but de ménager les finances publiques et d'éviter les abus auxquels a donné lieu le fonctionnement du service de la médecine gratuite dans certains départements, où l'usage était de comprendre sur les listes des familles et non des personnes. Il peut arriver que dans une même famille certains membres soient dépourvus de ressources, tandis que d'autres sont en état de se suffire à eux-mêmes. Une liste dressée par famille aurait indûment admis ceux-ci aux secours. L'inscription du mari n'impliquera donc pas celle de la femme ; ni l'inscription du père ou de la mère, celle de l'enfant. Tous les membres de la famille devront être inscrits individuellement sur la liste, si chacun d'eux réunit les conditions qui lui permettent d'y figurer.

Mais il y aura des cas nombreux où il n'en sera pas ainsi. Par exemple, le père travaille ; il n'a pour vivre que le produit de son travail, lequel d'ailleurs lui suffit pour entretenir sa famille. Qu'un de ses enfants tombe malade, il pourra pourvoir à cette nécessité. Mais si c'est lui-même que la maladie atteint, il n'a plus le moyen de payer le médecin et le pharmacien ; il en est de même si sa femme ou ses enfants tombent malades pendant qu'il est malade lui-même. Dans ce cas, il devra être porté sur la liste, et les autres membres de sa famille seulement pour le cas où il serait malade lui-même.

Il n'y aura qu'une liste d'assistance sans distinction entre ceux qui seraient admis aux secours médicaux seulement et ceux qui seraient admis tout à la fois aux secours médicaux et aux secours pharmaceutiques ; mais comme le fait ressortir l'exposé des motifs « l'inscription sur la liste ne constitue pas un droit à l'assistance ; par suite, la commission administrative du bureau a toujours la faculté de mesurer l'assistance aux besoins actuels des individus secourus » et d'établir ainsi les catégories que la loi n'a pas rendues obligatoires.

Art. 14

La liste est arrêtée par le conseil municipal, qui délibère en comité secret : elle est déposée au secrétariat de la mairie.

Le maire donne avis du dépôt par affiches aux lieux accoutumés.

Comment le conseil municipal arrête la liste

L'inscription sur la liste d'assistance engage éventuellement les finances communales ; c'est pourquoi le conseil municipal est appelé non à donner un avis, mais à arrêter la liste. Il délibère sur ce point en comité secret. La circulaire du 15 mai 1884, commentant l'art. 54 de la loi municipale, conseillait déjà de recourir au comité secret toutes les fois qu'il s'agit d'affaires où l'intérêt privé se trouve en opposition avec l'intérêt communal, et, d'une manière générale, toutes les fois qu'il s'agit de questions personnelles. Cette faculté devient une obligation pour le conseil municipal lorsqu'il est appelé à arrêter la liste d'assistance. Bien que la loi ne le spécifie pas, il va de soi que, pour les mêmes motifs, le comité secret est également obligatoire pour la revision de la liste.

Dépôt au secrétariat de la mairie

Mais le droit de réclamation que l'article 16 ouvre aux habitants et contribuables de la commune comporte nécessairement une certaine publicité des listes. Celles-ci devront être déposées au secrétariat de la mairie, afin que tout contribuable ou habitant puisse en prendre communication sans déplacement.

Avis de dépôt

D'un autre côté, un délai de vingt jours étant imparti pour former les réclamations (art. 16), il y avait lieu de fixer le point de départ de ce délai, qui court à dater de ce dépôt : c'est pourquoi, le maire doit donner, par affiches, avis du dépôt de la liste au secrétariat de la mairie ; ni la délibération ni la liste ne doivent être affichées.

Art. 15

Une copie de la liste et du procès-verbal constatant l'accomplissement des formalités prescrites par l'article précédent est en même temps transmise au sous-préfet de l'arrondissement.

Si le préfet estime que les formalités prescrites par la loi n'ont pas été observées, il défère les observations, dans les huit jours de la réception de la liste, au conseil de préfecture, qui statue dans les huit jours et fixe, s'il y a lieu, le délai dans lequel les opérations annulées seront refaites.

Recours au conseil de préfecture contre les opérations relatives à l'établissement des listes

Le recours que vous ouvre l'article 15 est emprunté aux articles 3 et 4 du décret réglementaire du 2 février 1852 sur les élections. La loi de 1893 a seulement élargi les délais que ce décret fixe, soit à vous, soit au conseil de préfecture ; vous avez un délai de huit jours, à dater de la réception du procès-verbal, pour introduire votre recours ; de son côté, le conseil de préfecture a un délai de huit jours pour statuer sur votre recours. Il est à peine besoin d'ajouter qu'en cette matière, tout administrative, le conseil de préfecture ne siègera pas publiquement.

Vous n'aurez pas, d'ailleurs, et le conseil de préfecture n'aura pas non plus à examiner la composition de la liste d'assistance, au point de vue du fond : votre appréciation portera uniquement sur la question de savoir si les formalités légales ont été exactement remplies.

L'article 15 n'est pas applicable au cas où le travail de confection ou de revision de la liste d'assistance aurait été complètement omis. Dans cette hypothèse, et par analogie avec la solution admise en matière de listes électorales (décision du Conseil d'État, statuant au contentieux, du 22 mars 1875, circulaire du ministre de l'Intérieur du 30 novembre 1884), le conseil de préfecture ne peut impartir de nouveaux délais. C'est au préfet, chargé d'assurer l'exécution des lois, qu'il appartient de prendre les mesures nécessaire pour qu'il soit immédiatement procédé au travail d'établissement ou de revision de la liste d'assistance, et ensuite au dépôt de la liste au secrétariat de la mairie, les délais accordés pour former les réclamations en inscription ou en radiation ne devant d'ailleurs courir que du jour du dépôt.

Art. 16

Pendant un délai de vingt jours à compter du dépôt, les réclamations en inscription ou en radiation peuvent être faites par tout habitant ou contribuable de la commune.

Réclamations contre la formation de la liste d'assistance

La loi a ouvert aux réclamations un champ plus large que n'avait fait le projet du gouvernement. Elle accorde le droit de réclamer à tout habitant ou contribuable, par conséquent à l'intéressé lui-même ou à un membre de sa famille ; il suffit, pour avoir qualité, d'habiter la commune ou d'y être inscrit au rôle des contributions. Le législateur a voulu donner les facilités les plus grandes, soit pour obtenir la radiation d'individus inscrits indûment, soit pour réclamer l'inscription de personnes que la commission administrative du bureau ou le conseil municipal aurait écartées à tort. La formation de la liste ne doit être influencée ni par le favoritisme, qui imposerait au service une charge injustifiée, ni par une économie excessive, qui priverait des secours nécessaires ceux en faveur desquels la loi a été faite.

Le droit de réclamation n'appartient pas d'ailleurs à une personne qui résiderait temporairement dans la commune, ou qui s'y trouverait accidentellement de passage. Il appartient à « tout habitant » et à « tout contribuable ». Un citoyen peut connaître ceux qui habitent la même commune que lui et être en situation de fournir des indications utiles, même s'il ne paie pas de contributions dans cette commune; tel sera souvent le cas de ceux qui réclameront l'inscription pour eux-mêmes ou pour leurs proches. D'autre part, des personnes peuvent payer des contributions dans la commune, être ainsi financièrement intéressées à ce que la liste y soit limitée, et n'y pas *habiter* (1).

La réclamation sera introduite dans la forme administrative; il suffira qu'elle contienne le nom et l'adresse du réclamant, le nom et l'adresse de la personne dans l'intérêt de qui ou contre qui elle est formée, l'énoncé des motifs sur lesquels elle est fondée; elle est affranchie du timbre en vertu de l'article 32 de la loi elle-même. Comme il n'est pas dit entre les mains de qui elle doit être déposée, j'estime qu'elle doit être remise au sous-préfet, président de la commission cantonale prévue à l'article 17; il conviendra de la frapper du timbre à date dès son arrivée à la sous-préfecture ou à la préfecture pour l'arrondissement chef-lieu; il en sera donné récépissé si le réclamant le demande.

Le délai imparti pour réclamer sera calculé suivant les règles que la jurisprudence a fixées pour le délai ouvert en matière électorale aux réclamations dirigées contre la décision de la commission chargée de dresser les tableaux de rectification (loi du 7 juillet 1874, art. 2).

Il conviendra que la personne dont l'inscription ou la radiation serait demandée soit avertie afin qu'elle puisse présenter ses observations; cet avertissement sera donné sans frais et contiendra l'indication sommaire des motifs invoqués par le réclamant.

---

(1) « *Habitant*, celui qui habite, fait sa demeure fixe en un lieu » (Littré).

ART. 17

Il est statué souverainement sur ces réclamations, le maire entendu ou dûment appelé, par une commission cantonale composée du sous-préfet de l'arrondissement, du conseiller général, d'un conseiller d'arrondissement dans l'ordre de nomination et du juge de paix du canton.

Le sous-préfet ou, à son défaut, le juge de paix préside la commission.

Commission cantonale

Le projet du gouvernement donnait au sous-préfet la faculté de se faire suppléer par un délégué; cette faculté a disparu dans le texte adopté par les Chambres. Il conviendra donc que le sous-préfet, à moins de cas de force majeure, assiste aux travaux de la commission. Ce lui sera une occasion de s'enquérir sur place du fonctionnement des services d'assistance et de visiter l'hospice si le chef-lieu de canton en possède un.

C'est au sous-préfet, comme président, qu'il appartiendra de fixer le jour où la commission se réunira et d'adresser les convocations.

La commission statuera, le maire entendu ou dûment appelé. Le maire, en sa qualité de président du bureau d'assistance et de président du conseil municipal, a pris part à l'élaboration et à la formation de la liste d'assistance. Il pourra, à ce titre, fournir à la commission cantonale d'utiles renseignements pour l'instruction des demandes en radiation ou en inscription.

Toutefois, la présence du maire n'est pas indispensable pour que la commission cantonale puisse statuer valablement; il suffit que le maire ait été « dûment appelé » ; il devra être convoqué et ce soin incombe naturellement au sous-préfet, président ; comme cette convocation est obligatoire, il convient qu'elle soit faite par notification administrative, de telle sorte qu'il soit possible de rapporter la preuve de l'accomplissement de la formalité.

Il va de soi que la commission pourra prendre pour s'éclairer tous les moyens qu'elle jugera utiles; elle pourrait, par exemple, appeler et entendre le médecin de service, le receveur municipal ou un répartiteur.

La présidence de la commission appartient au sous-préfet ou, à son défaut, au juge de paix. La loi, en portant à quatre le nombre des membres de la commission, lequel n'était que de trois dans le projet du gouvernement, n'a pas, en cas de partage des voix, accordé la prépondérance au vote du président. Il appartiendra aux membres de la commission de s'inspirer de l'esprit de conciliation et de leur dévouement aux intérêts des pauvres pour aboutir à un vote utile. Si tous les membres sont présents, il faudra trois voix pour modifier la décision prise par le conseil municipal et déférée à la commission. Il n'y a, en effet, adoption qu'autant qu'il y a majorité (*Traité de droit politique, électoral et parlementaire*, par E. Pierre, n° 763).

Art. 18

Le président de la commission donne, dans les huit jours, avis des décisions rendues au sous-préfet et au maire, qui opèrent sur la liste les additions ou les retranchements prononcés.

Formation définitive de la liste d'assistance

L'accord s'étant établi entre le sous-préfet et le maire pour arrêter définitivement la liste conformément aux décisions prises par la commission, le sous-préfet vous l'adressera et il conviendra que le maire en remette une copie :

1° Au médecin de l'assistance médicale, ou au délégué des médecins du service ;

2° A l'hôpital ou, si le conseil général a adopté l'organisation que j'ai exposée sous l'article 3, aux deux hôpitaux (infirmerie et hôpital général) auxquels sera rattachée la commune.

Art. 19

En cas d'urgence, dans l'intervalle de deux sessions, le bureau d'assistance peut admettre provisoirement, dans les conditions de l'article 12 de la présente loi, un malade non inscrit sur la liste.

En cas d'impossibilité de réunir à temps le bureau d'assistance, l'admission peut être prononcée par le maire, qui en rend compte, en comité secret, au conseil municipal dans sa plus prochaine séance.

Admission aux secours de l'assistance des malades non inscrits sur la liste; 1° Maladies chroniques

La décision du bureau d'assistance, admettant des malades aux secours, par raison d'urgence, dans l'intervalle de deux sessions du conseil municipal, sera prise dans les conditions de l'article 12, c'est-à-dire que le médecin de l'assistance ou un délégué des médecins de l'assistance, le receveur municipal et un des répartiteurs désigné par le sous-préfet, pourront assister à la séance avec voix consultative et que ces trois personnes devront être convoquées.

Si le maire juge qu'il n'y a pas possibilité de réunir à temps la commission administrative du bureau, circonstance qui se présentera sans doute rarement pour les maladies chroniques, il peut admettre lui-même le malade aux secours, mais à charge d'en rendre compte, en comité secret, au conseil municipal dans sa plus prochaine séance. Cette obligation constitue une garantie pour les finances municipales; vous tiendrez la main à ce que les prescriptions de la loi à cet égard soient exactement observées.

ART. 20

En cas d'accident ou de maladie aiguë, l'assistance médicale des personnes qui n'ont pas le domicile de secours dans la commune où s'est produit l'accident ou la maladie incombe à la commune, dans les conditions prévues à l'article 21, s'il n'existe pas d'hôpital dans la commune.

L'admission de ces malades à l'assistance médicale est prononcée par le maire, qui avise immédiatement le préfet, et en rend compte, en comité secret, au conseil municipal dans sa plus prochaine séance.

Le préfet accuse réception de l'avis et prononce dans les dix jours sur l'admission aux secours de l'assistance.

2° Maladies aigues et accidents

Cet article est un des plus importants de la loi. Il ne faut pas qu'un malade sans ressources puisse rester sans secours. Il n'y a plus ici de question de domicile ni d'inscription sur une liste.

L'article 1er de la loi du 7 août 1851 a posé cette règle que les hôpitaux sont tenus de recevoir, sans condition de domicile, les individus privés de ressources qui tombent malades dans la commune, siège de l'établissement hospitalier. Il n'est pas dérogé à cette règle, mais elle est insuffisante. D'une part, l'article 1er de la loi de 1851 ne parle que des secours hospitaliers : elle est muette en ce qui concerne les secours médicaux à domicile, et c'est à ceux-ci qu'il convient de recourir en principe, ainsi que l'avait très judicieusement décidé le législateur de vendémiaire. D'autre part, l'article 1er assure le secours seulement au pauvre que la maladie atteint dans une commune pourvue d'un établissement hospitalier destiné à recevoir des malades; or, il y a en France 34,929 communes (sur 36,144) qui n'en sont pas pourvues. C'est cette double lacune que l'article 20 a pour but de combler.

Tout individu privé de ressources, atteint par la maladie ou par un accident, doit être immédiatement soigné. Si son cas exige l'hospitalité et que la maladie ou l'accident se soit produit dans une commune pourvue d'un hôpital, son traitement restera à la charge de l'hôpital (art. 1er de la loi du 7 août 1851). S'il peut être soigné à domicile, ou si, devant être hospitalisé, il se trouve dans une commune non pourvue d'un hôpital, c'est la commune où l'accident se sera produit, où la maladie se sera déclarée, qui sera tenue, dans les limites fixées par la loi, de fournir à ce blessé, à ce malade l'assistance médicale soit à l'hôpital, soit à domicile.

En cas d'une des maladies transmissibles dont la déclaration a été rendue obligatoire par la loi du 30 novembre 1892 (1), la collec-

(1) Voici la liste de ces maladies d'après l'arrêté ministériel du 23 novembre 1893. 1° Fièvre typhoïde. 2° Typhus exanthématique. 3° Variole ou varioloïde. 4° Scarlatine. 5° Diphtérie (croup et angine couenneuse). 6° Suette miliaire. 7° Choléra et maladies cholériformes. 8° Peste. 9° Fièvre jaune. 10° Dysenterie. 11° Infections puerpérales, lorsque le secret au sujet de la grossesse n'aura pas été réclamé. 12° Ophtalmie des nouveaux-nés.

tivité a l'intérêt le plus évident à ce que le maire prononce immédiatement l'admission aux secours, même de ceux qui n'auraient pas leur domicile de secours dans la commune. On peut dire qu'il agira ainsi par extension des attributions de police municipale que lui donne l'article 97, paragraphe 6, de la loi du 5 avril 1884.

L'article 20 a donc pour objet de faire profiter les personnes privées de ressources, atteintes de maladies aiguës, d'une part des secours médicaux à domicile dans toutes les communes de France, d'autre part de l'hospitalisation, même lorsque la commune où elles tombent malades n'est pas pourvue d'un établissement hospitalier. Ce dernier bienfait n'était jusqu'ici assuré par la loi du 7 août 1851 qu'aux malades atteints dans une commune pourvue d'un hôpital.

Afin que le remboursement des frais d'assistance puisse être réclamé immédiatement, le maire, après avoir prononcé l'admission, avise le préfet sans retard : celui-ci accuse réception de l'avis et prononce dans les dix jours sur l'admission aux secours de l'assistance. La décision préfectorale détermine le domicile de secours de l'assisté et sert de base au recours de la commune dans les conditions prévues à l'article 21.

Art. 21.

Les frais avancés par la commune en vertu de l'article précédent, sauf pour les dix premiers jours de traitement, sont remboursés par le département d'après un état régulier dressé conformément au tarif fixé par le conseil général.

Le département qui a fourni l'assistance peut exercer son recours contre qui de droit. Si l'assisté a son domicile de secours dans un autre département, le recours est exercé contre le département, sauf la faculté pour ce dernier d'exercer à son tour son recours contre qui de droit.

Recours de la commune

Le secours donné immédiatement, sans recherche de domicile, sans certitude de recours, tel est le principe posé par l'article 20.

L'article 21 apporte à son application un tempérament équitable. Lorsque l'admission au secours aura été prononcée par le préfet, la commune où par hypothèse l'assisté n'a pas son domicile de secours ne restera tenue définitivement que de la dépense des dix premiers jours de traitement. Il est juste qu'elle ait une part dans la dépense, car d'un côté, le plus souvent, elle aura bénéficié antérieurement du travail de l'assisté ; et de l'autre, on peut présumer qu'en maintes circonstances elle aura une certaine responsabilité dans la maladie. Il est bien entendu d'ailleurs, ainsi que l'a déclaré le commissaire du gouvernement devant le Sénat, dans la séance du 11 juillet 1893, que « pour cette dépense comme pour toutes les autres, la commune profitera de la subvention départementale telle qu'elle est prévue au tableau A » (voir ci-après article 27).

Pour le surplus, la dépense sera payée par le service départemental, et le département exercera son recours contre qui de droit. Il ne serait pas juste en effet que la collectivité du domicile de secours, par exemple la commune qui a fait figurer l'assisté sur sa liste d'assistance, qui aura ainsi reconnu sa dette envers lui, fût exonérée de toute charge par cela seul que l'assisté est tombé accidentellement malade sur le territoire d'une autre commune.

Je crois devoir vous faire remarquer que l'article 21 arme le département seul d'un droit de recours ; les établissements hospitaliers continuent à être soumis à l'application de l'article 1er de la loi du 7 août 1851 et n'ont pas de recours à exercer, même pour la part de la dépense excédant les dix premiers jours de traitement. Cela résulte de la discussion dont l'article 21 a été l'objet devant le Sénat et des explications fournies à cette occasion par le commissaire du gouvernement.

Les frais que le département aura à rembourser ne devront l'être que sur un état régulier dressé conformément au tarif fixé par le conseil général, en vertu de l'article 4 et d'après les règles posées à l'article 31.

Vous aurez à exercer le recours du département contre qui de droit, c'est-à-dire, suivant le cas, contre les personnes tenues à la dette alimentaire, contre toutes autres personnes, sociétés ou corporations, tenues à l'assistance médicale envers le secouru, enfin contre la collectivité qui pourrait être débitrice de l'assistance. Sur ce dernier point toutefois, il convient d'observer que si l'assisté a son domicile de secours dans un autre département, c'est contre ce département que vous exercerez votre recours, ce qui se fera naturellement par voie administrative. Ce département, de son côté, après avoir acquitté la dette, se trouvera substitué aux droits de recours que vous auriez pu invoquer si le malade avait eu son domicile de secours dans votre département.

Art. 22

L'inscription sur la liste prévue à l'article 12 continue à valoir pendant un an, au regard des tiers, à partir du jour où la personne inscrite a quitté la commune, sauf la faculté pour la commune de prouver que cette personne n'est plus en situation d'avoir besoin de l'assistance médicale gratuite.

Durée des effets de l'inscription sur la liste d'assistance

L'inscription sur la liste d'assistance continue à valoir pendant un an au regard des tiers, à partir du jour où la personne inscrite a quitté la commune. Il ne faut pas que la commune qui a, par l'inscription, reconnu sa dette d'assistance envers un de ses citoyens, puisse se décharger de son obligation en rayant le nom de ce citoyen de la liste le jour où il quitte la commune. Elle doit rester responsable au regard des tiers, c'est-à-dire au regard des collectivités administratives qui ont fourni l'assistance.

Cette responsabilité d'ailleurs ne saurait durer indéfiniment. La loi la limite au temps nécessaire pour acquérir ou perdre le domicile de secours, c'est-à-dire à un an.

Mais, dira la commune d'origine, la situation de cet individu, que vous avez secouru à ma place, s'est améliorée ; il n'y a plus de raison de le secourir gratuitement ; s'il fût demeuré chez moi, il eût été rayé de la liste le trimestre suivant; vous avez, vous qui me réclamez les dépenses de son traitement, été imprudent en l'admettant à l'assistance ; ce n'est pas à moi à payer les frais de votre imprudence. Une telle situation se présentera sans doute rarement : il fallait cependant la prévoir. C'est ce qu'a fait l. loi. Votre prétention est peut-être justifiée, répond-elle à la commune d'origine. Justifiez-la donc. Si vous la justifiez, vous ne devrez rien. Mais il faut que vous la justifiiez, et c'est à vous qu'incombe le fardeau de la preuve car, en inscrivant l'individu sur votre liste, vous avez créé la présomption qu'il devait être secouru en cas de maladie.

Si, d'ailleurs, la commune d'origine prouve en effet que c'est à tort que l'individu a été soigné gratuitement, ce sera au service ayant à tort accordé ces soins gratuits à en garder la charge.

L'on peut encore supposer que l'assisté aura acquis au cours de l'année un autre domicile dans une troisième commune, par exemple par le mariage (art. 6, § 3), et aura été inscrit dans cette troisième commune. C'est cette dernière qui devrait payer les frais dépassant les dix premiers jours de traitement. Mais, ici encore, le fardeau de la preuve incomberait à la commune d'origine, l'inscription de l'assisté sur la liste suffisant, jusqu'à preuve contraire, pour dégager le département où le secours a été donné.

Art. 23

Le préfet prononce l'admission aux secours de l'assistance médicale des malades privés de ressources et dépourvus d'un domicile de secours communal.

Le préfet est tenu d'adresser, au commencement de chaque mois, à la commission départementale ou au ministre de l'Intérieur, suivant que l'assistance incombe au département ou à l'État, la liste nominative des malades ainsi admis pendant le mois précédent aux secours de l'assistance médicale.

Malades sans domicile de secours communal

Les malades qui n'ont pas de domicile de secours communal, et qui remplissent cependant pour l'admission aux secours les conditions générales prévues à l'article 1er, recevront l'assistance médicale soit du département, soit de l'État.

Dans l'un et l'autre cas c'est à vous, Monsieur le préfet, qu'il appartiendra de prononcer l'admission.

Le fait du domicile départemental se présentera plus fréquemment qu'on ne l'a quelquefois prévu. D'après les *Résultats statistiques du dénombrement de* 1886, sur 100 Français, 23,5 en moyenne étaient originaires du département, mais d'une commune autre que celle où ils étaient recensés. Il est évident que de ces 23 personnes plusieurs auront habité leur nouvelle résidence un temps suffisant pour y acquérir le domicile de secours communal; mais il y en aura aussi qui, ayant quitté leur commune d'origine depuis plus d'un an et y ayant perdu le domicile communal, n'en auront pas encore acquis un nouveau; celles-là auront le domicile départemental; c'est au département qu'incomberont les frais de leur assistance médicale.

A raison de la difficulté des moyens d'information et de contrôle, il ne sera pas dressé de liste d'assistance départementale. Vous déciderez sur chaque cas en particulier. De même que le maire, aux termes de l'article 19, prononce certaines admissions à charge d'en rendre compte au conseil municipal, de même, après avoir prononcé l'admission à l'assistance départementale, vous devrez en rendre compte à la commission départementale dès sa plus prochaine réunion, en lui soumettant, au commencement de chaque mois, la liste nominative des malades admis pendant le mois précédent.

Enfin, dans les cas, qui seront probablement assez rares, où le malade n'aurait ni domicile de secours communal, ni domicile départemental, l'assistance incombera à l'État. Vous m'adresserez au commencement de chaque mois la liste nominative des malades admis dans ces conditions pendant le mois précédent. Vous indiquerez, autant que possible, pour chacun d'eux, ses résidences successives au cours des douze derniers mois. Si le renseignement ne peut être fourni, vous donnerez les raisons de cette impossibilité. Enfin, vous produirez copie du certificat médical et du certificat justifiant le manque de ressources sur le vu desquels vous aurez cru devoir prononcer l'admission.

Représentant des intérêts de l'État et ménager de ses ressources, vous ne sauriez, Monsieur le préfet, mettre trop de soins à prescrire toutes recherches, à ordonner toutes enquêtes de nature à vous permettre d'établir le domicile de secours communal ou départemental de l'assisté, afin d'éviter à l'État des charges qui ne devraient pas lui incomber.

La loi du 15 juillet 1893 impose l'obligation de l'assistance médicale en première ligne à la commune ; ce n'est qu'à défaut de la commune qu'intervient le département et subsidiairement l'État. Il ne faudra jamais perdre de vue ce principe essentiel dans l'application de la loi.

TITRE IV

SECOURS HOSPITALIERS

Art. 24

Le prix de journée des malades placés dans les hôpitaux aux frais des communes, des départements ou de l'État est réglé par un arrêté du préfet, sur la proposition des commissions administratives de ces établissements et après avis du conseil général du département, sans qu'on puisse imposer un prix de journée inférieur à la moyenne du prix de revient constaté pendant les cinq dernières années.

Fixation du prix de journée dans les établissements hospitaliers

L'article 3 a déterminé les conditions dans lesquelles l'hôpital peut réclamer le remboursement du prix de journée des malades admis au compte des communes, du département ou de l'État ; il reste à préciser la quotité de ce prix de journée.

Il s'agit ici de concilier les intérêts des malades, des communes, du département, de l'État, avec ceux des établissements hospitaliers qui sont en possession de droits propres et d'une personnalité distincte.

C'est l'objet de l'article 24 qui confie à l'autorité préfectorale le soin de régler le prix de la journée par arrêté, sur la proposition des commissions hospitalières et après avis du conseil général du département, sans que ce prix de journée puisse être inférieur à la moyenne du prix de revient constaté pendant les cinq dernières années.

Cette disposition s'inspire de la loi du 7 août 1851, dont l'article 3 décidait que le prix de journée, dans les hospices et hôpitaux, pour les malades des communes privées d'établissements hospitaliers, serait fixé par le préfet, d'accord avec la commission des hospices et hôpitaux.

L'article 24 vous confère une attribution délicate. Le législateur a pensé que, par votre qualité d'agent de l'État, de représentant du département, de tuteur à la fois des communes et des établissements hospitaliers, vous étiez désigné pour sauvegarder dans la mesure équitable chacun des intérêts en présence.

Vous fixerez le prix pour chaque hôpital séparément.

Le premier élément dont vous aurez à tenir compte, ce seront les propositions de la commission hospitalière. Ces propositions, que vous provoquerez sans retard, seront communiquées par vous, accompagnées de vos observations, au conseil général. Cette assemblée donnera son avis. La délibération de l'assemblée départementale, qui aura toujours pour vous une grande importance, ne constitue pourtant qu'un avis. Cela résulte sans conteste des travaux préparatoires. Le Sénat avait adopté en première délibération (séance du 16 mars 1893) un amendement aux termes duquel « le prix de la journée était arrêté par le préfet sur la proposition des commissions administratives *conformément à la décision* du conseil général du département ». En deuxième lecture, le Sénat (séance du 11 juillet 1893) est revenu au texte actuel : « le prix de journée est réglé par arrêté du préfet, sur la proposition des commissions administratives et *après avis* du conseil général du département. » Ce retour au texte proposé a été justifié principalement par la considération qu'en cette affaire les intérêts du département et ceux de l'hôpital sont opposés, et qu'à l'une des parties en cause ne peut appartenir le droit de décision.

Le prix de journée ne devra en aucun cas être inférieur à la moyenne du prix de revient constaté pendant les cinq dernières années.

C'est là un minimum établi par la loi en vue de sauvegarder les intérêts hospitaliers : fixer toujours systématiquement le prix de journée à ce minimum ne serait ni juste ni conforme à l'esprit de la loi.

La moyenne du prix de revient constaté pendant les cinq dernières années devra être établie conformément aux règles tracées par le questionnaire adressé en 1888 pour les hôpitaux et hospices (questions n°s 279 et 297). Je rappelle que, pour déterminer le prix de la journée, il y a lieu de fixer d'abord la part que prennent dans les dépenses celles affectées à la gestion des biens, aux services annexes, aux secours à domicile, aux grosses réparations et travaux d'amélioration, conformément au tableau ci-après :

ANNÉES	DÉPENSES AFFÉRENTES				TOTAL.
	à la gestion des biens.	aux services annexes.	aux secours à domicile	aux grosses réparations et travaux d'amélioration.	
1	2	3	4	5	6
18					
18					
18					
18					
18					
TOTAL de 18 à 18					

Le prix de revient de la journée sera ensuite obtenu en retranchant du total des dépenses ordinaires affectées au cours des cinq années envisagées le nombre porté au total de la 6e colonne de ce tableau en divisant la reste par le nombre de journées d'hospitalisés fournies pendant la même période.

Lorsque le prix de journée aura été ainsi établi, il est à désirer qu'il ait quelque fixité. La loi du 15 juillet 1893 ne parle pas expressément d'un délai de revision ; mais il est permis de conclure des termes de l'article 24 qu'en règle générale la revision ne devra avoir lieu que tous les cinq ans. C'est le délai imparti par la loi du 7 juillet 1877 et par le décret du 1er août 1879 pour la revision du prix de journée dans les hôpitaux en ce qui concerne le traitement des malades militaires, et la disposition de l'article 24, ainsi qu'en témoigne l'exposé des motifs, a été inspirée par la législation spéciale au traitement des militaires dans les hôpitaux civils.

Les règles ci-dessus rappelées pour la détermination du prix de journée vous amèneront à exercer un contrôle encore plus précis et une surveillance plus minutieuse sur les budgets des hospices. Vous trouverez dans l'application de la loi du 15 juillet un nouveau motif de relever et de réformer les abus possibles de la comptabilité hospitalière : vous aurez soin de réduire et de maintenir dans de justes limites les dépenses du personnel, celles-ci sont parfois exagérées, et cette exagération fait monter à un chiffre trop élevé le prix de revient de la journée de traitement. Vous veillerez aussi à ce que le service de l'économat soit partout organisé et régulièrement tenu, vous souvenant que la comptabilité-matières est trop souvent l'objet des justes critiques de l'inspection générale. Des négligences de ce côté causent une déperdition de ressources qui, désormais, aurait pour effet de surcharger indûment les contribuables.

Art. 25

Les droits résultant d'actes de fondations, des édits d'union ou de conventions particulières sont et demeurent réservés.

Il n'est pas dérogé à l'article 1er de la loi du 7 août 1851.

Tous les lits, dont l'affectation ne résulte pas des deux paragraphes précédents ou qui ne seront pas reconnus nécessaires aux services des vieillards ou incurables, des militaires, des enfants assistés et des maternités seront affectés au service de l'assistance médicale.

Obligations spéciales des établissements hosptaliers

La loi de 1893 ne déroge pas à l'article 1er de la loi du 7 août 1851. Les établissements hospitaliers continueront par suite, à recevoir et à soigner gratuitement les individus privés de ressources qui tombent malades dans la commune siège de l'établissement.

Un certain nombre de communes tiennent d'actes de fondations le droit d'envoyer gratuitement leurs malades dans des hospices voisins. En outre, des édits d'union qui, sous l'ancienne monarchie, ont supprimé les léproseries ou maladreries, et réuni leurs biens à ceux d'hospices, ont imposé à ceux-ci la charge de recevoir, jusqu'à concurrence des revenus desdits biens, les malades des paroisses sur lesquelles ces léproseries et maladreries étaient situées.

La loi réserve expressément ces droits acquis.

Pour bien établir ces obligations et les disponibilités qui subsistent, il y a lieu de faire dresser pour chaque hôpital ou hôpital-hospice (1) un état des lits existants à la date de la promulgation de la loi. Le relevé des lits sera fait par un délégué spécial de l'autorité préfectorale (sous-préfet, conseiller de préfecture, inspecteur des enfants assistés), qui s'aidera des renseignements fournis par la commission administrative, laquelle attestera l'exactitude du travail. En cas de dissentiment, il vous en sera référé. De même, si l'attribution de certains lits ne peut être déterminée séance tenante, il sera fait une réserve à leur sujet dans le procès-verbal de l'opération qui devra être dressé sur place. Vous ne manquerez pas d'appeler l'attention particulière de votre délégué sur l'importance de la mission que vous lui confierez et sur la nécessité de procéder à une vérification personnelle de façon à sauvegarder les droits des diverses catégories de malheureux.

(1) C'est-à-dire tout établissement hospitalier public recevant des malades autres que des malades spéciaux. Beaucoup de petits établissements sont qualifiés simplement *hospices*; on ne devra pas s'arrêter à la dénomination courante, mais rechercher si la destination de l'établissement comporte l'admission des malades généraux.

L'état comprendra, en indiquant si l'affectation est obligatoire ou facultative (1) :

1° Les lits affectés aux vieillards ou aux incurables ;

2° Les lits affectés aux militaires ;

3° Les lits affectés aux services :

a) Des enfants assistés ;

b) Des maternités (2) ;

c) Des malades spéciaux tels que les aliénés et les vénériens (3) ;

d) Des passagers indigents ;

4° Les lits affectés aux malades payants :

5° Les lits affectés aux malades ordinaires.

Cette dernière catégorie représentera le minimum (4) des lits dont pourra disposer le nouveau service lorsqu'on en aura déduit :

1° Les lits de malades qui doivent rester à la disposition de particuliers ou de communes en vertu de fondations, d'édits d'union, de conventions particulières ;

2° Les lits occupés par des individus tombés malades dans la commune où est situé l'établissement. Le nombre de ces lits sera nécessairement variable ; il suffira, pour assurer l'exécution de l'article premier de la loi du 7 août 1851, de réserver à cet effet quelques lits vacants, de façon que l'admission des malades reçus à titre gratuit ne se trouve jamais entravée par le manque de place.

L'état ainsi dressé sera doublement utile :

1° Il précisera les obligations particulières des hospices ;

2° Il fournira le moyen de déterminer les ressources hospitalières dont vous aurez à tenir compte pour appliquer l'article 3,

(1) L'état devra porter mention des actes qui ont créé l'affectation obligatoire. En ce qui concerne les lits militaires, il indiquera la date et la durée des conventions.

(2) Les femmes en couches étant assimilées à des malades par l'article premier de la loi, il n'y aura lieu de porter à l'article 3 de l'état les lits des maternités que lorsque ceux-ci formeront un service bien distinct du service général des malades.

(3) Les services d'isolement pour les contagieux devant rester ouverts aux malades du nouveau service sous la seule réserve qu'on n'y admettra que des personnes atteintes des affections qui y sont traitées, il n'y aura pas lieu d'en tenir compte à l'article 3 de l'état.

(4) A ce nombre viendront s'ajouter les lits des diverses catégories dont l'affectation spéciale n'est pas obligatoire et qui ne seront pas reconnus nécessaires pour assurer convenablement le fonctionnement des autres srvices.

en rattachant les diverses communes à un ou plusieurs des hôpitaux voisins, et pour proposer, s'il y a lieu, des agrandissements ou des créations.

Dans ce travail, vous ne perdrez pas de vue que l'assistance à domicile devant être préférée en principe et devant être organisée de manière à parer au plus grand nombre de cas, on peut tabler, en ce qui concerne l'hospitalisation par application de la loi de 1851, sur des besoins moindres que ceux qui se sont produits antérieurement à l'application de la loi du 15 juillet 1893.

Vous remarquerez, d'autre part, que les administrations hospitalières agiraient contre leurs intérêts en essayant de soustraire à cette application de la loi des lits qui ne seraient pas indispensables pour les besoins de la localité, puisque la loi garantit le remboursement des frais occasionnés par les malades que leur enverra le nouveau service.

L'état signé de votre délégué et du président de la commission administrative de l'hospice sera dressé en deux exemplaires ; l'un demeurera aux archives de l'établissement, l'autre sera versé aux archives de la préfecture.

TITRE V

DÉPENSES, VOIES ET MOYENS

Art. 26.

Les dépenses du service de l'assistance médicale se divisent en dépenses ordinaires et dépenses extraordinaires.

Les dépenses ordinaires comprennent :

1° *Les honoraires des médecins, des chirurgiens et sages-femmes du service d'assistance à domicile ;*

2° *Les médicaments et appareils ;*

3° *Les frais de séjour des malades dans les hôpitaux.*

Ces dépenses sont obligatoires. Elles sont supportées par les communes, le département et l'État, suivant les règles établies par les articles 27, 28 et 29.

Les dépenses extraordinaires comprennent les frais d'agrandissement et de construction d'hôpitaux.

L'État contribuera à ces dépenses par des subventions dans les limites des crédits votés.

Chaque année, une somme sera à cet effet inscrite au budget.

Dépenses du service de l'assistance médicale

Le budget du service départemental de l'assistance médicale gratuite se divise naturellement en recettes et en dépenses, les unes normales, les autres exceptionnelles.

Dépenses ordinaires

L'article 26 énumère d'abord les dépenses ordinaires.

Le tarif et la quotité de ces dépenses sont fixés par le conseil général, conformément à l'article 4, pour les deux premières catégories (honoraires des médecins et autres praticiens, médicaments et appareils) et par arrêté préfectoral, conformément à l'article 24, pour le prix de journée dans les hôpitaux (voir plus haut le commentaire de ces deux articles).

Grâce au caractère obligatoire de ces dépenses, les hôpitaux sont assurés de pouvoir, dans les cas où ce ne sera pas à eux-mêmes que l'obligation incombera, récupérer les frais avancés par eux. Ils exerceront leurs recours contre le service départemental qui centralise toutes les dépenses.

La répartition des dépenses ordinaires entre la commune, le département et l'État se fera conformément aux règles posées par les articles 27, 28 et 29 de la présente loi ; il appartiendra au conseil général de procéder, sur vos propositions, à cette répartition pour ce qui touche le département et les communes ; la part supportée par le département servira de base au calcul de la subvention de l'État.

Le service de l'assistance médicale gratuite étant un service départemental, les dépenses seront ordonnancées par le préfet, payées par la caisse du trésorier-payeur général ou de ses subordonnés (receveurs particuliers des finances et percepteurs).

Dépenses extraordinaires

Les dépenses extraordinaires comprennent les frais d'agrandissement et de construction d'hôpitaux. Elles devront être réduites au plus strict minimum. Je ne saurais trop insister sur ce point. Rien ne serait mieux de nature à compromettre le succès de la loi que l'idée d'une campagne de constructions nouvelles ; rien ne serait plus éloigné des intentions de ses auteurs. La bonne organisation du service des secours à domicile devra la plupart du temps écarter la nécessité de créer des hôpitaux, les ressources actuellement inutilisées, comme l'ont prouvé les enquêtes (1), seront sans doute la plupart du temps suffisantes pour faire face aux besoins nouveaux. Je vous adresserai à cet égard des instructions ultérieures ; en les attendant, vous pourrez consulter avec fruit le fascicule 42 des publications du conseil supérieur de l'assistance publique.

Mais, s'il y a lieu d'espérer que des constructions seront rarement nécessaires, ce que nous connaissons de l'état actuel de nos hôpitaux autorise à penser que certaines améliorations ou compléments s'imposeront souvent. J'attire plus spécialement votre attention sur quatre points.

1° *Enfants assistés.* — Dans nombre d'hôpitaux dépositaires, les services où sont gardés (généralement trop longtemps) les enfants assistés sont des plus défectueux. Il n'est pas rare que ces enfants soient mêlés aux vieillards et aux malades. Vous profiterez de l'enquête à laquelle vous allez vous livrer pour porter remède dans la mesure du possible à cette situation très fâcheuse. Vous le ferez aux moindres frais possibles. Il arrivera que dans l'hospice existe une école, ce qui est une chose mauvaise. Lorsque vous ne vous heurterez pas à des actes de fondation qui s'y opposeraient, vous vous efforcerez de supprimer l'école, et d'en affecter les locaux au logement, à la nourriture et à la récréation des enfants, qui dès lors seront conduits à l'école communale;

2° *Maternités.* — La loi assimile les femmes en couches aux malades. Vous vous préoccuperez d'assurer dans les hôpitaux le

(1) Le 28 février 1890, sur 54,973 lits de malades existant dans les hôpitaux de France. 15,666 n'étaient pas occupés.

service des femmes en couches dans un local séparé, aussi éloigné que possible de ceux où seront soignées des personnes atteintes de maladies transmissibles, et se prêtant aux exigences de l'antisepsie. Vous n'oublierez pas d'ailleurs, lorsque vous aurez à apprécier le nombre des lits nécessaires au service des accouchements, qu'en cette matière surtout l'assistance à domicile doit être préférée à l'hospitalisation toutes les fois qu'elle peut être être donnée avec des garanties sérieuses ;

4° *Salles d'opérations.* — Beaucoup d'hôpitaux en sont dépourvus. Elles peuvent être installées à peu de frais dans des conditions excellentes, ainsi que l'hôpital de Chartres en a fait la démonstration (1). Vous les établiriez, naturellement, d'abord dans les grands hôpitaux.

4° *Isolement en vue des maladies transmissibles.* — Là encore, un progrès considérable pourrait être obtenu à peu de frais. Pour beaucoup d'hôpitaux — je ne parle pas de ceux des très grands centres, où certaines maladies contagieuses existent presque à l'état permanent — il serait sans doute facile d'appliquer à un mal variable, temporaire, un remède du même caractère au moyen de tentes à double paroi, ou de baraques démontables qui seraient chauffés en hiver, comme un bâtiment en maçonnerie, sauf à se servir d'appareils de chauffage un peu puissants.

---

(1) *La salle d'opérations de l'hospice de Chartres.* — Cette salle a été construit conformment aux indications expresses des chirurgiens de l'hôpital.

Le bâtiment est constitué par un rez-de-chaussée formant une salle éclairée et aérée par trois côtés, et adossée par le quatrième à une maison divisée en chambres pour les pensionnaires et les opérés de l'intérieur. La salle est suffisamment spacieuse ; le sol et les parois sont en ciment lissé à la truelle ; tous les angles sont arrondis et le sol est dressé pour un écoulement facile et régulier des eaux de lavage. Les trois baies d'éclairage sont vitrées et munies de stores qui permettent de régler l'arrivée de la lumière ; les stores sont extérieurs car il ne doit y avoir intérieurement aucune substance infectable. L'éclairage se fait d'ailleurs par une toiture vitrée double, toiture à deux pans inclinés à l'extérieur et plafond horizontal à l'intérieur.

Le milieu de cette pièce est occupé par un lit d'opérations, système Julliard, modifié par M. Manoury. Le long des murs, des tablettes de verre posées sur des minces tiges de fer et éloignées de la paroi, permettent de poser les instruments, les bocaux, les barrillets de verre pour les liquides désinfectants. Un lavabo, un chauffe-eau et un chauffe-linge à gaz complètent cette installation. La salle d'opérations est séparée du vestibule d'accès par une porte pleine en fer. Elle peut être éclairée le soir par un bec de gaz qui donne une lumière vive et très blanche par l'incandescence d'un anneau de magnésie.

La ville de Chartres possède ainsi, grâce à M. le Dr Manoury et à sa commission

La plupart des critiques élevées contre l'usage des tentes ont été motivées par l'emploi de tentes à paroi simple. Les autres défectuosités disparaîtront sans doute lorsque les tentes seront spécialement construites en vue de la destination que je propose de leur donner. Les expériences faites par le ministère de la Guerre, et qui ont été dans leur ensemble si favorables, inspirent à cet égard une grande confiance. L'emploi de tentes comme moyen d'isolement constituerait pour l'installation une économie, pour le service une simplification, et pour la désinfection une garantie absolue. L'hôpital aurait en magasin une ou plusieurs de ces tentes. Une maladie infectieuse venant à se déclarer, soit dans l'hôpital, soit au dehors, la tente serait dresssée, les malades y seraient soignés, les services intéressant ces malades y seraient concentrés. La maladie terminée, toutes les parties de la tente seraient passées à l'étuve à désinfection qui est le complément de

---

hospitalière, une installation modèle pour les grandes opérations. Il est intéressant de dresser ici le devis de la dépense que cette installation a occasionnée :

CONSTRUCTION D'UNE SALLE D'OPÉRATIONS A L'HÔPITAL DE CHARTRES

(Années 1886 et 1887.)

Chapitre 1er. — Construction

	fr.	c.
1° Maçonnerie et charpente	3.488	22
2° Serrurerie	1.619	07
3° Couverture	494	93
4° Menuiserie	105	46
5° Peinture et vitrerie	1.188	06
6° Appuis de tablettes de glace	90	»
7° Plomberie	286	»
7° Gaz	212	82
9° Calorifère pour le chauffage de la salle	583	60
10° Stores pour les trois croisées	60	»
11° Honoraires de l'architecte	396	90
TOTAL	8.524	06

Chapitre II. — Mobilier

1° Un lavabo sur consoles, cuvette de 37 centimètres, receveur en faïence, robinets à eau chaude et eau froide	250	»
2° Un chauffage au gaz en cuivre (modèle spécial), avec chauffe-linge	350	»
3° Petit fourneau portatif à gaz	18	»
4° Verrerie : barils de verre dont un de 50 litres, cuvettes, en verre et en porcelaine, flacons et bocaux pour éponges, bains, etc	135	30
A reporter	753	30

cette organisation, et qui d'ailleurs est de plus en plus considérée comme devant faire partie de l'outillage de tout établissement hospitalier de quelque importance. La tente ainsi désinfectée, beaucoup plus sûrement que ne pourrait l'être un bâtiment quelconque, serait rentrée en magasin, prête pour une nouvelle occurence.

On compléterait utilement cette organisation s'il était possible de réserver deux chambres de l'hôpital ; dans l'une, le malade serait tenu en observation lorsqu'il y aurait doute sur la nature de la maladie ; l'autre serait affectée aux malades reconnus contagieux en attendant le montage de la tente.

Ces améliorations diverses constitueraient de grosses réparations, des agrandissements pour lesquels le département pourrait, en vertu de l'article 26, faire appel à l'aide de l'État.

Report..............	753	30
5° Filtre Chamberland à sept bougies..............	77	40
6° Tubes de caoutchouc...........................	38	25
7° Canules....................................	2	50
8° Table d'opération du Dr Julliard, avec réservoir à eau chaude, bâtis en fer, avec deux roulettes, en matelas divisé........................	243	»
9° Table, bâtis en fer, avec deux tablettes de glace pour les instruments.........................	67	»
10° Escabeau spécial, avec traverse pour les pieds...	25	»
11° Boîte de fer blanc pour les différents objets de pansement................................	39	15
12° Boîtes à trois bobines de verre pour catgut......	40	»
13° Tablier de caoutchouc.........................	20	»
14° Alèze de caoutchouc, avec tuyau d'écoulement...	12	»
Port de ces différents objets..................	57	55
TOTAL................	1.375	15

TOTAUX

Construction..................................	8.524	06
Mobilier......................................	1.375	15
TOTAL GÉNÉRAL.....................	9.899	21

On voit que la dépense totale n'atteint pas 10,000 francs. (*Revue des établissements de bienfaisance*, 1887, p. 377.)

On remarquera qu'il s'agit ici d'un très grand hôpital. Dans d'autres, on pourra bien faire en dépensant encore moins.

ART. 27

Les communes dont les ressources spéciales de l'assistance médicale et les ressources ordinaires inscrites à leur budget seront insuffisantes pour couvrir les frais de ce service sont autorisées à voter des centimes additionnels aux quatre contributions directes ou des taxes d'octroi pour se procurer le complément des ressources nécessaires.

Les taxes d'octroi votées en vertu du paragraphe précédent seront soumises à l'approbation de l'autorité compétente, conformément aux dispositions de l'article 137 de la loi du 5 avril 1884.

La part que les communes seront obligées de demander aux centimes additionnels ou aux taxes d'octroi ne pourra être moindre de 20 p. 100 ni supérieure à 90 p. 100 de la dépense à couvrir conformément au tableau A ci-annexé.

Tableau A

Servant à déterminer la part de dépense à couvrir par les communes au moyen des ressources extraordinaires (centimes additionnels et taxes d'octroi) et le montant de la subvention qui doit leur être allouée pour l'assistance médicale gratuite, en égard à la valeur du centime additionnel.

VALEUR DU CENTIME COMMUNAL	PORTION DE LA DÉPENSE A COUVRIR	
	par les communes au moyen des ressources extraordinaires	par le département au moyen de ses subventions et de celles de l'État
Au-dessous de 20 francs	20 0/0	80 0/0
De 20 fr. 01 à 40 francs	25 —	75 —
De 40 fr. 01 à 60 —	30 —	70 —
De 60 fr. 01 à 80 —	35 —	65 —
De 80 fr. 01 à 100 —	40 —	60 —
De 100 fr. 01 à 200 —	50 —	50 —
De 200 fr. 01 à 300 —	60 —	40 —
De 300 fr. 01 à 600 —	70 —	30 —
De 600 fr. 01 à 900 —	80 —	20 —
De 900 fr. 01 et au-dessus	90 —	10 —

Ressources d'origine communale

En première ligne des ressources du service figure le contingent financier obligatoire des communes. Ce contingent sera prélevé d'abord sur la part des recettes attribuées aux pauvres (droit des pauvres sur les spectacles, produit des concessions funéraires, etc., qu'il paraîtra équitable d'affecter aux soins des malades (1).

A ces ressources viendront se joindre les revenus :

1° des dons et legs recueillis par le bureau d'assistance en vue du soulagement des malades ou dont l'administration lui est dévolue à cet effet (art. 11);

2° des fondations possédées par les bureaux de bienfaisance ou les hospices pour l'assistance médicale à domicile (art. 30).

Quand ces ressources combinées seront insuffisantes, il sera parfois possible de demander le surplus aux revenus ordinaires des communes.

Ce ne sera que lorsque ces diverses catégories de recettes n'assureront pas le payement des dépenses de l'assistance médicale à la charge des communes que celles-ci auront le devoir de recourir à l'impôt sous la forme de centimes additionnels aux quatre contributions directes ou sous celle de taxes d'octroi pour se procurer le complément des ressources nécessaires.

En laissant aux communes une latitude assez grande pour la détermination et le choix des recettes du budget de l'assistance médicale, le législateur a voulu les intéresser à la bonne organisation et au fonctionnement du nouveau service et les engager de plus en plus activement dans la pratique des libertés locales.

Toutefois, en ce qui concerne les taxes d'octroi, qui frappent

(1) *Des droits des pauvres sur les spectacles.* Le produit de ces droits continuera à être affecté aux besoins des hôpitaux et aux secours à domicile de chaque commune, d'après la répartition qui en sera faite par le préfet sur l'avis du sous-préfet. (Arrêté du 7 fructidor an VIII, art. 2.)

Produit des concessions funéraires. Il appartient au préfet de répartir entre les différents établissements charitables d'une même commune le tiers du produit des concessions dans les cimetières revenant aux pauvres et aux établissements de bienfaisance, en vertu de l'ordonnance du 6 décembre 1843. (Décision du ministre de l'Intérieur, du 28 octobre 1874. *Bulletin du ministère de l'Intérieur*, 1876, p. 234.)

surtout les alcools, une limitation de latitude ainsi donnée aux conseils municipaux a paru nécessaire. Le Trésor qui perçoit des taxes élevées sur les alcools est en effet intéressé à ce que ce produit ne soit pas imposé d'une manière excessive au profit des communes. En conséquence, et d'une manière générale, les taxes d'octroi votées par les conseils municipaux pour accroître les recettes communales de l'assistance médicale seront soumises à l'approbation de l'autorité compétente, conformément aux dispositions de l'article 137 de la loi municipale du 5 avril 1884.

Il résulte de ce qui précède que la charge entière incombe aux communes capables d'y pourvoir aux moyens des recettes attribuées, des fondations ou des revenus ordinaires. La participation financière du département ne se produira dans les proportions fixées au tableau A qu'à l'égard des communes qui auront été obligées de recourir à des centimes additionnels ou à des taxes d'octroi. Le département et l'État ont le plus évidemment intérêt à ce que les communes ne recourent à la création de ces ressources qu'après avoir épuisé celles dont il est question plus haut. Vous veillerez à ce qu'il en soit ainsi.

J'estime qu'il n'y aura pas à établir de budget ni de comptes spéciaux pour les bureaux d'assistance lorsque ceux-ci n'auront pas de patrimoine ; les recettes afférentes au service seraient alors rattachées au budget municipal et la dépense correspondante sera le versement au département du contingent de la commune. Vous tiendrez la main, lors des règlements des budgets et comptes communaux, à ce que les ressources créées en vue de l'exécution de la loi ne soient pas détournées de leur affectation. Lorsque des fondations acquises ou à venir auront constitué au bureau d'assistance une dotation, ces bureaux devront tenir une comptabilité distincte, assujettie aux règles de la comptabilité publique.

Il va de soi que le bureau d'assistance qui serait en même temps bureau de bienfaisance en exécution de l'article 10, et qui aurait un budget à établir devrait faire ressortir d'une manière très nette, dans ce budget et dans ses comptes au moyen de chapitres distincts, d'une part les recettes et les dépenses afférentes à l'assistance médicale gratuite, de l'autre les recettes et les dépenses afférentes aux autres modes d'assistance. Vous veillerez à ce qu'aucune confusion ne se produise entre les recettes et les dépenses des deux catégories.

ART. 28

Les départements, outre les frais qui leur incombent de par les articles précédents, sont tenus d'accorder aux communes qui auront été obligées de recourir à des centimes additionnels ou à des taxes d'octroi des subventions d'autant plus fortes que leur centime sera plus faible, mais qui ne pourront dépasser 80 p. 100 ni être inférieures à 10 p. 100 du produit de ces centimes additionnels ou taxes d'octroi, conformément au tableau A précité.

En cas d'insuffisance des ressources spéciales de l'assistance médicale et des ressources ordinaires du budget, ils sont autorisés à voter des centimes additionnels aux quatre contributions directes dans la mesure nécessitée par la présente loi.

Participation financière du département

Les dépenses du nouveau service d'assistance médicale mises à la charge des départements sont de deux sortes :

1° les dépenses départementales proprement dites, c'est-à-dire les frais occasionnés par l'assistance des malades qui ont un domicile de secours départemental (art. 8 et 9) ;

2° le concours donné au moyen des fonds départementaux aux communes en vue de faciliter l'accomplissement de leur devoir légal d'assistance.

Le concours financier départemental est réservé exclusivement aux communes qui auront été obligées pour faire face à leurs dépenses d'assistance médicale de recourir à des centimes additionnels spéciaux ou à des taxes d'octroi.

De même que pour les communes, le législateur a prévu le cas où elles ne pourraient subvenir aux dépenses au moyen des ressources spéciales de l'assistance médicale et des ressources ordinaires du budget communal, de même, si pour les dépenses indiquées à l'article 28 ces ressources sont insuffisantes au budget départemental, les conseils généraux devront voter, dans la mesure nécessaire, des centimes additionnels aux quatre contributions directes. Il faut que cette insuffisance soit bien établie pour que l'assemblée départementale s'adresse aux centimes additionnels. Il convient en effet de ne grossir que le moins possible le nombre des centimes additionnels et de ne pas imposer, hors le cas de besoin absolu, une charge nouvelle aux contribuables.

Pour les départements comme pour les communes, le nombre de centimes n'est limité que par les exigences de l'application de la loi. Toutefois, si le nombre des centimes extraordinaires dépasse la limite du maximum fixé annuellement par la loi de finances, la contribution votée par le conseil général devra être autorisée par une loi, conformément à l'article 41 de la loi du 10 août 1871.

Art. 29

L'État concourt aux dépenses départementales de l'assistance médicale par des subventions aux départements dans une proportion qui variera de 10 à 70 p. 100 du total de ces dépenses couvertes par des centimes additionnels et qui sera calculée en raison inverse de la valeur du centime départemental par kilomètre carré, conformément au tableau B ci-annexé.

L'État est en outre chargé :

1° *des dépenses occasionnées par le traitement des malades n'ayant aucun domicile de secours ;*

2° *des frais d'administration relatifs à l'exécution de la présente loi.*

Tableau

Tableau B

Servant à déterminer le montant de la subvention qui doit être allouée par l'État aux départements pour leur part dans les frais de l'assistance médicale, eu égard à la valeur du centime départemental par kilomètre carré.

VALEUR DU CENTIME DÉPARTEMENTAL PAR KILOMÈTRE CARRÉ	COEFFICIENT DE SUBVENTION de l'État	DÉPENSE A COUVRIR par le département
Au-dessous de 2 francs	70 0/0	30 0/0
De 2 fr. 01 à 2 fr. 50	65 —	35 —
De 2 fr. 51 à 3 francs	60 —	40 —
De 3 fr. 01 à 3 fr. 50	55 —	45 —
De 3 fr. 51 à 4 francs	50 —	50 —
De 4 fr. 01 à 4 fr. 75	45 —	55 —
De 4 fr. 76 à 6 francs	40 —	60 —
De 6 fr. 01 à 9 —	30 —	70 —
De 9 fr. 01 à 15 —	20 —	80 —
Au-dessus de 15 francs	10 —	90 —

Contribution de l'État

L'État, comme le département, supporte, en matière d'assistance médicale gratuite, deux catégories de dépenses :

1° les dépenses qui lui sont propres ;

2° les dépenses consistant en subventions aux départements.

1° *Dépenses d'assistance médicale propres à l'État.* — Ces dépenses comprennent d'abord les frais occasionnés par le traitement des malades qui n'ont ni domicile de secours communal, ni domicile de secours départemental, et dont l'assistance médicale incombe à l'État conformément au § 2 de l'article 8.

Il faudra ensuite pourvoir aux frais d'administration que nécessitera la loi du 15 juillet 1893. Ces frais résulteront notamment de la nécessité d'exercer, au moyen de contrôleurs généraux ou bien au moyen des inspecteurs du service des enfants assistés que vous chargerez de cette nouvelle mission, un contrôle exact et une surveillance efficace sur l'organisation et le fonctionnement du nouveau service.

Ainsi que l'a nettement déclaré le rapport de M. Émile Rey à la Chambre des députés, les dépenses occasionnées par l'inspection départementale devraient être supportées, en principe, par le département et figurer dans les dépenses ordinaires ; le département a du reste l'intérêt le plus évident à le faire. En outre, je ne me refuserai pas à examiner s'il serait possible de récompenser par des gratifications prélevées sur les fonds de l'État ceux des fonctionnaires de l'inspection des enfants assistés qui auraient fait preuve de zèle.

Vous m'adresserez des propositions pour les allocations qu'il conviendrait d'accorder à ces fonctionnaires. Ces propositions devront s'étendre aux sous-inspecteurs, lorsque vous aurez cru pouvoir leur attribuer un rôle dans la marche du service. Vous m'indiquerez en même temps les mesures prises par le conseil général pour la rémunération : 1° de l'inspecteur ; 2° du ou des sous-inspecteurs.

2° *Subventions de l'État.* — Les subventions de l'État aux départements sont déterminées par des principes, sinon identiques, du moins analogues aux règles admises pour fixer la subvention du département aux communes.

La subvention de l'État ne sera accordée qu'aux départements qui auront eu recours à des centimes additionnels spéciaux pour couvrir les dépenses départementales d'assistance ; elle sera plus ou moins élevée selon le degré de richesse présumée du département, et variera de 10 à 70 p. 100 du total des dépenses entrant en compte ; le degré de richesse des départements s'appréciera d'après la valeur du centime départemental par kilomètre carré. Le tableau B annexé à la loi fournit les indications nécessaires pour la mise en pratique, au regard des départements, du principe que le législateur a eu également en vue quand il a précisé les subventions revenant aux communes : aux collectivités les plus riches le concours financier le plus faible, et le concours le plus élevé aux collectivités les plus pauvres. Ainsi s'exercera pour les soins aux malades privés de ressources, la solidarité sociale, les communes plus riches venant aux secours des communes plus pauvres au moyen de la subvention départementale, les départements plus riches venant au secours des départements plus pauvres au moyen de la subvention de l'État.

TITRE VI

DISPOSITIONS GÉNÉRALES

Art. 30

Les communes, les départements, les bureaux de bienfaisance et les établissements hospitaliers possédant, en vertu d'actes de fondations, des biens dont le revenu a été affecté par le fondateur à l'assistance médicale des indigents à domicile sont tenus de contribuer aux dépenses du service de l'assistance médicale jusqu'à concurrence dudit revenu, sauf ce qui a été dit à l'article 25.

Fondations relatives à l'assistance médicale

Le secours que réclament les malades pauvres est donné soit à domicile, soit à l'hôpital.

Les fondations instituées en leur faveur visent l'un ou l'autre de ces modes d'assistance.

Hospitalisation

Pour l'hospitalisation, le respect des fondations ayant une affectation spéciale est garanti par l'article 25. Celles n'ayant pas d'affectation spéciale et faites aux établissements hospitaliers sont présumées avoir pour objet l'exécution des règles générales prescrites par la loi du 7 août 1851. Dans les cas, qui seront d'ailleurs très rares, où les ressources dépasseraient les besoins, le surplus déduction faite d'une réserve modique, me paraîtrait devoir être appliqué aux dépenses d'hospitalisation résultant de l'exécution de la nouvelle loi. Il ne serait pas rationnel d'augmenter les charges pesant sur le département et les communes par des dépenses d'hospitalisation pouvant être couvertes au moyen de recettes annuelles destinées à l'hospitalisation.

Lorsque les fondations seront au nom des communes ou des pauvres, l'administration des biens et la désignation des bénéficiaires passeront au bureau d'assistance. Le § 4 de l'article 11, à la différence de l'article 30, ne distingue pas entre l'assistance à domicile et l'assistance hospitalière ; il confie au bureau d'assistance l'administration de toutes les fondations, dons et legs faits aux pauvres ou aux communes *en vue d'assurer l'assistance médicale.*

Assistance à domicile

Pour l'assistance médicale à domicile, la question est plus complexe.

Lorsque les fondations ont précisé cette affectation, tout est simple. Mais la difficulté naît lorsque les fondations ont été faites en faveur de l'assistance à domicile en général, par conséquent en faveur de tous les modes d'assistance à domicile, y compris l'assistance médicale. C'est le cas de toutes les fondations faites sans conditions aux bureaux de bienfaisance. N'en appliquer aucune partie à l'assistance médicale serait restreindre et, par conséquent, méconnaître les intentions des donateurs. Or, ce serait n'en appliquer aucune part à l'assistance médicale que de laisser aux bureaux de bienfaisance, qui n'auront plus à secourir les malades à domicile, la disposition de la totalité des ressources qui lui ont été ainsi données.

Quelle sera la part de leurs ressources qu'en exécution de l'article 30 et par respect de la volonté des donnateurs le bureau de bienfaisance devra affecter à l'assistance à domicile, et dont en conséquence il remettra l'emploi au bureau d'assistance ? Vous l'examinerez, pour chaque cas en vous entourant de tous les éléments d'information que vous pourrez réunir, et en vous efforçant de vous mettre d'accord avec la commission administrative du bureau de bienfaisance. Le règlement du budget annuel sera une occasion toute naturelle de fixer cette part et d'établir cet accord. L'affectation ainsi faite sera constatée au budget des bureaux de bienfaisance sous ce titre : *Assistance médicale à domicile.* Avant d'approuver le budget vous vous assurerez que le bureau de bienfaisance a fait à ce mode d'assistance une part équitable. A Paris, où l'assistance à domicile est pratiquée sous toutes ses formes par les bureaux de bienfaisance, les dépenses afférentes aux malades et aux accouchées représentent un cinquième du total des dépenses (fascicules du conseil supérieur de l'assistance publique n° 40, pp. 37 et 38). Cette proportion du cinquième n'est pas élevée. M. Fleury-Ravarin, dans le rapport qu'il a soumis au conseil supérieur sur la réorganisation des secours à domicile dans la ville de Paris, ne la trouvait pas même suffisante. « Bien faible, disait-il, est la proportion de leurs ressources que les bureaux de bienfaisance consacrent au service des malades ; ce dernier est le plus souvent sacrifié au service des indigents et des nécessiteux (fascicule 40, p. 105). » Néanmoins, la pratique des bureaux de bienfaisance de Paris pourra dans la plupart des cas vous servir d'exemple. Les bureaux de bienfaisance trouveront sans doute que c'est faire aux indigents valides la part assez large que de leur laisser les quatre cinquièmes des ressources, et les administrateurs se montreront d'autant plus disposés à abandonner au bureau d'assistance l'emploi du cinquième de ces ressources qu'ils sont appelés par la loi à régler eux-mêmes cet emploi, en qualité d'administrateurs du nouveau bureau d'assistance.

Il y a en France un certain nombre de communes pauvres qui ont des bureaux de bienfaisance richement dotés. Il paraît inadmissible, dans de telles conditions, de faire peser de nouvelles charges sur les contribuables, et ce qui vient d'être dit pour l'hospitalisation n'est pas moins vrai pour l'assistance à domicile.

Art. 31

Tous les recouvrements relatifs au service de l'assistance médicale s'effectuent comme en matière de contributions directes.

Toutes les recettes du bureau d'assistance pour lesquelles les lois et règlements n'ont pas prévu un mode spécial de recouvrement s'effectuent sur les états dressés par le président.

Ces états sont exécutoires après qu'ils ont été visés par le préfet ou le sous-préfet.

Les oppositions, lorsque la matière est de la compétence des tribunaux ordinaires, sont jugées comme affaires sommaires, et le bureau peut y défendre sans autorisation du conseil de préfecture.

Recouvrements

Cet article étend au département, lorsqu'il s'agira de recouvrements relatifs au service, ainsi qu'au bureau d'assistance, les règles consacrées, pour les communes, par l'article 154 de la loi du 5 avril 1884 et, pour les hospices, par l'article 13 de la loi du 7 août 1851.

Art. 32

Les certificats, significations, jugements, contrats, quittances et autres actes faits en vertu de la présente loi et exclusivement relatifs au service de l'assistance médicale, sont dispensés du timbre et enregistrés gratis lorsqu'il y a lieu à la formalité de l'enregistrement, sans préjudice du bénéfice de la loi du 22 janvier 1851 sur l'assistance judiciaire.

Enregistrement et timbre ; assistance judiciaire

La dispense des droits de timbre et d'enregistrement, disposition toute de faveur, se justifie par le caractère d'intérêt général de la présente loi ; elle est strictement limitée aux actes faits en vue du service de l'assistance médicale.

De plus, une addition faite au texte primitif par le Parlement, prescrit que le bénéfice de la loi du 22 janvier 1851 sur l'assistance judiciaire pourra être invoqué dans les litiges que l'exécution de la loi viendrait à faire naître.

Art. 33

Toutes les contestations relatives à l'exécution, soit de la délibération du conseil général en vertu de l'article 4, soit du décret rendu en vertu de l'article 5, ainsi que les réclamations des commissions administratives relatives à l'exécution de l'arrêté préfectoral prévu à l'article 24, sont portés devant le conseil de préfecture du département du requérant et, en cas d'appel devant le Conseil d'État

Les pourvois devant le Conseil d'État dans les cas prévus au paragraphe précédent sont dispensés de l'intervention de l'avocat.

Contentieux ; compétence administrative

Les contestations indiquées dans cet article présentent un caractère administratif. Il importe d'ailleurs qu'elles soient jugées le plus rapidement et avec le moins de frais possible. A ce double point de vue, la juridiction administrative était indiquée pour les trancher.

La dispense du ministère de l'avocat pour les pourvois devant le Conseil d'État est motivée par les mêmes raisons que l'exemption des droits de timbre et d'enregistrement.

Les contestations visées par l'article 33 se réfèrent, soit à l'exécution de la délibération du conseil général ou du décret qui réglemente l'organisation de l'assistance médicale, soit à l'exécution de l'arrêté préfectoral qui détermine les conditions et le prix de traitement des malades hospitalisés. Les unes et les autres porteront presque toujours sur des sommes modiques et c'eût été fermer, en fait, aux réclamants l'accès du Conseil d'État, que d'exiger l'intervention coûteuse d'officiers ministériels pour introduire leur requête.

Art. 34

Les médecins du service de l'assistance médicale gratuite ne pourront être considérés comme inéligibles au conseil général ou au conseil d'arrondissement à raison de leur rétribution sur le budget départemental.

Médecins de l'assistance médicale ; éligibilité au conseil général et au conseil d'arrondissement

Cette disposition est motivée par des raisons analogues à celles qui ont inspiré le dernier alinéa de l'article 33 de la loi municipale du 5 avril 1884 : « peuvent être élus conseillers municipaux les agents salariés de la commune, qui, étant fonctionnaires publics ou exerçant une profession indépendante, ne reçoivent une indemnité de la commune qu'à raison des services qu'ils lui rendent dans l'exercice de cette profession. »

Un arrêt du Conseil d'État, du 8 février 1884, a décidé que le médecin cantonal, jouissant d'un traitement inscrit au budget départemental et qui n'a pas renoncé à cette rétribution, se trouvait dans l'un des cas d'incompatibilité prévu par l'article 10 de la loi du 10 août 1871.

Le législateur a voulu éviter que le nouveau service se trouvât privé du concours précieux de praticiens qui eussent peut-être hésité à renoncer à leur mandat électif.

Art. 35

Les communes ou syndicats de communes qui justifient remplir d'une manière complète leur devoir d'assistance envers leurs malades peuvent être autorisés par une décision spéciale du ministre de l'Intérieur, rendue après avis du conseil supérieur de l'assistance publique, à avoir une organisation spéciale.

Communes ayant une organisation spéciale de l'assistance médicale

Il était inutile d'étendre obligatoirement les prescriptions de la loi aux villes déjà pourvues d'un système complet d'assistance publique et dont les bureaux de bienfaisance ou les établissements hospitaliers, aidés par des institutions libres, suffisent aux exigences de l'assistance médicale.

Dans l'avenir, la même faculté pourra être étendue aux communes ou syndicats de communes qui feront les sacrifices nécessaires pour assurer le service dans de bonnes conditions.

Le cas échéant, vous me saisirez de vos propositions après avoir pris l'avis du conseil général.

Il fallait laisser cette faculté aux communes. Mais celles qui y auront recours seront vraisemblablement en très petit nombre, pour la raison que celles-là, se plaçant d'elles-mêmes en dehors de la loi nouvelle et par conséquent de l'application de l'article 28, n'auraient plus qualité pour réclamer le bénéfice des subventions que cette loi impose au département et à l'État.

Aucun doute n'est possible à cet égard lorsqu'on se reporte aux déclarations que le commissaire du gouvernement a été amené à faire devant le Sénat et à la suite desquelles une proposition d'amendement n'a pas été maintenue : « Il semble, disait-il à la séance du 16 mars, qu'il y aurait quelque excès à réclamer, d'une part, une liberté plus grande que celle accordée par la loi, et à prétendre, d'autre part, au bénéfice des subventions que la loi prévoit, en un mot à échapper à la loi sur tous les points, à en ignorer tous les articles, sauf un, celui qui doit ouvrir la caisse de l'État. »

Art. 36

Sont abrogées les dispositions du décret-loi du 24 vendémiaire an II, en ce qu'elles ont de contraire à la présente loi.

Abrogation du décret-loi du 24 vendémiaire an II

Vous remarquerez que l'abrogation du décret-loi du 24 vendémiaire an II n'est prononcée qu'en tant que ses dispositions sont contraires à la loi du 15 juillet 1893.

Telles sont, Monsieur le Préfet, les observations générales que m'ont paru comporter les articles de la loi du 15 juillet 1893. Cette loi est inspirée par l'esprit de décentralisation et de progrès. En faisant de l'assistance un service public, et en confiant aux pouvoirs locaux le soin d'assurer le succès de la réforme par une organisation librement choisie, elle impose une grande et noble tâche aux conseils généraux et à l'administration préfectorale. Je compte sur les assemblées départementales et sur vous pour lui faire produire ses conséquences bienfaisantes.

Si des difficultés venaient à se produire en dehors des solutions tracées ci-dessus, je vous adresserais, sur votre demande, les explications ou éclaircissements nécessaires.

Je vous envoie la présente circulaire en nombre suffisant pour que vous puissiez en remettre un exemplaire à chacun de MM. les sous-préfets et en conserver trois pour le service de votre préfecture. Elle sera portée par vos soins à la connaissance des municipalités. Je vous prie de m'en accuser réception.

Recevez, Monsieur le Préfet, l'assurance de ma considération la plus distinguée.

Pour le Ministre de l'Intérieur :

Le conseiller d'État, directeur de l'assistance et de l'hygiène publiques

HENRI MONOD.

LISTE DES IMPRIMÉS

NÉCESSAIRES AU SERVICE DE

L'ASSISTANCE MÉDICALE GRATUITE

(Loi du 15 juillet 1893)

NUMÉROS D'ORDRE	DÉSIGNATION DES MODÈLES
1	Bon de literie.
2	Bon de médicaments.
3	Bon de bains.
4	Bon de tisane.
5	Bon d'appareils.
7	Certificat d'indigence.
8	Liste d'assistance médicale gratuite.
9	Mandat de paiement.
10	État de la situation financière.
12	Extrait du registre des délibérations du bureau d'assistance.
13	Lettre de convocation aux membres du bureau d'assistance.
14	Cahier d'observations de la commission administrative pour la préparation du budget.
15	Carnet d'enregistrement des paiements effectués par mandats ou visa valant mandats.

NUMÉROS D'ORDRE	DÉSIGNATION DES MODÈLES
16	Livre de détail ou grand-livre contenant le compte de chacun des crédits ouverts.
17	Titre de recette pour le produit des dons, aumônes, quêtes, etc.
18	Budget à établir pour le service d'un établissement important.
20	Budget à établir pour le service d'un établissement de peu d'importance.
21	Compte administratif du bureau d'assistance.
22	Chapitres additionnels au budget ou budget supplémentaire.
23	Registre des délibérations du bureau d'assistance de 100 pages, relié.
24	Registre d'inscription des personnes admises aux secours médicaux.
25	Avis au Préfet de frais dus par l'État, le département ou la commune pour frais de journées de malades-assistés.
26	Extrait du registre des frais de journées au compte de l'État, du département ou de la commune.
27	État des frais de journées des malades admis dans
28	Registre d'admission, de séjour et de sortie des malades.
29	Compte de gestion annuelle.
30	État statistique des opérations des bureaux d'assistance (Modèle 3 de la série de la statistique annuelle à fournir par chaque bureau).
31	Cahier de dépouillement des opérations des bureaux d'assistance.
32	État de lits par établissement.
33	Petit manuel de l'assistance publique.

LOI DU 7 AOUT 1851

SUR

LES HOSPICES ET HOPITAUX

TITRE PREMIER

Admission dans les hospices et hôpitaux

Article premier

Lorsqu'un individu privé de ressources tombe malade dans une commune, aucune condition de domicile ne peut être exigée pour son admission dans l'hôpital existant dans la commune.

Art. 2

Un règlement particulier, rendu conformément au dernier paragraphe de l'article 8 de la présente loi, déterminera les conditions de domicile et d'âge nécessaires pour être admis dans chaque hospice destiné aux vieillards et aux infirmes.

Art. 3

Les malades et incurables indigents des communes privées d'établissements hospitaliers, pourront être admis aux hospices et hôpitaux du département désignés par le conseil général, sur la proposition du préfet, suivant un prix de journée fixé par le préfet, d'accord avec la commission des hospices et hôpitaux.

ART. 4

Les communes qui voudraient profiter du bénéfice de l'article 3 supporteront la dépense nécessaire pour le traitement de leurs malades et incurables.

Toutefois, le département, dans les cas et les proportions déterminés par le conseil général, pourra venir en aide aux communes dont les ressources sont insuffisantes.

Dans le cas où les revenus d'un hospice ou hôpital le permettraient, les commissions administratives sont autorisées à admettre dans les lits vacants les malades ou incurables des communes, sans exiger d'elles le prix de journées fixé par l'article 3

ART. 5

L'administration des hospices et hôpitaux peut toujours exercer son recours, s'il y a lieu, contre les membres de la famille du malade, du vieillard ou de l'incurable, désignés par les articles 205 et 206 du Code civil.

Les communes auxquelles s'appliquent les articles 3 et 4 de la présente loi jouissent des mêmes droits.

TITRE II

Administration

ART. 6

Un règlement d'administration publique, rendu dans le délai de six mois, à partir de la promulgation de la présente loi, déterminera la composition des commissions administratives des hospices et hôpitaux (1).

(1) En exécution de cet article, le décret du 23 mars 1852 avait déterminé la composition des commissions administratives ; aujourd'hui la matière est réglée par la loi du 21 mai 1872 dont certaines dispositions ont été modifiées par la loi du 5 août 1879. Voir ci-après le texte en vigueur.

Art. 7

La commission administrative est chargée de diriger et de surveiller le service intérieur et extérieur des établissements hospitaliers.

Art. 8

La commission des hospices et hôpitaux règle par ses délibérations les objets suivants :

Le mode d'administration des biens et revenus des établissements hospitaliers ;

Les conditions des baux et fermes de ces biens, lorsque leur durée n'excède pas dix-huit ans pour les biens ruraux et neuf pour les autres ;

Le mode et les conditions des marchés pour fournitures et entretien dont la durée n'excède pas une année, les travaux de toute nature dont la dépense ne dépasse pas 3,000 francs.

Toute délibération sur l'un de ces objets est exécutoire, si trente jours après la notification officielle, le préfet ne l'a pas annulée, soit d'office pour violation de la loi ou d'un règlement d'administration publique, soit sur la réclamation de toute partie intéressée.

La commission arrête également, mais avec l'approbation du préfet, les règlements du service, tant intérieur qu'extérieur et de santé, et les contrats à passer pour le service avec les congrégations hospitalières.

Art. 9

La commission délibère sur les objets suivants :

Les budgets, comptes, et en général toutes les recettes et dépenses des établissements hospitaliers ;

Les acquisitions, échanges, aliénations des propriétés de ces établissements, leur affectation au service, et en général tout ce qui intéresse leur conservation et leur amélioration ;

Les projets de travaux pour construction, grosses réparations et démolitions dont la valeur excède 3,000 francs ;

Les conditions ou cahiers des charges des adjudications de travaux et marchés pour fournitures ou entretien dont la durée excède une année;

Les actions judiciaires et transactions ;

Les placements de fonds et emprunts ;

Les acceptations de dons et legs.

Art. 10

Les délibérations comprises dans l'article précédent sont soumises à l'avis du conseil municipal, et suivent, quant aux autorisations, les mêmes règles que les délibérations de ce conseil.

Néanmoins, l'aliénation des biens immeubles formant la dotation des hospices et hôpitaux ne peut avoir lieu que sur l'avis conforme du conseil municipal.

Art. 11

Le président de la commission des hospices et hôpitaux peut toujours, à titre conservatoire, accepter, en vertu de la délibération de la commission, les dons et legs faits aux établissements charitables.

Le décret du pouvoir exécutif ou l'arrêté du préfet qui interviendra aura effet du jour de cette acceptation.

Art. 12

La comptabilité est soumise aux règles de la comptabilité des communes.

Art. 13

Les recettes des établissements hospitaliers pour lesquels les lois et règlements n'ont pas prescrit un mode spécial de recouvrement, s'effectuent sur des états dressés par le maire, sur la proposition de la commission administrative. Ces états sont exécutoires après qu'ils ont été visés par le sous-préfet. Les oppositions, lorsque la matière est de la compétence des tribunaux ordinaires, sont jugées comme affaires sommaires, et la commission administrative peut y défendre, sans autorisation du conseil de préfecture.

Art. 14

La commission nomme son secrétaire, l'économe, les médecins et chirurgiens, mais elle ne peut les révoquer qu'avec l'approbation du préfet.

Les receveurs sont nommés par le ministre de l'Intérieur, sur la proposition des commissions des hospices et hôpitaux, et de l'avis des préfets.

Lorsque le revenu des établissements hospitaliers n'excède pas trente mille francs, les fonctions de receveur sont toujours exercées par le receveur de la commune.

Cette disposition n'est pas applicable aux titulaires actuels.

Dans tous les cas, la commission des hospices et hôpitaux exerce, à l'égard du receveur de ces établissements, les droits attribués au conseil municipal à l'égard du receveur des communes.

Art. 15

La commission, d'accord avec le conseil municipal, et sous l'approbation du préfet, pourra traiter de gré à gré, ou par voie d'abonnement, de la fourniture des aliments et objets de consommation nécessaires aux établissements hospitaliers.

Art. 16

Lorsque la commune ne possédera pas d'hospices ou hôpitaux, ou qu'ils seront insuffisants, le conseil municipal pourra traiter avec un établissement privé pour l'entretien des malades et des vieillards, après avoir consulté la commission des hospices et hôpitaux qui sera chargée de veiller à l'exécution du contrat passé avec l'établissement privé.

Les traités devront être soumis à l'approbation du préfet.

Art. 17

La commission des hospices et des hôpitaux pourra, avec les mêmes approbations, et en se conformant aux prescriptions de l'article 5, convertir une partie des revenus attribués aux hospices, mais seulement jusqu'à concurrence d'un cinquième, en secours à domicile annuels en faveur des vieillards ou infirmes placés dans leurs familles (1).

ART. 18.

Les précédentes dispositions ne porteront aucune atteinte aux droits des communes rurales sur les lits des hospices et hôpitaux d'une autre commune, ni aux droits quelconques résultant de fondations faites par les départements, les communes ou les particuliers, qui doivent toujours être respectées.

ART. 19.

Toutes les dispositions contraires à la présente loi sont et demeurent abrogées.

ART. 20.

Il n'est pas dérogé, par la présente, à la loi du 10 janvier 1849, sur l'organisation de l'assistance publique dans la ville de Paris.

(1) Cet article a été modifié par l'article 7 de loi du 21 mai 1873, dont le texte est reprodnit ci-après.

LOI DU 21 MAI 1873

MODIFIÉE PAR LA LOI DU 5 AOUT 1879 (1)

Commissions administratives des établissements de bienfaisance

ARTICLE PREMIER

Les commissions administratives des hospices et hôpitaux et celles des bureaux de bienfaisance sont composées du maire et de six membres renouvelables.

Deux des membres de chaque commission sont élus par le conseil municipal.

Les quatre autres membres sont nommés par le préfet.

ART. 2

Le nombre des membres renouvelables peut, en raison de l'importance des établissements et de circonstances locales, être augmenté par un décret spécial rendu sur l'avis du Conseil d'État.

---

(1) Les articles modifiés sont en caractères italiques.

Dans ce cas, l'augmentation aura lieu par nombre pair, afin que le droit de nomination s'exerce, dans une proportion égale, par le conseil municipal et par le préfet.

ART. 3

La présidence appartient au maire ou à l'adjoint ou au conseiller municipal remplissant dans leur plénitude les fonctions de maire. Le président a voix prépondérante en cas de partage.

Les commissions nomment tous les ans un vice-président. En cas d'absence du maire et du vice-président, la présidence appartient au plus ancien des membres présents, et, à défaut d'ancienneté, au plus âgé.

Les fonctions de membres des commissions sont gratuites.

ART. 4

Les délégués du conseil municipal suivent le sort de cette assemblée quant à la durée de leur mandat; mais, en cas de suspension ou de dissolution du conseil municipal, ce mandat est continué jusqu'au jour de la nomination des délégués par le nouveau conseil municipal.

Les autres membres renouvelables sont nommés pour quatre ans. Chaque année, la commission se renouvelle par quart.

Les membres sortants sont rééligibles.

Si le remplacement a lieu dans le cours d'une année, les fonctions du nouveau membre expirent à l'époque où auraient cessé celles du membre qu'il a remplacé.

Ne sont pas éligibles ou sont révoqués de plein droit les membres qui se trouveraient dans un des cas d'incapacité prévus par les lois électorales.

L'élection des délégués du conseil municipal a lieu au scrutin secret, à la majorité absolue des voix. Après deux tours de scrutin, la majorité relative suffit et, en cas de partage, le plus âgé des candidats est élu.

ART. 5

Les commissions pourront être dissoutes et leurs membres révoqués par le ministre de l'Intérieur.

En cas de dissolution ou de révocation, la commission sera remplacée ou complétée dans le délai d'un mois.

Les délégués des conseils municipaux ne pourront, s'ils sont révoqués, être réélus pendant une année.

En cas de renouvellement total ou de création nouvelle, les membres que l'article premier laisse à la nomination du préfet, seront, sur sa proposition, nommés par le ministre de l'Intérieur.

Le renouvellement par quart sera déterminé par le sort à la première séance d'installation.

ART. 6

Les receveurs des établissements charitables sont nommés pa les préfets, sur la présentation des commissions administratives.

En cas de refus motivé par le préfet, les commissions sont tenues de présenter d'autres candidats.

Le receveur peut, sur la proposition de la commission administrative et avec l'autorisation du préfet, cumuler ses fonctions avec celles de secrétaire de la commission.

Les receveurs ne peuvent être révoqués que par le ministrè de l'Intérieur.

ART. 7

Les commissions administratives des hospices et hôpitaux pourront, de concert avec les bureaux de bienfaisance, assister à domicile les malades indigents.

A cet effet, elles sont autorisées, par extension de la faculté ouverte par l'article 17 de la loi du 7 août 1851, à disposer des revenus hospitaliers, jusqu'à concurrence du quart, pour les affecter au traitement des malades à domicile et à l'allocation de secours annuels en faveur des vieillards ou infirmes placés dans leur famille.

La portion des revenus ainsi employés pourra être portée au tiers avec l'assentiment du conseil général.

Art. 8

Il n'est point dérogé par la présente loi aux ordonnances, décrets et autres actes du pouvoir exécutif en vertu desquels certains hospices et bureaux de bienfaisance sont organisés d'une manière spéciale.

Art. 9

Le décret du 18 janvier 1871, relatif à l'organisation de l'assistance publique à Marseille, est rapporté.

Art. 10

Les décrets du 23 mars et 17 juin 1852, sur les commissions administratives des hospices et des bureaux de bienfaisance, sont abrogés.

Art. 11

Les décrets des 29 septembre 1870 et 18 février 1871, relatifs à l'administration de l'assistance publique à Paris, sont rapportés.

Cette administration sera provisoirement régie par les prescriptions de la loi du 10 janvier 1849, et du décret réglementaire du 24 avril suivant, rendu en exécution de cette loi.

LOI DU 22 MARS 1890

SUR

LES SYNDICATS DES COMMUNES

CONSTITUÉS

EN VUE DE L'ASSISTANCE

Article unique. — Il est ajouté à la loi du 5 avril 1884 un titre ainsi conçu :

TITRE VIII

Des syndicats de communes

Art. 169. — Lorsque les conseils municipaux de deux ou de plusieurs communes d'un même département ou de départements limitrophes ont fait connaître, par des délibérations concordantes, leur volonté d'associer les communes qu'ils représentent en vue d'une œuvre d'utilité intercommunale et qu'ils ont décidé de consacrer à cette œuvre des ressources suffisantes, les délibérations prises sont transmises par le préfet au ministre de l'Intérieur, et, s'il y a lieu, un décret rendu en Conseil d'État autorise la création de l'association qui prend le nom de syndicat de communes.

D'autres communes que celles primitivement associées

peuvent être admises, avec le consentement de celles-ci, à faire partie de l'association. Les délibérations prises à cet effet par les conseils municipaux de ces communes et des communes déjà syndiquées sont approuvées par décret simple.

Art. 170. — Les syndicats de communes sont des établissements publics investis de la personnalité civile.

Les lois et règlements concernant la tutelle des communes leur sont applicables.

Dans le cas où les communes syndiquées font partie de plusieurs départements, le syndicat ressortit à la préfecture du département auquel appartient la commune siège de l'association.

Art. 171. — Le syndicat est administré par un comité.

A moins de dispositions contraires confirmées par le décret d'institution, ce comité est constitué d'après les règles suivantes :

Les membres sont élus par les conseils municipaux des communes intéressées.

Chaque commune est représentée dans le comité par deux délégués.

Le choix du conseil municipal peut porter sur tout citoyen réunissant les conditions requises pour faire partie d'un conseil municipal.

Les délégués sont élus au scrutin secret et à la majorité absolue; si, après deux tours de scrutin, aucun candidat n'a obtenu la majorité absolue, il est procédé à un troisième tour, et l'élection a lieu à la majorité relative. En cas d'égalité de suffrages, le plus âgé est déclaré élu.

Les délégués du conseil municipal suivent le sort de cette assemblée quant à la durée de leur mandat; mais en cas de suspension, de dissolution du conseil municipal ou de démission de tous les membres en exercice, ce mandat est continué jusqu'à la nomination des délégués par le nouveau conseil.

Les délégués sortants sont rééligibles.

En cas de vacance parmi les délégués, par suite de décès, démission ou toute autre cause, le conseil municipal pourvoit au remplacement dans le délai d'un mois.

Si un conseil, après mise en demeure du préfet, néglige ou refuse de nommer des délégués, le maire et le premier adjoint représentent la commune dans le comité du syndicat.

Art. 172. — La commune siège du syndicat est fixée par le décret d'institution, sur la proposition des communes syndiquées.

Les règles de la comptabilité des communes s'appliquent à la comptabilité des syndicats.

A moins de dispositions contraires confirmées par le décret d'institution, les fonctions de receveur du syndicat sont exercées par le receveur municipal de la commune siège du syndicat.

Art. 173. — Le comité tient chaque année deux sessions ordinaires un mois avant les sessions ordinaires du conseil général.

Il peut être convoqué extraordinairement par son présisident, qui devra avertir le préfet trois jours au moins avant la réunion.

Le président est obligé de convoquer le comité, soit sur l'invitation du préfet, soit sur la demande de la moitié au moins des membres du comité.

Le comité élit annuellement, parmi ses membres, les membres de son bureau.

Pour l'exécution de ses décisions et pour ester en justice, le comité est représenté par son président, sous réserve des délégations facultatives autorisées par l'article 7 (1).

---

(1) C'est évidemment 175 qu'il faut lire et non 7, ainsi que le porte le texte du *Journal officiel*. Le projet primitif était une loi spéciale ; au Sénat, on en a fait un texte supplémentaire de la loi municipale, mais dans cette transformation on a omis de faire concorder le numérotage du renvoi.

Le préfet et le sous-préfet ont entrée dans le comité et sont toujours entendus quand ils le demandent. Ils peuvent se faire représenter par un délégué.

Art. 174. — Les conditions de validité des délibérations du comité, de l'ordre et de la tenue des séances, sauf en ce qui concerne la publicité, les conditions d'annulation de ses délibérations, de nullité de droit et de recours, sont celles que fixe la loi du 5 avril 1884 pour les conseils municipaux.

Art. 175. — Le comité du syndicat peut choisir, soit parmi ses membres, soit en dehors, une commission de surveillance et un ou plusieurs gérants. Il détermine l'étendue des mandats qu'il leur confère.

Les décisions prises en vertu du précédent paragraphe ne sont exécutoires qu'après approbation du préfet.

La durée des pouvoirs de la commission de surveillance et des gérants ne peut dépasser celle des pouvoirs du comité.

Les gérants peuvent être révoqués dans les formes où ils ont été nommés.

Art. 176. — L'administration des établissements (1) faisant l'objet des syndicats est soumise aux règles du droit commun. Leur sont notamment applicables les lois qui fixent, pour les établissements analogues, la constitution des commissions consultatives ou de surveillance, la composition ou la nomination du personnel, la formation et l'approbation des budgets, l'approbation des comptes, les règles d'administration intérieure et de comptabilité. Le comité exerce, à l'égard de ces établissements, les droits qui appartiennent aux conseils municipaux à l'égard des établissements communaux de même nature.

Toutefois, si le syndicat a pour objet de secourir des malades, des vieillards, des enfants ou des incurables, le comité pourra décider qu'une même commission administrera les

---

(1) Hôpitaux, ambulances, dispensaires, etc.

secours, d'une part à domicile, et d'autre part à l'hôpital ou à l'hospice.

Art. 177. — Le budget du syndicat pourvoit aux dépenses de création et d'entretien des établissements ou services pour lesquels le syndicat est constitué.

Les recettes de ce budget comprennent :

1° La contribution des communes associées. Cette contribution est obligatoire pour lesdites communes pendant la durée de l'association et dans la limite des nécessités du service telle que les délibérations initiales des conseils municipaux l'ont déterminée.

Les communes associées pourront affecter à cette dépense leurs ressources ordinaires ou extraordinaires disponibles.

Elles sont, en outre, autorisées à voter, à cet effet, cinq centimes spéciaux ;

2° Le revenu des biens, meubles ou immeubles de l'association ;

3° Les sommes qu'elle reçoit des administrations publiques, des associations, des particuliers, en échange d'un service rendu ;

4° Les subventions de l'État, du département et des communes ;

5° Le produits des dons ou legs.

Copie de ce budget et des comptes du syndicat sera adressée chaque année aux conseils municipaux des communes syndiquées.

Les conseillers municipaux de ces communes pourront prendre communication des procès-verbaux des délibérations du comité et de la commission de surveillance.

Art. 178. — Le syndicat peut organiser des services intercommunaux autres que ceux prévus au décret d'institution, lorsque les conseils municipaux des communes associées se sont mis d'accord pour ajouter ces services aux objets de l'association primitive. L'extension des attributions du syndicat doit être autorisée par décret rendu dans la même forme que le décret d'institution.

Art. 179. — Le syndicat est formé, soit à perpétuité, soit pour une durée déterminée par le décret d'institution.

Il est dissous, soit de plein droit par l'expiration du temps pour lequel il a été formé ou par la consommation de l'opération qu'il avait pour objet, soit par le consentement de tous les conseils municipaux intéressés. Il peut être dissous, soit par décret sur la demande motivée de la majorité desdits conseils, soit d'office par un décret rendu sur l'avis conforme du Conseil d'État.

Le décret de dissolution détermine, sous la réserve des droits des tiers, les conditions dans lesquelles s'opère la liquidation du syndicat.

Art. 180. — Les dispositions du présent titre sont applicables dans les conditions et sous les réserves contenues dans les articles 164, 165, 166 de la loi du 5 avril 1884 :

1° Aux communes de plein exercice de l'Algérie;

2° Aux colonies de la Réunion, de la Martinique et de la Guadeloupe.

INSTRUCTIONS DÉTAILLÉES ET COMMENTAIRES

CONCERNANT L'APPLICATION DE LA

LOI DU 22 MARS 1890

SUR

LES SYNDICATS DES COMMUNES

(Circ. du Ministre de l'Intérieur,
Direction de l'administration départementale et communale.)

Monsieur le Préfet, la loi du 22 mars 1890, sur les syndicats de communes, a ajouté à la loi municipale un titre VIII, autorisant, en certains cas et dans des conditions déterminées, l'association de plusieurs communes, en vue d'organiser des œuvres d'un intérêt collectif et des services publics, auxquels ni les départements, ni les communes isolées ne pourraient pourvoir.

C'est à cet ordre d'idées que se rattachent les divers projets qui, depuis l'abrogation de la Constitution de l'an III, ont été présentés en vue de donner au canton la personnalité civile.

Mais ces propositions ont été écartées, parce qu'elles offraient l'inconvénient de créer un nouvel organe artificiel, le canton n'étant, en réalité, qu'une simple circonscription judiciaire et n'offrant pas, le plus souvent, des éléments suffisants de vie collective, comme la commune ou le département.

D'autre part, les nouveaux organismes cantonaux auraient enlevé aux êtres moraux, qui ont actuellement une vitalité propre, une partie de leurs attributions, et imposé, parfois sans utilité, l'association à des groupes de communes ayant des affinités et des besoins différents.

La loi nouvelle évite ce double écueil; elle s'est bornée à autoriser la création des syndicats, mais en les rendant *facultatifs* et en limitant nettement leur sphère d'activité.

Déjà la loi du 5 avril 1884, dans ses articles 116, 117, 161, 162 et 163, autorisait les communes à s'associer pour débattre des questions d'intérêt commun et pour gérer des biens ou des droits indivis. Mais l'expérience a démontré que ces dispositions sont insuffisantes lorsqu'il s'agit de services qui nécessitent une entente suivie et un effort prolongé: tels que la création et l'entretien d'établissements d'assistance, d'écoles primaires supérieures, d'enseignement professionnel, industriel ou agricole, de musées, de bibliothèques, etc... C'est spécialement pour pourvoir à ces besoins que la loi du 22 mars 1890 a créé les syndicats de communes, mais cette énumération est loin d'être limitative.

Au fur et à mesure de la constatation de nécessités nouvelles, les syndicats de communes permettront aux initiatives locales d'associer leurs efforts et d'employer au bien commun les bonnes volontés, si nombreuses en notre pays, mais que l'isolement rend trop souvent impuissantes.

Art. 169

Création et autorisation des syndicats

Cet article détermine: 1° les conditaons auxquelles est subordonnée la création d'un syndicat; 2° les formes dans lesquelles elle est autorisée.

Le syndicat peut être formé, non seulement par des communes d'un même département, mais encore par des communes appartenant à des départements différents, pourvu que ces départements soient limitrophes, condition qui n'est pas exigée pour les communes. Le nombre des départements, pas plus que celui des communes, n'est d'ailleurs limité.

Les conseils municipaux intéressés doivent affirmer leur volonté de s'associer en vue d'une œuvre définie, prendre des délibérations concordantes sur toutes les conditions de l'acte de société et décider notamment de consacrer à l'entreprise des ressources suffisantes.

Ces engagements, une fois pris, ne pourront être retirés, ni modifiés tant que l'œuvre ne sera pas terminée. On ne saurait, en effet, sans compromettre l'existence des établissements créés sur la foi de ces engagements, permettre à une commune de se retirer de l'association.

Il est indispensable que le caractère du service créé et le mode de réalisation soient nettement déterminés dans les délibérations initiales.

C'est à ce moment, en effet, que le Gouvernement aura à apprécier le caractère d'utilité intercommunale que doivent présenter les syndicats, car, bien que la loi doive être entendue, à cet égard, dans le sens le plus large, on ne saurait reconnaître le caractère d'utilité intercommunale à des œuvres qui poursuivraient, par exemple, un but de propagande politique.

C'est un décret, rendu en Conseil d'État, qui autorise, *s'il y a lieu*, sur la proposition du ministre de l'Intérieur, la création du syndicat. Cette disposition réserve le droit du contrôle de l'État, à la tutelle duquel les syndicats communaux restent soumis, comme les communes elles-mêmes.

Le dernier paragraphe de l'article 169 a pour but de faciliter l'accès d'une association déjà créée à de nouvelles communes. Le consentement des communes syndiquées est nécessaire. Cette condition est la conséquence naturelle du principe de l'accord préalable, posé dans la première partie de l'article. Mais un décret simple suffira pour approuver les délibérations prises à cet effet par tous les conseils municipaux intéressés, puisqu'il ne s'agit plus ici de créer un nouvel être moral, mais seulement de lui agréger de nouveaux membres.

Art. 170, 172 et 174

Personnalité civile des syndicats. — Ils sont assimilés aux communes. — Les délibérations du comité ne sont pas publiques.

L'article 170 investit les syndicats de communes de la personnalité civile. C'est la disposition fondamentale de la loi ; elle assure à ces associations les moyens d'action nécessaires pour fonctionner utilement.

A la différence des commissions syndicales prévues par les articles 161 et suivants de la loi du 5 avril 1884, et qui ne peuvent faire que des actes d'administration, les syndicats de communes ont la capacité d'acquérir à titre onéreux ou à titre gratuit, d'ester en justice, d'échanger et de faire tous autres actes analogues.

Une fois autorisée, l'association est assimilée à un groupe communal. Les lois et règlements concernant la tutelle et la comptabilité des communes lui sont applicables.

De même, les conditions de validité des délibérations du comité, de l'ordre et de la tenue des séances, les conditions d'annulation de ses délibérations, de nullité de droit et de recours sont les mêmes que celles fixées par la loi du 5 avril 1884 pour les conseils municipaux. Je ne puis, sur ce point, que me référer aux instructions contenues dans la circulaire du 15 mai 1884.

Toutefois, les séances du comité ne sont pas publiques.

Si les communes syndiquées font partie de plusieurs départements, le syndicat ressortit à la préfecture du département auquel appartient la commune siège de l'association, laquelle est fixée par le décret d'institution, sur la proposition des conseils municipaux intéressés.

C'est donc le préfet de ce département qui devra centraliser l'instruction des affaires et me la transmettre avec ses propositions.

Art. 171

Administration du syndicat

L'organe essentiel du syndicat consiste dans un comité administrateur composé, en règle générale, de membres élus par les conseils municipaux des communes associées, à raison de deux délégués pour chacune d'elles.

Toutefois, la loi a prévu le cas où les ressources d'un syndicat pourraient être constituées, en partie, soit par des donations de particuliers, soit par des subventions départementales, et il peut alors y avoir intérêt à ce que, en dehors de l'élément municipal, des places soit réservées dans le conseil du syndicat aux représentants du département ou des donateurs. C'est dans ce but que l'article 171, qui règle en principe la composition du comité, contient cette réserve: « à moins de dispositions contraires confirmées par le décret d'institution. »

C'est pour des raisons du même ordre que les fonctions de trésorier du syndicat, qui doivent en principe être confiées au receveur municipal de la commune siège de l'association (art. 172), peuvent être données, par une exception résultant du décret d'institution, à un fonctionnaire spécial, désigné à raison de ses aptitudes ou de son expérience.

Conditions et mode d'élection des membres du comité

Est éligible à la fonction de délégué *tout citoyen* de la commune réunissant les conditions requises pour faire partie d'un conseil municipal. Les délégués pourront donc être choisis en dehors des membres de l'assemblée communale.

Quant au mode de scrutin, l'article 171 reproduit littéralement sur ce point l'article 76 de la loi municipale relatif à l'élection des maires et adjoints.

Il conviendra donc, en cas de difficulté, de se reporter aux règles tracées par la jurisprudence en pareille matière.

Le mandat des délégués du conseil municipal prend fin en même temps que les pouvoirs de l'assemblée qui les a nommés. En cas de suspension, de dissolution du conseil municipal ou de démission de tous les membres en exercice, ce mandat continue jusqu'à la nomination des délégués par le nouveau conseil.

S'il vient à survenir des vacances pour une cause quelconque, l'assemblée municipale pourvoit au remplacement des délégués dans le délai d'un mois.

Ces dispositions sauvegardent l'intérêt qu'ont les communes à être constamment représentées dans le syndicat.

Les délégués sortant sont rééligibles.

Le dernier paragraphe prévoit le cas où un conseil municipal, après mise en demeure du préfet, négligerait ou refuserait de nommer ses délégués. Les représentants de droit de la commune dans le comité du syndicat sont alors le maire et le premier adjoint.

Art. 173

Mode de fonctionnement du comité

L'article 173 détermine le mode de fonctionnement du comité, qui tient chaque année deux sessions ordinaires, avant celles du conseil général. Cette dernière assemblée pourra, en effet, être appelée à se prononcer sur les questions qui intéressent le syndicat, notamment pour répondre aux demandes de concours adressées au département (1).

Lorsqu'une session extraordinaire sera jugée nécessaire, le président devra avertir le préfet trois jours au moins avant la réunion. En effet, le préfet et le sous-préfet ont le droit d'assister aux séances du comité, d'y être entendus, quand ils le demandent, ou de s'y faire représenter.

La loi vous réserve ainsi, Monsieur le Préfet, la faculté d'intervenir dans les délibérations du comité, notamment pour l'éclairer de vos conseils en faisant ressortir l'illégalité de certaines mesures proposées, si l'association syndicale étaient tentée de sortir de ses attributions.

Le comité pourra surtout faire appel à votre expérience au sujet de la procédure à suivre pour la prompte solution des affaires; cette intervention sera particulièrement utile lors des débuts de la nouvelle institution, et je crois inutile de recommander cette partie du service à toute votre sollicitude.

Le président est obligé de convoquer le comité, soit sur la demande de la moitié au moins des membres qui le composent, soit sur l'invitation du préfet.

Certaines circonstances peuvent, en effet, exiger une décision urgente, et, si le président ne croyait pas devoir prendre l'initiative de la réunion, la loi lui ferait une obligation de déférer à la demande de convocation formée soit par vous, soit par ses collègues.

En même temps qu'il dirige les délibérations du comité, le président est chargé de l'exécution de ses décisions et représente le syndicat en justice.

---

(1) La loi ajoute : « sous réserve des délégations facultatives autorisées par l'art. 7 » Mais il faut lire : « sous réserve des délégations facultatives autorisées par l'article 175 ». — Le projet primitif était une loi spéciale, dont le Sénat a fait un titre supplémentaire de la loi municipale, sans établir de concordance dans le numérotage du renvoi.

Art. 175

Délégations facultatives du comité

Aux termes de cet article, le comité du syndicat peut choisir soit parmi ses membres, soit en dehors, une commission de surveillance et un ou plusieurs gérants, mais en déterminant l'étendue des mandats qu'il leur confère.

Cette faculté a été accordée aux syndicats par cette raison que les membres du comité prévu à l'article 171 peuvent être trop nombreux ou appartenir à des communes trop éloignées pour qu'il soit possible de réunir le comité aussi souvent qu'il serait besoin. Dans ce cas, la commission de surveillance sera appelée à rendre de réels services, en suppléant le comité pour l'étude des questions urgentes, et pourra se réunir plus souvent que l'assemblée plénière.

Outre l'institution d'une commission de surveillance, le comité peut nommer des gérants qui représentent le président du comité, chargé de l'action exécutive, de même que la commission de surveillance supplée, pour la délibération, le comité lui-même.

Mais la nomination soit de la commission de surveillance, soit des gérants, et la détermination du mandat qui leur est confié, sont soumises à votre approbation.

Vous veillerez donc, Monsieur le Préfet, à ce que ces délégations se rapportent à des objets compris dans ceux en vue desquels a été créé le syndicat, car, en aucun cas, les délégués ne sauraient avoir des attributions plus étendues que leurs commettants. Vous veillerez également à ce que les commissions de surveillance et les gérants se renferment dans la limite du mandat qui leur a été légalement conféré.

La durée des pouvoirs de la commission de surveillance et des gérants ne saurait dépasser celle des pouvoirs du comité lui-même. Mais elle pourra être moindre.

Les gérants sont révoqués dans les formes où ils ont été nommés, c'est-à-dire par le comité et par délibération spéciale revêtue de votre approbation.

Art. 176

Situation légale des établissements faisant l'objet des syndicats

L'article 176 détermine la situation légale des établissements faisant l'objet des syndicats. Leur administration est soumise aux règles du droit commun et notamment à celles qui régissent les établissements créés pour assurer ou faciliter un service public.

L'article 176 spécifie que les établissements faisant l'objet des syndicats sont régis notamment par les lois qui fixent, pour les établissements analogues, la constitution des commissions consultatives ou de surveillance, la composition ou la nomination du personnel, la formation et l'approbation des budgets, l'approbation des comptes, les règles d'administration intérieure et de comptabilité.

La loi ajoute que le comité exerce, à l'égard de ces établissements, les droits qui appartiennent aux conseils municipaux à l'égard des établissements communaux de même nature.

Les établissements dont parle l'article 176 auront en fait, pour la plupart, un caractère de bienfaisance. Bien que la loi ait une portée générale et qu'elle s'applique à toutes œuvres pour lesquelles les communes isolées sont trop faibles ou trop pauvres, il est à présumer que les syndicats de communes se formeront le plus souvent en vue d'assurer aux populations rurales les bienfaits de l'assistance publique. C'était là un des objets spécialement proposés à l'action des syndicats dans les articles de la loi municipale de 1884 votés à cet effet par la Chambre des députés et dont le Sénat crut alors devoir ajourner l'adoption; c'est la raison d'être principale de la présente loi, la pensée maîtresse qui en a inspiré les dispositions essentielles, ainsi que le fait ressortir l'exposé des motifs. Il importe dès lors de préciser les conditions de fonctionnement du syndicat dans une semblable hypothèse.

La loi ne parle que de « commissions de contrôle et de surveillance »; elle ne fait pas mention de commissions administratives.

La gestion des établissements ne sera donc pas confiée à un corps autre que le comité lui-même. Celui-ci pourra se faire assister de citoyens pris en dehors de son sein et qui, à raison de leur compétence et de leurs capacités spéciales, paraîtront aptes à contrôler et à surveiller utilement la marche des services. Mais les commissions ainsi constituées n'auront aucun pouvoir de décision. Les comités exerceront sur les établissements des syndicats les pouvoirs attribués par le droit commun aux conseils municipaux à l'égard des établissements institués par les communes, et qui n'ont pas été détachés pour revêtir une personnalité distincte.

Le dernier paragraphe de l'article porte que, si le syndicat a été constitué dans un but d'assistance publique, le comité pourra décider qu'une même commission administrera les secours, d'une part à domicile, et d'autre part à l'hôpital ou à l'hospice. C'est là une disposition que je dois, Monsieur le Préfet, signaler à votre attention d'une manière toute particulière; elle contient une innovation qui paraît appelée à produire d'heureux effets.

Dans l'état actuel de notre législation, l'assistance communale, sauf à Paris, comprend deux services distincts que gèrent deux administrations également distinctes : administration des hospices et administration des bureaux de bienfaisance. On a tenté maintes fois de réunir en une seule les commissions administratives des hospices et du bureau de bienfaisance : la jurisprudence s'y était toujours opposée en se fondant sur la spécialité des attributions des établissements publics. La loi du 22 mars 1890 tempère la rigueur de cette règle par une exception dont les faits démontrent l'utilité. L'enquête prescrite par mon prédécesseur en 1888, au sujet de la fusion des commissions administratives des hospices et des bureaux de bienfaisance, a mis en lumière les avantages considérables qui résulteraient de cette fusion, au point de vue d'une organisation méthodique et rationnelle de l'assistance publique, au point de vue d'une utilisation plus efficace des ressources inscrites pour cet objet au budget de l'État, des départements et des communes. D'un autre côté, l'enquête a révélé, de la part des commissions administratives, une opposition assez vive contre tout projet de procéder à la fusion par mesure générale. Mais de même que la présente loi s'abstient d'imposer aux communes l'association syndicale obligatoire, de même l'article 176 se borne à donner au comité du syndicat la faculté de réaliser la réunion des administrations charitables et hospitalières. Il conviendra d'engager les comités de syndicats à user de cette faculté toutes les fois que les circonstances s'y prêteront.

La loi nouvelle ne sépare pas l'idée de liberté de l'idée de progrès : mais il importe que les dispositions fécondes de la loi ne demeurent pas à l'état de lettre morte, et il vous appartient, Monsieur le Préfet, de guider les comités dans la voie des réformes dont l'accès leur est ouvert. Vous répondrez ainsi au vœu émis par le conseil supérieur de l'assistance publique dans sa séance du 28 février 1890, et tendant à ce que, dans toutes les communes où il n'existe ni établissement hospitalier, ni bureau de bienfaisance, il soit créé un bureau réunissant dans ses mains tous les services d'assistance (1).

Art. 172 et 177

Du budget et de la comptabilité

Le budget du syndicat se divisera, comme celui des communes, en budget ordinaire et budget extraordinaire. Il comprendra, en dépenses, les allocations destinées soit à la création, soit à l'entretien des établissements ou des services en vue desquels le syndicat aura été constitué.

La loi n'a pas donné la nomenclature des dépenses à inscrire au budget : elle ne pouvait le faire, puisque ces dépenses seront nécessairement variables, suivant la nature de l'œuvre à laquelle le syndicat devra pourvoir.

Quant aux recettes, elles se composeront notamment :

1° De la contribution que les communes syndiquées se seront engagées à fournir pour l'établissement ou le service formant l'objet de l'association ;

2° Du revenu des biens, meubles ou immeubles appartenant au syndicat ;

3° Des sommes qu'il aurait à recevoir des administrations publiques, des associations ou des particuliers, en échange d'un service rendu ;

(1) Comme on le voit ce vœu a trouvé satisfaction dans le vote de la loi du 15 juillet 1893, instituant l'assistance médicale gratuite.

4° Des subventions de l'État, du département ou des communes ;

5° Des souscriptions particulières qui seraient recueillies ;

6° Du produit des dons et legs.

La première de ces recettes comporte seule quelques explications ;

La somme due par chaque commune pour sa contribution aux charges du syndicat constituera pour elle une dépense obligatoire, alors même que l'œuvre poursuivie par le syndicat n'eût été que facultative pour cette commune, en dehors de l'association. Toutefois, la contribution n'est obligatoire que dans la limite des engagements pris par les conseils municipaux, lors de la constitution du syndicat ou de l'admission d'une nouvelle commune à un syndicat antérieurement formé.

Les communes associées pourvoieront au payement de leur contingent, soit au moyen de leurs ressources disponibles, soit à l'aide du produit des 5 centimes spéciaux que l'article 177 les autorise à s'imposer par addition au principal de leurs contributions directes.

Le vote de ces centimes n'est pas soumis à une autorisation spéciale de l'autorité administrative ; l'imposition est perçue en vertu de la délibération qui l'établit et de l'approbation du budget.

La contribution obligatoire des communes aux dépenses du syndicat étant ainsi limitée, le comité d'administration ne peut étendre les services dont il est chargé qu'au moyen des autres ressources de son budget, et notamment des subventions facultatives que les municipalités consentiraient à allouer en dehors de cette contribution.

Parmi les recettes du budget, la loi ne fait pas figurer le produit des emprunts. En principe, cependant, rien ne s'opposerait à ce qu'un syndicat fût autorisé à contracter un emprunt ; mais dans la pratique, si le fait se présente, il sera vraisemblablement assez rare, car les syndicats, n'ayant pas la faculté d'établir des impôts à leur profit, ne trouveront guère dans leurs budgets que les ressources nécessaires à l'entretien des œuvres qu'ils auront créées.

Quant aux frais de premier établissement de ces œuvres, ils seront prévus dès la constitution du syndicat et, si des emprunts sont nécessaires pour y faire face, ils seront plus facilement contractés par les communes, chacune pour le montant du contingent qu'elle sera obligée à fournir.

Quoi qu'il en soit, si, dans certaines circonstances, un syndicat se trouvait amené à recourir à l'emprunt, l'opération devrait être votée et autorisée dans les mêmes conditions que les emprunts communaux.

D'après l'article 172, les règles de la comptabilité des communes s'appliquent à la comptabilité des syndicats. Les règles auxquelles cette disposition se réfère, sont celles du chapitre IV (articles 151 à 160) de la loi du 5 avril 1884.

Ainsi l'ordonnancement des dépenses est fait par le président du comité d'administration. Le comité délibère sur les comptes qui lui sont présentés par le président et qu'approuve définitivement l'autorité préfectorale.

Les fonctions de receveur du syndicat sont exercées par le receveur municipal de la commune, siège du syndicat, à moins que le décret d'institution n'ait autorisé une dérogation à cette règle. Dans ce dernier cas, le trésorier ou receveur spécial, serait nommé par le préfet, sur une liste de trois noms, conformément à l'article 156 de la loi municipale.

Le comptable est chargé seul du payement des dépenses et du recouvrement des recettes. Les titres de recettes doivent lui être transmis par l'intermédiaire du receveur des finances. Toute autre personne qui s'immiscerait, sans droit, dans le maniement des deniers du syndicat serait constituée comptable et obligée de rendre compte de sa gestion sans préjudice des poursuites dont elle pourrait être l'objet, en vertu du Code pénal, pour usurpation de fonctions.

Les recettes pour lesquelles les lois et règlements n'ont pas prescrit un mode spécial de recouvrement, peuvent être effectuées en vertu d'états dressés par le président du comité, et rendus exécutoires par le sous-préfet. Si des oppositions se produisent, elles sont, lorsque la matière est de la compétence des tribunaux, jugées comme affaires sommaires; le syndicat peut y défendre sans autorisation du conseil de préfecture.

Les comptes du receveur sont soumis au comité d'administration, qui les arrête, et ils sont apurés soit par le conseil de préfecture, sauf recours à la Cour des comptes, soit directement par cette haute juridiction, suivant que les revenus ordinaires du syndicat n'excèdent pas 30,000 francs ou sont supérieurs à ce chiffre.

Le comptable chargé de la gestion financière du syndicat est soumis aux mêmes responsabilités que les receveurs des communes ; il est placé sous la surveillance du receveur des finances de l'arrondissement dans lequel se trouve situé le siège du syndicat et, lorsqu'il réunit à ces fonctions celles de percepteur, sa gestion est garantie par la responsabilité du receveur.

Ces dispositions législatives, que vise l'article 172, sont d'ailleurs complétées par les prescriptions des règlements intervenus pour leur exécution, notamment par le décret du 31 mai 1862 et par l'instruction générale des finances du 20 juin 1859.

L'article 177 contient en outre, une disposition aux termes de laquelle les conseils municipaux intéressés ont un droit de contrôle sur la gestion financière du syndicat. Ils doivent recevoir, chaque année, copie du budget et des comptes, ce qui leur permettra de formuler, s'il y a lieu, des observations.

En outre, les conseillers municipaux, individuellement, ont le droit de prendre communication des procès-verbaux des délibérations du comité et de la commission de surveillance. Ils pourront par ce moyen, apprécier les motifs qui ont décidé ces assemblées à statuer dans tel ou tel sens et exercer ainsi, en connaissance de cause, la mission de contrôle réservée à l'assemblée dont ils font partie.

Art. 178

Extension extérieure des attributions du syndicat. — Formes de l'autorisation

Les syndicats ne peuvent s'occuper d'autres objets que ceux prévus dans le décret d'institution. Mais, si des besoins nouveaux viennent à se révéler, le syndicat a la faculté d'organiser des services autres que ceux qui avaient été primitivement prévus, à la condition toutefois que les conseils municipaux des communes associées se mettent d'accord sur cette adjonction. L'extension des attributions du syndicat est autorisée dans la même forme que l'institution, c'est-à-dire par décret rendu en Conseil d'État.

Il n'en est pas de même, ainsi que je vous l'ai fait remarquer, pour l'admission de nouvelles communes dans l'association, cas pour lequel un simple décret suffit.

Là, en effet, il ne s'agit pas de créer ou développer un être moral, en augmentant sa sphère d'action, mais seulement d'adjoindre au syndicat de nouveaux associés, avec le consentement de tous les autres.

Art. 179

Durée du syndicat. — Conditions dans lesquelles il peut être dissout

Le syndicat est formé soit à perpétuité, soit pour une durée déterminée dans le décret d'institution.

Il est dissous par l'expiration du temps pour lequel il a été formé, ou par la consommation de l'opération qu'il avait pour objet. Dans ces deux cas, la dissolution a lieu de plein droit, aux termes mêmes de la loi. Mais le syndicat peut être encore considéré comme dissous de plein droit par le consentement de tous les conseils municipaux intéressés, c'est-à-dire qu'en cas d'accord *unanime* des contractants, il n'est pas nécessaire qu'un décret intervienne pour prononcer la dissolution.

Les deux premières hypothèses rentrent dans le droit commun en matière de société civile (Code civil, art. 1865, nos 1 et 2). Mais, par dérogation à la règle générale en cette matière, la volonté d'un seul, ou même de plusieurs, de n'être plus en société (*Ibid.*, n° 5), ne suffit pas pour entraîner de plein droit la dissolution; la décision unanime des sociétés est nécessaire.

La loi prévoit, en outre, le cas de dissolution forcée et indique deux hypothèses :

1° Celle où la majorité des conseils municipaux en font la demande motivée ;

2° La dissolution prononcée d'office.

Dans le premier cas, l'accord unanime, exigé par l'article 169 dans les délibérations initiales des conseils municipaux pour la création du syndicat, et, dans l'article 179, pour la dissolution de plein droit, n'est plus indispensable. Il suffit que la majorité des communes demande à se retirer de l'association.

Mais la demande de dissolution doit être motivée, car il appartient au gouvernement de décider s'il convient de l'accueillir. Il est possible, en effet, que la demande soit provoquée par des dissentiments passagers, et l'intérêt public commanderait, alors, de maintenir l'association, nonobstant les difficultés accidentelles qu'elle rencontre.

Si, cependant, la dissolution paraissait s'imposer, un simple décret suffirait.

Il en serait autrement s'il s'agissait de prononcer la dissolution *d'office*.

Le caractère de gravité de cette mesure a paru exiger, non seulement un décret rendu dans la forme des règlements d'administration publique, mais encore *conformément* à l'avis du Conseil d'État.

C'est là une sérieuse garantie pour les syndicats; elle leur assure l'examen attentif des raisons qu'ils pourront opposer à la mesure provoquée contre eux et une sorte de recours juridictionnel préalable.

Le décret de dissolution détermine, sous la réserve des droits des tiers, les conditions dans lesquelles s'opère la liquidation.

Une disposition analogue a paru inutile pour la dissolution de plein droit, puisqu'en ce cas aucune difficulté ne peut s'élever sur les conditions de la liquidation.

Art. 180

Cet article applique les dispositions contenues dans le nouveau titre VIII de la loi du 5 avril 1884 à l'Algérie et aux anciennes colonies, sous certaines réserves et modifications indiquées aux articles 164, 165 et 166 de la loi municipale.

Telles sont, Monsieur le Préfet, les observations générales qu'il m'a paru utile de vous demander sur la nouvelle loi, dans l'application de laquelle un rôle important vous est réservé.

En vous conférant le droit d'assister aux séances du comité, de le faire convoquer extraordinairement; en appliquant, d'autre part à ses délibérations les règles auxquelles sont soumises les délibétions des conseils municipaux, le législateur vous a confié la double mission de tuteur et de conseil.

Mais votre action peut être plus efficace encore en contribuant à répandre une innovation qui correspond à l'une des tendances les plus marquées et les plus fécondes de notre temps : l'esprit d'association.

Vous aurez souvent à prendre l'initiative de la création de nouveaux syndicats, à en suggérer même l'idée aux citoyens dévoués à la chose publique. Le gouvernement vous saura gré d'agir dans ce sens et de faire connaître à vos administrés les facilités nouvelles mises à leur portée.

Si des difficultés, que je ne prévois pas actuellememt, venaient à se présenter, je vous adresserais, sur votre demande, les explications ou éclaircissements que vous jugeriez nécessaires.

Je vous envoie la présente circulaire en nombre suffisant pour que vous puissiez en adresser un exemplaire à chacun de MM. les sous-préfets.

Je vous prie de m'en accuser réception.

Recevez, etc.

Le Ministre de l'Intérieur,

CONSTANS.

SERVICE DES SECOURS
A DOMICILE

BUREAUX DE BIENFAISANCE

I. — *Organisation et attributions.*

On désigne sous le nom de *Bureaux de bienfaisance* les administrations préposées au service des secours à domicile. (*C. min. 4 juin* 1825.) Ces bureaux ont été institués par la loi du 7 frimaire an V, qui détermine en même temps qu'un dixième serait ajouté au prix des billets d'entrée aux spectacles, bals et autres lieux d'amusement public, et que le produit de ce dixième serait employé à secourir les indigents qui ne sont pas dans les hospices ; tel a été le premier revenu affecté aux bureaux. D'après les dispositions de cette loi il doit être formé, par les soins de l'administration municipale, au moins un bureau de bienfaisance par commune, et plus, si les besoins de la population indigente l'exigent. Chacun de ces bureaux est composé de cinq membres, leurs fonctions sont gratuites, ils restent étrangers à tout maniement de deniers; c'est un receveur rétribué qui fait les perceptions. Les bureaux reçoivent par les mains de cet agent qui en tient registre, les dons qui leur sont offerts directement par des personnes charitables. Les secours à domicile doivent être, autant que possible, donnés en nature.

La loi nouvelle abrogeait, en ce qui concerne les secours, les dispositions de deux lois antérieures en date des 19 mars 1793 et 22 floréal an II, qui n'avaient, d'ailleurs, jamais pu être appliquées.

La loi du 7 frimaire an V était la conséquence de celle du 16 vendémiaire de la même année, qui avait constitué les commissions administratives des hospices et leur avait rendu leurs biens. Ces lois avaient fait un retour vers l'ancien ordre de choses, en constituant les hospices et les bureaux de bienfaisance comme personnes civiles ayant leur revenu propre et pouvant en disposer sous la tutelle de l'administration supérieure.

Nous avons vu que les ressources des bureaux de bienfaisance avaient été constituées d'abord par l'affectation qui leur était faite des produits du droit sur les spectacles. La loi du 8 thermidor an V fit entrer les hospices en partage avec eux pour cette branche de revenus ; mais ils reçurent d'amples compensations par l'assimilation qui leur a été accordée avec les établissements hospitaliers dans les avantages spéciaux qui avaient été créés à ces derniers par les lois des 16 vendémiaire et 10 ventôse an V, et 4 ventôse an IX, qui leur affectaient les propriétés et rentes des anciennes institutions de bienfaisance supprimées depuis la Révolution, et leur en attribuaient encore d'autres dans certains cas déterminés. L'arrêté du 27 prairial an IX vint encore leur donner part dans l'administration des biens affectés à la nourriture et à l'entretien « des hospitalières et des filles de Charité attachées aux anciennes corporations vouées au service des pauvres » et des biens destinés à l'acquit des fondations relatives à des services de bienfaisance et de charité à quelque titre que ce soit.

L'arrêté du 5 prairial an XI, modifié par les décrets des 12 septembre 1806 et 30 décembre 1809, autorise les administrateurs des bureaux de bienfaisance : 1° à faire des collectes dans leurs arrondissements respectifs ; 2° à faire poser des troncs dans les églises et temples ainsi que dans tous autres édifices publics ; 3° à faire *par eux-mêmes* des quêtes dans les églises, toutes les fois qu'ils le jugent convenable. Mais l'autorité ecclésiastique ayant la police intérieure des églises, les administrateurs sont tenus de s'entendre préalablement avec elle pour régler l'exercice de leur droit de quête.

Un décret du 12 juillet 1807 met à la disposition des bureaux de bienfaisance les biens et revenus ayant appartenu aux établissements connus sous le nom de *Caisses de secours*, de *charité* ou d'*épargne;* à la charge de se conformer dans l'emploi des fonds au but de l'institution de ces établissements.

Enfin l'ordonnance du 6 décembre 1843, en disposant que nulle concession de terrains dans les cimetières communaux ne peut avoir lieu qu'au moyen du versement d'un capital dont deux tiers au profit de la commune et *un tiers au profit des pauvres* ou des établissements de bienfaisance. D'après la jurisprudence actuelle, il appartient au préfet de fixer la part des hospices et des bureaux de bienfaisance dans le produit des concessions funéraires, comme dans celui du droit des pauvres sur les spectacles, bals et concerts.

On vient de voir quelles peuvent être les sources des revenus propres des bureaux de bienfaisance et quel soin le législateur a pris pour les leur assurer en les mettant sous ce rapport sur la même ligne que les administrations hospitalières. Ils peuvent encore, en cas d'insuffisance de ressources, recevoir des subventions sur les fonds municipaux ou sur les fonds des départements et de l'État. Enfin, les bureaux de bienfaisance reçoivent tous les dons et legs faits directement, en faveur des pauvres dont ils sont les représentants légaux.

Aux termes de l'article 14 de la loi du 24 juillet 1867, les préfets ont le pouvoir de créer les bureaux de bienfaisance, après avoir pris l'avis des conseils municipaux. Antérieurement à cette loi, la compétence des préfets avait été contestée par diverses décisions judiciaires, d'après lesquelles un bureau de bienfaisance n'avait d'existence légale qu'autant qu'il avait été autorisé par un décret du chef de l'État. Cette jurisprudence avait remis en question la validité des décisions en vertu desquelles les bureaux créés, par arrêtés préfectoraux, avaient été autorisés à recevoir des dons ou legs ; mais elle a été réformée par un arrêt de la Cour suprême, du 1er février 1875, qui décide « qu'on doit considérer comme ayant une existence légale, bien qu'ils n'aient pas été spécialement autorisés par un acte de l'autorité souveraine, les bureaux de bienfaisance qui, après avoir été autorisés par des arrêtés préfectoraux, en exécution et conformément aux prescriptions de la loi du 7 frimaire an V, ont fonctionné depuis sous la surveillance et avec le concours de l'administration. » (*Gaz. des trib. du* 3 *février* 1875.)

La composition et le mode de nomination des *commissions administratives* ont été réglés par la loi du 21 mai 1873 qui est commune aux hospices et aux bureaux de bienfaisance. D'après les dispositions de cette loi, chaque commission est composée de cinq membres renouvelables, du maire et du plus ancien curé de la commune. Dans les communes où siège un conseil presbytéral ou un consistoire israélite, les commissions comprennent, en outre, un délégué de chacun de ces conseils. La présidence appartient au maire, qui a voix prépondérante en cas de partage. Les commissions ayant, aux termes de la loi, le droit d'élire, chaque année, un vice-président, le maire ne peut être remplacé par l'un de ses adjoints que dans le cas où ce dernier remplit dans leur plénitude les fonctions de maire. Les membres renouvelables sont nommés pour cinq ans. Chaque année, la commission se renouvelle par cinquième. Le nouveau membre est nommé par le préfet sur une liste de trois candidats présentés par la commission. Les commissions ne peuvent être dissoutes et leurs membres révoqués que par le ministre de l'intérieur. En cas de renouvellement total ou de création nouvelle, la commission est nommée par le ministre de l'intérieur, sur la proposition du préfet.

Les fonctions des administrateurs des bureaux de bienfaisance sont entièrement *gratuites*. Dans les villes populeuses, où la tâche serait au-dessus de leurs forces, ils peuvent se faire aider par les sœurs de charité « dont l'institution a pour but de porter aux pauvres des soins, des secours, des remèdes à domicile ». (*D.* 18 *fév.* 1809.) Les bureaux de bienfaisance peuvent également « nommer, dans les divers quartiers des villes, pour les soins qu'il est jugé utile de leur confier, des adjoints et des dames de charité ». (*Ord. roy.* 31 *oct.* 1821, *art.* 4.)

Après le choix des administrateurs, il n'en est pas de plus important que celui du *receveur* pour les établissements charitables. Il est nommé par le préfet sur une liste de trois membres présentés par la commission administrative. En cas de refus motivé par le préfet, la commission est tenue de présenter d'autres candidats. Les receveurs ne peuvent être révoqués que par le ministre de l'intérieur. (*Art.* 6 *de la loi du* 21 *mai* 1873.) Cette loi n'a point rapporté, d'ailleurs, les dispositions de l'ordonnance royale du 18 septembre 1837 et de la loi du 7 août 1851 aux termes desquelles le receveur municipal est, *de droit*, chargé de la recette charitable, lorsque les revenus réunis de l'hospice et du bureau de bienfaisance n'excèdent pas 30,000 fr. Mais, au cas où les revenus ordinaires d'un bureau de bienfaisance ont dépassé ce chiffre pendant trois années consécutives, la commission a le droit d'avoir un receveur *spécial*, en vertu des art. 24 de l'ordonnance du 31 octobre 1821 et 12 de l'ordonnance du 17 septembre 1837.

Aux termes de l'article 18 de l'ordonnance royale du 31 octobre 1821, il appartient au préfet de nommer les *médecins* des bureaux de bienfaisance, sur la présentation des administrateurs. Ces médecins sont révocables dans les mêmes formes; mais leur révocation n'est définitive qu'après l'approbation du ministre de l'intérieur.

Les commissions administratives des bureaux de bienfaisance doivent présenter, chaque année, un *compte moral* rédigé d'après le mode tracé pour les hospices par la circulaire ministérielle du 8 février 1823, mais pouvant néanmoins recevoir les modifications nécessitées par la différence des opérations. (*Art.* 10 *du décr. du* 7 *floréal an* XIII ; *Circ. min.* 10 *mars* 1866.)

Les bureaux de bienfaisance doivent tenir un registre contenant les noms de tous les indigents assistés par eux. Ce registre est divisé en deux parties : la première pour les indigents *temporairement* secourus, et la seconde pour les indigents secourus *annuellement*. (*Circ.* 8 *fév.* 1823.) On en ajoute aujourd'hui une troisième pour ceux qui ne sont secourus qu'*accidentellement*.

Conformément à l'article 17 de l'ordonnance du 31 octobre 1821, les bureaux doivent rédiger un *règlement de service intérieur* qui a pour principal objet de déterminer : 1° le nombre et l'ordre des séances de la commission ; 2° le nombre et les attributions des agents ou employés ; 3° le mode d'admission aux secours ; 4° les règles à suivre pour leur répartition. Ces règlements doivent être approuvés par le préfet.

Les règles de la *comptabilité* communale sont applicables aux bureaux de bienfaisance en ce qui concerne la division et la durée des exercices, la spécialité et la clôture des crédits, la perception des revenus, l'ordonnancement et le payement des dépenses, et, par suite, le mode d'écritures et de comptes, ainsi que la formation et le règlement des budgets. (*Art.* 498 *de l'ord. roy. du* 31 *mai* 1838.)

II. — *Principes généraux de l'administration des secours à domicile*

La loi du 7 frimaire an V voulait créer un bureau de bienfaisance par commune ; sans demander l'exécution des dispositions de la loi, on avait voulu se borner à engager les administrations locales à provoquer la création d'un bureau de bienfaisance dans toute commune ayant une population supérieure à 1,000 habitants, et surtout dans toute commune chef-lieu de canton. Mais la loi du 15 juillet 1893, par le fait même de l'établissement d'un bureau d'assistance dans chaque commune, a eu pour conséquence de créer un bureau de bienfaisance par commune.

Les ressources, très limitées, des bureaux de bienfaisance ne leur permettent de donner que des secours modiques. Ils sont empêchés de faire tout le bien qu'ils voudraient et ne peuvent qu'exceptionnellement tenter de tirer de la misère, à l'aide d'un secours d'une certaine importance, la famille nécessiteuse ou l'indigent qui mérite d'être sauvé. Mais il faut se garder d'en conclure que l'assistance du bureau soit inefficace et inutile. Le secours permanent donné au vieillard, le secours temporaire alloué à l'indigent valide surpris par le chômage ou la maladie n'est pas bien élevé ; mais, accru des dons de la charité privée, il rend la vie moins difficile, l'épreuve du moment moins douloureuse. Pour juger l'action charitable des bureaux de bienfaisance, il ne faut pas les isoler : il faut au contraire les compléter en groupant autour d'eux les sociétés de charité maternelle, les crèches, le service des enfants assistés, les hospices et hôpitaux, les établissements généraux de bienfaisance, le service de la médecine gratuite en faveur des indigents des campagnes, les sociétés de secours mutuels, les monts-de-piété, les associations pour l'extinction de la mendicité, et toutes les œuvres si nombreuses, si actives de la charité privée qui, en ajoutant leur assistance à celle des bureaux de bienfaisance, ne laissent pour ainsi dire, aucune souffrance sans soulagement, aucune misère sans secours. (*Rapport de l'inspection générale des établissements de bienfaisance*, présenté à la suite de l'enquête sur les bureaux de bienfaisance. Imp. nat., déc. 1874.)

« Les bureaux de bienfaisance ne donnent ordinairement que des secours en nature et en argent. Ils ne doivent pas s'arrêter devant cette limite du secours matériel, et lorsque leur situation financière le leur permet, ils doivent agrandir leur mission, se placer à un point de vue plus élevé et étendre leur action à l'aide de l'assistance morale et préventive. L'éducation primaire, l'instruction morale et religieuse de l'enfance, l'éducation professionnelle, l'apprentissage agricole et industriel, la tutelle et le patronage des enfants s'imposent à leur bienfaisante activité comme premier devoir et, il faut le dire, comme œuvre pratique susceptible de donner des résultats sérieux et encourageants.

« Au delà de l'enfance, l'intervention du bureau de bienfaisance doit être discrète, accidentelle, essentiellement temporaire. Il ne faut pas qu'elle vienne entraver l'esprit d'initiative et supprimer le sentiment de la responsabilité. Dans le temps de chômage, de concert avec l'autorité municipale, le bureau doit s'efforcer principalement d'organiser des ateliers de charité et de créer des travaux utiles à la commune et qui ont l'avantage de réhabiliter le secours et de transformer ainsi l'aumône en salaire. (*Rapp. de l'insp. gén.*, déjà cité.)

L'article 7 de la loi du 21 mai 1873 sur les commissions administratives des bureaux de bienfaisance a réalisé une amélioration dont la nécessité était depuis longtemps reconnue. D'après la loi du 7 frimaire an V, les bureaux de bienfaisance étant exclusivement chargés de la distribution des secours à domicile, les hôpitaux devaient, pour assister les malades indigents, attendre que ceux-ci eussent obtenu leur admission. L'expérience a démontré les graves inconvénients de ce régime, qui scinde le traitement des malades en deux services séparés, ayant chacun son personnel médical indépendant et son administration distincte. Les bureaux de bienfaisance portaient ainsi le poids d'une dépense considérable qui absorbait une grande partie de leurs ressources. De création récente, puisqu'ils ne remontent pas au delà du 7 frimaire an V, ces établissements ne sont pas, à beaucoup près, aussi bien dotés que les hospices dont l'origine est plus ancienne et qui, de plus, ont hérité des fondations affectées aux indigents malades, alors qu'ils étaient exonérés du soin de les traiter à domicile. D'un autre côté, si dans les cas graves, le traitement à l'hôpital est une nécessité, l'assistance à domicile est le plus souvent suffisante et même préférable. Elle n'impose aux classes nécessiteuses aucun changement d'habitude ; elle laisse le malade au milieu des siens ; et quand le médecin du bureau de bienfaisance est appelé dès le début, la maladie, dans la plupart des cas, cède à des soins bien dirigés. Les hôpitaux, au contraire, ne peuvent toujours se prêter à une admission immédiate, et la durée du traitement est alors d'autant plus longue que le mal lui-même est resté plus longtemps négligé. De là, des charges plus lourdes pour les hôpitaux, qui se voient forcés d'augmenter le nombre de leurs lits et d'agrandir leurs bâtiments. Aussi l'administration supérieure a-t-elle émis le vœu « que les bureaux de bienfaisance puissent arriver peu à peu à se décharger sur les hospices d'une dépense qui devrait incomber à ceux-ci. Ils pourront, alors, secourir plus efficacement les indigents valides et perfectionner leur mode d'action. La loi du 21 mai 1873 y a aidé. Elle autorise, en effet, les hospices à affecter un tiers de leurs revenus au traitement des malades à domicile ». (*Enquête sur les bureaux de bienfaisance*, *Rapport du 26 déc.* 1874.)

Par une circulaire du 25 juin 1873, le ministre de l'intérieur a cru devoir signaler aux préfets « la tendance abusive qui porte certains conseils municipaux à s'immiscer dans l'administration charitable et à usurper ses fonctions, sous le prétexte que les établissements de bienfaisance sont plus ou moins largement subventionnés par la commune. Sans doute les assemblées municipales peuvent accorder ou refuser les subventions demandées par les hospices ou les bureaux de bienfaisance, puisque l'assistance ne constitue pas, et c'est un honneur pour notre pays, une dépense obligatoire. Mais il ne s'ensuit nullement que les conseils municipaux aient le droit de se substituer aux commissions charitables. La distribution des secours publics ne rentre pas dans les attributions de ces conseils ; l'article 4 de la loi du 7 frimaire an V en a formellement investi les bureaux de bienfaisance. Il ne faut pas oublier que ces établissements, aussi bien que les hospices, ont, d'après notre législation, des revenus propres et une existence indépendante.

PROJET

D'ORGANISATION-TYPE D'UN BUREAU D'ASSISTANCE

DANS UNE COMMUNE

(L'auteur s'est inspiré, dans ce projet d'organisation d'un bureau-type d'assistance, d'un projet élaboré par M. Des Cilleuils, chef de division à la Préfecture de la Seine, et publié dans la « Revue générale d'administration » de juillet 1893.)

Objet et division de l'assistance à domicile

L'assistance à domicile a pour but de recueillir et d'employer, aux conditions déterminées ci-après, les ressources destinées à ceux des pauvres qui ont leur domicile de secours dans la commune.

Elle comprend l'administration générale et l'administration locale.

De l'administration générale

L'administration générale est chargée :

1° De représenter les pauvres ;

2° De répartir les fonds qui doivent leur être distribués par l'intermédiaire de l'administration locale ;

3° D'attribuer les secours qui ne sont pas susceptibles de répartition, entre les arrondissements ;

4° De fixer les subventions à accorder aux sociétés libres, dont l'action s'étend sur tout le territoire de la ville et aura été reconnue propre à seconder utilement l'assistance à domicile ;

5° De veiller à ce que l'administration locale se conforme exactement aux lois ou règlements et aux décisions de l'autorité publique ;

6° D'instruire les affaires qui doivent être soumises au Conseil municipal ou à l'administration supérieure.

Le budget de l'assistance publique énonce, d'une façon distincte :

1° La valeur des capitaux disponibles, celle des rentes ou revenus quelconques légués aux pauvres et qui profitent aux secours à domicile ;

2° Le montant présumé des droits exigibles, à l'entrée des lieux de divertissements publics, conformément à la loi du 7 frimaire au V;

3° La part de subvention municipale demandée, pour les besoins du service de l'assistance médicale, en vertu des lois du 27 vendémiaire an VII, et du 15 juillet 1893;

Et 4° généralement tous les produits légalement affectés au même service.

Ce budget indique le mode d'emploi proposé pour ces ressources.

Le compte administratif fait connaître les droits acquis, d'après les titres.

Nulle réduction ne peut être consentie, sur le taux du droit des indigents, sauf, par les œuvres qui supportent la taxe, à solliciter une subvention, pour leur tenir compte des services rendus : 1° en organisant une fête productive de revenus au profit des pauvres ; 2° en prenant à leur charge des infortunes qui pourraient retomber au compte de l'assistance publique.

Des abonnements sont autorisés, lorsqu'il se présente des difficultés pour la perception.

La part revenant au service des secours devrait être, par prélèvement sur le produit de l'octroi, inscrite au budget primitif de l'assistance médicale pour le chiffre moyen des trois derniers exercices.

Les produits qui n'ont pu recevoir leur destination dans le cours d'un exercice, profitent, de plein droit, à l'exercice suivant et viennent accroître à titre de fonds libres, la masse des recettes prévues.

Aucune dépense, pour frais d'administration, ne peut être imputée sur les revenus des fondations ou le montant de la taxe des indigents.

De l'administration locale

L'administration locale est chargée :

1° De recevoir et provoquer les offrandes de la population en faveur des pauvres de la circonscription;

2° De voter l'emploi des ressources mises à sa disposition ;

3° D'appliquer les crédits qui lui sont ouverts ;

4° De surveiller les résultats des mesures prises dans l'intérêt du service ;

5° De signaler les abus, irrégularités, inconvénients constatés et les moyens, soit d'y remédier, soit d'améliorer les effets de l'assistance à domicile ;

6° D'encourager et de combiner les efforts des institutions privées qui se proposent, comme but, de soulager les pauvres ou de préserver de la misère les ouvriers et artisans.

Nul ne devrait devenir membre d'un bureau d'assistance, s'il n'est
1° Agé de trente-cinq ans accomplis;
2° Domicilié dans la commune depuis cinq ans;
3° Bienfaiteur ordinaire des pauvres.

Le bureau d'assistance s'assemble en séance ordinaire dans le local affecté à ses délibérations.

Un règlement intérieur détermine les jours et heures des réunions, l'ordre des travaux et les mesures de détail propres à assurer la régularité du service.

Les membres du bureau sont convoqués à chaque séance, par écrit et à domicile, au moins deux jours d'avance, sauf le cas d'urgence absolue.

Les résolutions sont prises à la majorité des suffrages exprimés.

Tout membre de bureau qui, sans excuse préalable ou ultérieurement présentée et agréée, aura manqué à trois séances consécutives; qui se sera abstenu ou refusé, après mise en demeure du maire, de remplir l'un des actes de ses fonctions, sera, de plein droit, réputé démissionnaire et déclaré tel, dans la forme indiquée à l'article 17; il ne pourra être réélu avant un intervalle de deux ans.

Les séances du bureau d'assistance devraient être présidées, à défaut du maire ou de son délégué, par un vice-président annuel élu en réunion ordinaire, ou, enfin, par le membre présent le plus ancien en exercice.

Le bureau choisit, en outre, dans son sein, un secrétaire et un ordonnateur.

Les séances du bureau ne sont pas publiques. Toutefois, peuvent être appelées, pour renseignements sur des questions spéciales, les membres auxiliaires, médecins, sages-femmes, pharmaciens et toutes autres personnes attachées au service.

Les délibérations sont préparées d'avance ou rédigées séance tenante, adoptées après lecture, signées de tous les membres délibérants et transcrites ensuite, sans aucun blanc, sur le registre des procès-verbaux des séances. L'administration municipale a le droit de se les faire communiquer.

Toute résolution portant sur un objet étranger aux attributions d'un bureau est nulle, de plein droit.

La nullité en est déclarée par le préfet en conseil de préfecture, sauf recours au ministre qui prononce après avis de la section de l'Intérieur du Conseil d'État.

Les bureaux de bienfaisance peuvent être dissous, pour administration occulte, dissimulation d'emploi de crédits, détournement d'affectation de recettes, négligence habituelle ou refus, après mise en demeure, de se conformer aux prescriptions des lois et règlements, le tout sans préjudice des mesures individuelles et de rigueur, en cas de maniement irrégulier des deniers publics.

La dissolution serait prononcée par le préfet, sur le rapport du maire, après avis du conseil de préfecture.

Il en serait référé, dans les quarante-huit heures, au ministre de l'Intérieur; si, dans le même délai, la mesure n'a pas été suspendue ou infirmée, il devrait être pourvu, sur le champ, au service, par la constitution d'un comité provisoire nommé par le Préfet.

Le comité provisoire ne peut rester en fonctions que jusqu'à la fin de l'exercice dans le cours duquel a lieu son installation.

Il y a dans chaque commune, syndicat de communes ou circonscription locale, pour le service de l'assistance :

Un ou des médecins;

Un ou des pharmaciens;

Une ou des sages-femmes.

Le bureau d'assistance statue sur les objets ci-après :

1° Fixation du nombre des subdivisions à distribuer entre les médecins, pharmaciens et sages-femmes;

2° Désignation des jours de quêtes dans les édifices publics;

3° Emploi de fonds libres en titres sur l'État, le département, ou en obligations de chemins de fer garantis par l'État;

4° Inscription et radiation des personnes admises aux secours;

5° Attribution individuelle des secours spéciaux, extraordinaires, des lits d'hôpitaux ou d'hospices, visites médicales, des secours délivrés, d'urgence;

Le bureau de bienfaisance délibère sur les objets suivants :

1° Nombre et limites des divisions administratives et médicales;

2° Budgets et comptes;

3° Recettes et dépenses qui nécessitent une autorisation;

4° Création de secours spéciaux, en nature ou en argent;

5° Acquisitions, échanges, aliénations d'immeubles ou de valeurs mobilières;

6° Acceptation de dons ou legs aux pauvres de la commune;

7° Affectation au service des pauvres, de propriétés productives de revenus;

8° Baux, pour une durée excédant neuf années, de biens appartenant aux pauvres de la commune;

9° Prise en location d'immeubles pour une durée supérieure à neuf ans;

10° Résiliation de baux des biens appartenant aux pauvres de la commune;

11° Marchés amiables de fournitures et travaux;

12° Devis de travaux à exécuter sur les fonds du bureau;

13° Cahiers des charges d'adjudications de fournitures ou travaux;

14° Actions judiciaires et transactions.

Le bureau d'assistance donne son avis sur les objets suivants :

1° Détermination du nombre et de l'emplacement de la maison ou des maisons de secours;

2° Organisation du service de ces établissements;

3° Projets de travaux à exécuter pour assurer le service de ladite ou desdites maisons;

4° État annuel des dépenses à autoriser en vue du fonctionnement des mêmes établissements;

5° Fixation du taux des allocations individuelles aux médecins; du tarif pour le payement des sages-femmes; des primes de vaccination.

Les décisions d'un bureau peuvent être suspendues, par le directeur de l'assistance publique, pour violation des lois et règlements.

La suspension est notifiée au bureau, avec mise en demeure de statuer à nouveau. Si le bureau persiste, ses résolutions sont transmises au préfet, qui prononce dans les formes indiquées à l'article 33.

Les avis qu'émet le bureau sont toujours motivés.

Chaque bureau peut, en outre, exprimer, par écrit, des vœux sur les besoins du service des secours.

Ces vœux sont transmis par le maire, avec son avis, au préfet, qui les recueille en forme de cahiers et consigne ses observations en réponse.

Les cahiers, ainsi annotés, sont placés sous les yeux du Conseil général; ils sont ensuite adressés au maire, et communiqués aux conseils municipaux avec les projets de budgets des bureaux.

Ne sont pas comprises dans la nomenclature des vœux, les résolutions dont la nullité a été prononcée.

Le maire a, dans sa commune, la surveillance du service confié au bureau d'assistance.

Il est chargé d'assurer l'exécution des mesures générales ou particulières prises par l'autorité supérieure, à l'égard de l'assistance.

Le personnel du service de l'assistance, lorsque l'importance de la commune exige un personnel, est placé sous son autorité.

Il statue provisoirement sur les demandes de secours urgents et accidentels.

Le secrétaire élu du bureau assure la rédaction des procès-verbaux et délibérations, vérifie la tenue des archives et collections administratives; il certifie les extraits des actes du bureau.

L'ordonnateur vérifie les livres de comptabilité, l'exactitude et la régularité des liquidations de recettes et dépenses, signe les états de distribution et des mandats autres que ceux ayant le caractère de bons individuels de secours en argent.

Il s'assure des diligences faites pour les recouvrements, le placement, à titre de dépôt, des fonds libres, ainsi que de la validité des payements.

A chaque séance, il est rendu compte, par le président, le maire, le secrétaire honoraire et l'ordonnateur, de leurs opérations.

Les administrateurs proposent les admissions et exclusions des indigents; ils s'assurent de la visite régulière des pauvres par les membres auxiliaires et les médecins; ils répartissent, entre leurs subdivisions, les secours mis à leur disposition; ils signent les mandats individuels, contrôlent les bons de secours en nature, visitent les établissements de secours et rendent compte au bureau du résultat de ces vérifications.

Les commissaires procèdent aux enquêtes sur les demandes d'admission et sur les signalements relatifs à la conduite ou à la position des personnes secourues; ils indiquent les ménages ou individus à suspendre ou exclure et désignent les habitations qu'ils considèrent comme insalubres; ils répartissent les secours mis à leur disposition et rendent compte de cet emploi.

Les dames de charité ont spécialement pour mission de visiter les familles chargées d'enfants et qui sollicitent des secours accidentels; de conseiller et favoriser, par les moyens convenables, les mesures susceptibles de maintenir, dans ces familles, ou d'y introduire l'ordre, la propreté, l'économie.

Les médecins visitent les malades à domicile ou les reçoivent dans les maisons de secours qui sont ou qui seraient fondées par les communes ou par les syndicats de commune, ou les font admettre dans l'hôpital de la commune ou de la région.

Les pharmaciens agréés exécutent les ordonnances qui ne peuvent recevoir leur effet immédiat dans les maisons de secours, par suite de l'éloignement ou de l'extrême urgence.

Le personnel secondaire des maisons de secours a quatre sortes d'attributions :

1° Sous le contrôle et la responsabilité du comptable, il conserve et délivre les objets en magasin pour l'usage des pauvres;

2° Sous la surveillance, soit des agents de la pharmacie centrale, soit un pharmacien diplômé et affecté à une maison de secours, il prépare et sert les médicaments et drogues simples, selon une nomenclature arrêtée par l'Académie de médecine;

3° Sous l'autorité du personnel médical, il fait les pansements et visite à domicile les pauvres malades pour leur donner les soins nécessaires;

4° Sous l'inspection du bureau, il dessert les fourneaux économiques et les fondations établis par l'administration générale ou locale, dans les maisons de secours, en faveur des enfants infirmes ou des vieillards.

Les sages-femmes sont chargées de soigner à domicile les femmes en couches.

Le secrétaire-trésorier attaché au bureau d'assistance est chargé, sous la direction du maire, du président, et du secrétaire honoraire, sans préjudice de ses fonctions comme comptable, de préparer ou recevoir la correspondance, les procès-verbaux et les délibérations.

Les recettes des bureaux d'assistance sont ordinaires ou extraordinaires.

Les recettes ordinaires forment trois catégories :

1° Les recettes d'ordre, pour faire face aux services délégués par l'administration générale;

2° Les versements qu'opère la même administration, comme répartition des sommes revenant aux bureaux, dans les revenus, droits, perceptions, dont le montant est destiné au soulagement des pauvres secourus ou soignés à domicile, dans les subventions de l'État, département ou de la ville de Paris ayant la même destination;

3° Les dons et legs faits aux pauvres, avec une affectation locale; les produits de troncs dans les édifices publics, ceux des quêtes à domicile, à la mairie, dans les édifices publics; les intérêts de fonds placés.

Les recettes extraordinaires se composent :

1° Du prix des immeubles ou valeurs aliénés;

2° Des capitaux remboursés et des sommes versées pour rachat de rentes constituées au profit des pauvres;

3° Du produit des fêtes de bienfaisance et des quêtes autorisées dans la commune;

4° De toutes autres recettes accidentelles.

Les dépenses des bureaux de bienfaisance sont ordinaires ou extraordinaires.

Les dépenses ordinaires comprennent :

1° Les dépenses d'ordre relatives aux services délégués par l'administration générale;

2° Les dépenses matérielles intéressant les malades ou convalescents et les femmes en couches traités à domicile;

3° Les dépenses pour secours en nature ou en argent institués, dans chaque commune, au profit des vieillards, infirmes, enfants et adultes malades nécessiteux ou indigents.

Les dépenses extraordinaires embrassent :

1° Les acquisitions d'immeubles, rentes et obligations;

2° Le rachat d'usufruits constitués en faveur de particuliers, comme charges de dons ou legs.

Les recettes et dépenses déléguées sont inscrites d'office, dans les projets de budgets des bureaux de bienfaisance, à Paris par le directeur de l'assistance publique, après avis du conseil de surveillance; dans les départements par le préfet; elles peuvent être augmentées ou diminuées, dans la même forme, en cours d'exercice; elles constituent des opérations annexes et figurent dans un chapitre spécial.

Les recettes provenant de dons et legs sont fixées, avant toute répartition, d'après les recouvrements effectués au cours du dernier exercice; il en est de même de celles qui représentent le produit de la taxe des indigents, ou celui des revenus des biens et rentes.

Le budget de chaque bureau est soumis, après son vote, au conseil municipal et approuvé par le préfet.

Le compte administratif est présenté au bureau, par l'ordonnateur, et réglé dans les mêmes formes que le budget.

Chaque bureau rend, en outre, un compte moral de sa gestion; ce document accompagne le compte administratif. Ce compte devra être accompagné d'un état statistique n° 4 de la série des modèles de la statistique générale de France.

Le bureau entend et débat, de plus, le compte en deniers et matières du comptable.

Les recettes et les dépenses du bureau s'effectuent exclusivement par le secrétaire-trésorier chargé, sous sa responsabilité, de poursuivre le recouvrement de toutes les sommes revenant au bureau et d'acquitter les dépenses dûment ordonnancées, jusqu'à concurrence des crédits régulièrement ouverts.

Toute personne autre que le trésorier, qui a détenu des sommes ou valeurs destinées aux pauvres secourus à domicile, qui a reçu et fait emploi de ces sommes ou valeurs, même d'une manière conforme à la volonté des donateurs, est, de plein droit, constituée comptable, sans préjudice, s'il y a lieu, des poursuites à exercer contre elle, en vertu de l'article 258 du Code pénal.

Le secrétaire-trésorier est assujetti à toutes les obligations imposées aux comptables de deniers publics. Il est soumis, pour les devoirs et responsabilités administrative et financière, aux dispositions qui régissent les receveurs ou économes des établissements de bienfaisance.

Les comptes qu'il dresse sont présentés conformément à l'ordonnance du 29 novembre 1831 et au décret du 27 janvier 1866 (art. 1er et 2).

Après la clôture de l'exercice, un état des reports de droit est arrêté, conformément aux règles de la comptabilité communale; l'ordonnateur le signe avec le comptable.

En même temps qu'il est appelé à vérifier la situation financière du dernier exercice, le bureau d'assistance propose un budget supplémentaire soumis aux mêmes formes d'intruction et d'approbation que le budget primitif.

Dans le cas où, pour une cause quelconque, le budget d'un bureau n'a pas été réglé avant le commencement de l'exercice, les recettes et les dépenses ordinaires continuent à être faites d'après celui de l'année précédente.

Si l'ordonnateur refuse de signer des états de distribution ou mandats, ou le trésorier d'acquitter des dépenses ordonnancées, la contestation est portée devant le bureau, dont le vote, dans le premier cas, tient lieu de mandat, s'il est contraire à l'opinion de l'ordonnateur, et, dans le second cas, s'il condamne la résistance du comptable, ne peut être exécuté que sous la responsabilité personnelle et solidaire des membres qui l'auront fait adopter.

Des divers modes d'assistance locale

L'assistance locale peut comprendre :

1° Les secours en comestibles, combustibles, effets, literie et en argent;

2° La fourniture gratuite, ou à prix réduit, du logement pour les vieillards ou infirmes;

3° Le paiement de primes pour loyer;

4° La remise d'instruments de travail ou de matières premières destinées à une transformation par la main-d'œuvre;

5° Le prêt d'objets;

6° L'avance des sommes d'argent, sans stipulation d'intérêt;

7° Le dégagement d'effets du mont-de-piété;

8° L'entretien d'apprentis liés envers des patrons, pour une durée de trois ans au moins, en vertu de conventions écrites passées en présence d'administrateurs;

9° Le placement d'enfants dans les crèches ou orphelinats;

10° Le traitement médical et pharmaceutique, la délivrance d'appareils pour les infirmes, le concours de nourrices et la fourniture du lait, gratuitement ou à prix réduit, pour les enfants ou les malades;

11° L'envoi de malades dans les stations balnéaires;

12° Le rapatriement;

13° Les primes pour encourager et favoriser l'ordre, la propreté, l'économie et la prévoyance dans les ménages pauvres;

14° Les subventions aux œuvres locales qui peuvent seconder utilement l'action des bureaux d'assistance.

Les prêts et avances ne sont accordés que sous la garantie de deux cautions notoirement solvables et domiciliées dans la commune.

En cas de non-restitution ou paiement au terme convenu, les personnes garantes sont mises en demeure d'exécuter l'engagement pris et, à défaut de satisfaire à cette invitation, il est exercé des poursuites contre elles, à la requête du secrétaire-trésorier.

Seront assimilés aux pauvres traités à domicile les malades et les femmes en couches admis dans des ambulances privées.

Les personnes responsables de ces ambulances et qui se soumettront à une réception de leur local par l'assistance publique, ainsi qu'à l'inspection des médecins du traitement à domicile, recevront :

1° Les médicaments de la pharmacie centrale au même prix que dans les bureaux d'assistance.

2° Les secours attribués aux malades ou femmes en couches.

Des personnes à secourir

Les secours distribués par les bureaux de bienfaisance sont périodiques ou accidentels.

Les secours périodiques s'accordent aux vieillards, infirmes ou personnes atteintes d'affections incurables et aux enfants isolés de leur famille.

Les autres secours sont donnés, une fois pour toutes, sauf à en diviser la remise pendant le temps présumé nécessaire.

Sont réputées indigentes les personnes aptes à recevoir les secours périodiques; sont dites nécessiteuses celles qui sont jugées avoir besoin d'un secours accidentel.

Les indigents peuvent recevoir, des administrateurs ou commissaires, les secours de tous genres dont ceux-ci disposent et, sans décision spéciale, obtenir les soins médicaux ou pharmaceutiques, bains, appareils, etc.

Les nécessiteux ne sont assistés, dans chaque cas, qu'en vertu d'une décision du bureau et ne reçoivent qu'un genre de secours approprié à leurs besoins.

En cas d'urgence, il est statué par le maire, qui rendra compte de ses décisions à la séance suivante du bureau.

Les secours, à raison de l'âge, sont accordés aux pauvres vieillards des deux sexes ayant 60 ans révolus.

Ils peuvent être subordonnés à la condition d'un travail facile à exécuter chez soi ou dans les ateliers créés à cet effet.

Les infirmités et maladies chroniques rendant aptes à recevoir les secours périodiques sont celles qui empêchent de se livrer, habituellement, à un travail dont le produit normal soit suffisant pour subsister ou qui donnent à son accomplissement un effet dangereux.

RAPPORT

de M. MONOD, Conseiller d'État, directeur de l'Hygiène et de l'Assistance publiques

A M. LE PRÉSIDENT DU CONSEIL

Ministre de l'Intérieur

SUR L'ASSISTANCE MÉDICALE

La loi sur l'assistance médicale gratuite, déposée par le gouvernement le 2 juin 1890, a été adoptée sans modifications essentielles par la Chambre des députés, en première lecture le 11 juin 1892, et en deuxième lecture les 11 et 12 décembre de la même année. Elle a été ensuite soumise au Sénat qui en a admis les principes dans une première délibération le 16 mars 1893, en exprimant le désir d'être renseigné aussi complètement que possible sur ses conséquences financières, avant de passer à la nouvelle délibération. Et finalement la loi a été promulguée le 15 juillet 1893.

Le gouvernement avait, dans l'exposé des motifs, fait une évaluation générale des dépenses qu'entraînerait le vote du projet. Depuis lors, l'Administration s'est efforcée de contrôler et de compléter les renseignements déjà fournis à la Chambre des députés (1). Elle a procédé, dans le courant de l'année 1892, à deux nouvelles enquêtes sur la répartition des lits d'hôpital.

(1) Chambre des députés, session de 1890, n° 621, p. 62.

Le texte primitif du projet divisait en trois classes les établissements affectés au traitement des malades indigents: des *dispensaires* devaient être créés pour le service des consultations externes, et la distribution des médicaments les plus simples; les petits hôpitaux étaient consacrés, sous le nom d'*infirmeries*, à l'hospitalisation des malades le moins gravement atteints; la dénomination d'*hôpitaux* était réservée aux établissements hospitaliers les plus importants.

La Chambre des députés n'a pas cru devoir imposer par la loi cette organisation échelonnée qui, en conséquence, ne se trouve pas reproduite dans le texte soumis aux délibérations du Sénat. Néanmoins, comme beaucoup de départements trouveront intérêt à l'adopter, en usant du droit qu'ils puisent dans l'article 4 (1), il ne sera pas inutile d'exposer comment elle pourrait fonctionner, et de rechercher en même temps dans quelle mesure les ressources hospitalières actuelles semblent avoir besoin d'être complétées.

La règle adoptée par le conseil supérieur d'assistance publique, aussi bien que par le congrès international d'assistance publique, est que l'assistance médicale doit être donnée à domicile toutes les fois que la chose est possible. Cette règle, commandée par des considérations à la fois morales, sociales et économiques, est nettement posée dans le projet du gouvernement et dans celui de la Chambre des députés. Ce n'est donc que lorsque le médecin du dispensaire estimera qu'un malade ne peut être utilement soigné à domicile qu'il devra le diriger, suivant la gravité du cas et l'urgence des secours médicaux, sur l'un ou sur l'autre des établissements auxquels sera rattachée chaque commune: l'infirmerie ou l'hôpital proprement dit.

Quelle que soit d'ailleurs l'organisation choisie par un département, il est probable qu'il sera toujours conduit à distinguer au moins deux sortes d'hôpitaux. Les établissements hospitaliers situés à la campagne, qu'on les nomme infirmeries, hôpitaux ruraux ou hôpitaux cantonaux, seront par la force des choses différents de ceux des grandes villes, lesquels sont munis d'un

(1) Article 4 : ... Le conseil général délibère.... 1° sur l'organisation du service de l'assistance médicale, la détermination et la création des hôpitaux auxquels est rattaché chaque commune ou syndicat de communes...

outillage perfectionné, et desservis par un personnel de choix. Partout où l'on se trouvera à une certaine distance du grand hôpital, il y aura économie pour le budget de l'assistance, intérêt pour les malades et souvent nécessité absolue à ce que les hospitalisés soient répartis en deux catégories : ceux qui devront aller chercher au loin des soins médicaux particuliers, et ceux qu'on pourra se contenter de diriger sur un petit hôpital voisin, qui deviendra le centre d'une circonscription secondaire, inscrite dans la circonscription de l'hôpital de premier ordre.

La détermination des circonscriptions hospitalières peut être étudiée avec d'autant plus de liberté que la loi en préparation n'impose pas aux établissements existants des charges nouvelles. En dehors des obligations, qui résultent actuellement pour eux de la loi du 7 août 1851 ou de clauses particulières des actes de fondations, le prix de journée leur sera remboursé.

La détermination de ces circonscriptions est nécessaire. Il ne suffirait pas de dire dans un texte que l'hospitalisation gratuite sera obligatoirement accordée aux malades privés de ressources qui ne peuvent être utilement soignés à domicile ; il faut, pour que la loi ne reste pas lettre morte, assurer le rattachement de chaque commune à un centre hospitalier assez proche et ayant des ressources en lits proportionnelles à l'importance de la population desservie.

Pour se rendre compte avec quelque précision des conséquences de la loi projetée, il convient donc d'examiner :

1° Quel est l'état actuel de répartition des lits d'hôpital en France, déduction faite dans les hôpitaux des lits militaires et des lits spéciaux, dans les hôpitaux-hospices des lits de vieillards ou d'incurables ;

2° Où et dans quelle mesure il est nécessaire soit d'augmenter les ressources en lits des établissements existants, soit d'ouvrir de nouveaux établissements ;

3° Quel sera approximativement le coût des fondations reconnues indispensables, et à quelle somme pourront s'élever annuellement les dépenses résultant de l'application du nouveau régime.

I. — *Situation actuelle*

Il existe en France, le département de la Seine mis à part (1), environ cinquante mille lits destinés à l'hospitalisation des indigents malades (2). Ce nombre résulte de la comparaison des derniers relevés faits par l'Administration et résumés dans le tableau I (Voir plus loin, p. 174).

Les colonnes 2 et 3 reproduisent les chiffres donnés pour l'année 1888 par la plus récente publication du bureau de statistique au ministère du commerce (3). Les chiffres des colonnes 4 et 5 ont été fournis à la direction de l'assistance publique à la fin de l'année 1889, complétés au commencement de 1890, et corrigés postérieurement sur les indications des préfets. Par suite de ces corrections, le total des lits s'est trouvé porté de 51,568 à 53,973, chiffre qu'il y a lieu de considérer comme trop élevé.

La vérité se trouverait plutôt dans le rapprochement des deux autres enquêtes, celle du 18 juin 1892, qui donne un total de 50,318 lits, et celle du 30 juin, qui en accuse seulement 45,971. L'écart entre les résultats fournis par deux enquêtes faites à des époques si voisines montre bien l'extrême difficulté d'obtenir sur ce point des informations d'une absolue exactitude. L'enquête du 18 juin a été faite directement près des maires, qui sont les présidents des commissions administratives des hôpitaux ou hôpitaux-hospices ; elle avait pour but de déterminer le nombre des lits d'hôpital qui échappent par leur destination spéciale à l'application de la loi du 7 août 1851 (4). L'enquête du 30 juin a été faite dans les conditions ordinaires, c'est-à-dire par l'intermédiaire des préfectures. Elle accuse un nombre de lits notablement moindre, ce

---

(1) On a laissé de côté le département de la Seine, parce que tout y est absorbé par la ville de Paris, où l'assistance publique est régie par la loi du 10 janvier 1849, laquelle la place en dehors du droit commun au point de vue de l'organisation des services. L'importance de la population de la Seine par rapport à celle du reste de la France risquerait d'ailleurs de fausser souvent les moyennes.

(2) En 1886, il avait été compté sur le même territoire 39,248 lits seulement (conseil supérieur de l'assistance publique, fasc. n° 8, p. 29). La différence s'explique par le fait, dès lors indiqué, qu'en 1886 beaucoup d'établissements n'avaient pu figurer dans l'enquête.

(3) *Statistique générale de la France*, tomes XVIII et XIX réunis (1890). — *L'annuaire de statistique*, publié la même année, et par la même administration, porte le total des lits de malades à 62,112 pour 1887. En ajoutant au chiffre de 1888 les 13,713 lits militaires relevés dans l'enquête du 30 juin, on arriverait au chiffre de 66,994.

(4) Ces lits sont au nombre de 2,757. (V. plus loin le tableau VIII, colonne 9.)

qui probablement doit s'expliquer par les deux raisons suivantes : 1° en défalquant les lits destinés aux aliénés, enfants assistés, malades payants, etc., comptés à part comme lits spéciaux (1), l'on aura retranché un certain nombre de lits réservés aux contagieux ou à d'autres catégories de malades généraux, lesquels lits n'eussent pas dû être retranchés ; 2° l'enquête portant en même temps sur les lits d'infirmes et de vieillards, on a sans doute fait figurer comme lits d'hospice un certain nombre de lits qui, dans l'enquête du 18 juin, avaient été considérés comme lits d'hôpital.

Ces divergences sont inévitables. La statistique doit aboutir à des chiffres précis, tandis que les instructions données pour de telles enquêtes aboutissent toujours à des interprétations qui varient. Cela est si vrai que, bien que l'enquête du 30 juin 1892 donne un résultat inférieur de 8,000 lits au résultat de 1890, il est des départements où c'est le chiffre de 1890 qui est supérieur à celui de 1892. A Paris même, où les moyens d'investigation offrent plus de sûreté qu'ailleurs, le nombre des lits d'hôpital est de 8,000 ou de 12,000 selon que l'on compte ou non certaines catégories de lits spéciaux. En province, à la difficulté de faire admettre une terminologie uniforme (2) et une même façon de procéder s'ajoute l'indifférence des pouvoirs locaux. Les commissions hospitalières, habituées à une autonomie presque complète, ne se croient pas obligées de répondre avec exactitude, et lorsque l'on a voulu obtenir des détails facilitant la vérification, plusieurs préfets ont déclaré renoncer à se faire donner des renseignements sérieux, les chiffres obtenus à grand peine ne concordant pas entre eux, variant quelquefois d'une page à l'autre des documents fournis (3).

(1) D'après l'enquête du 30 juin le total des lits spéciaux s'élève, sans compter les lits militaires, à 32,209 pour les 86 départements.

(2) On sait que la dénomination d'*hospice* s'applique dans le langage courant à beaucoup d'établissements qui constituent en réalité des hôpitaux-hospices, voire même de simples hôpitaux situés à la campagne, et que, même dans le langage administratif, on emploie fréquemment ce mot comme un terme générique, synonyme d'établissement hospitalier.

(3) Cette dernière observation vise les questionnaires rédigés en 1888, et qui, malgré des rappels successifs, n'ont été retournés dûment remplis que pour environ 800 hôpitaux ou hôpitaux-hospices. Ils comprennent deux tableaux (pages 12 et 23). Dans le premier doit figurer le nombre des lits existants et des lits occupés en distinguant certaines catégories de malades. Dans le second on doit inscrire le nombre de lits pour chaque salle d'hôpital. Il est évident que le total des lits doit être le même dans les deux tableaux. Or ces totaux diffèrent souvent.

Il est donc très désirable que, avant le fonctionnement de la loi nouvelle, un état détaillé des lits d'hôpital existants soit dressé avec toute garantie d'authenticité, garantie qui ne pourra résulter que d'un inventaire dressé contradictoirement et sur place. L'article 29 de la loi donne au gouvernement les pouvoirs nécessaires à cet égard.

Sous le bénéfice des réserves précédentes, qui ont été précisées pour montrer que les renseignements produits ont été examinés de près, il serait injuste de ne pas reconnaître une réelle valeur documentaire à l'ensemble des dernières statistiques. L'augmentation du nombre des établissements sur lesquels l'enquête a porté (1) et la diminution relative du nombre de lits auxquels doit être réservée la qualification de lits d'hôpital prouvent que l'Administration arrive à serrer de plus en plus près la vérité. En outre, bon nombre d'établissements donnent aujourd'hui des chiffres constants.

Les trois dernières colonnes du tableau I indiquent dans quelles proportions les lits d'hôpital sont répartis entre les divers cantons. Le département de Vaucluse est le seul où il n'existe aucun canton dépourvu de lits affectés aux malades. Dans plus des trois quarts des départements les cantons dépourvus de lits sont en nombre supérieur à celui des cantons plus ou moins pourvus. Il y aurait donc beaucoup à faire pour réaliser l'idéal qui a inspiré la proposition de loi de M. Dejardin-Verkinder (2).

Dans quelques départements, le nombre des cantons pourvus de

(1) Ce nombre s'est élevé progressivement de 1,166 à 1,251.

(2) Proposition de loi portant création d'hôpitaux-hospices cantonaux, annexe au procès-verbal de la séance du 11 novembre 1889 (Chambre des députés, session extraordinaire de 1889, n° 29). Cette proposition est jointe au projet du gouvernement dans le rapport de M. Rey.

(3) On a adopté ici la classification adoptée dans les précédents rapports faits au conseil supérieur de l'assistance publique. (Voir fasc. 24, p. 66). Au point de vue des services d'assistance publique, ont été rangés sous la dénomination de villes : 1° les chefs-lieux de département, quelle que soit leur population ; 2° les communes qui comptent plus de 10,000 habitants ; 3° les communes de 5,000 à 10,000 habitants, qui ont un caractère plutôt urbain et industriel que rural et agricole. Cet ensemble comprend 430 villes, 392 sans celles du département de la Seine (recensement de 1891).

Dans la langue courante de l'économie politique et de la statistique, l'on désigne sous le nom de « population urbaine » celle des agglomérations comptant plus de 2,000 habitants agglomérés. (*La population française*, par Levasseur, T. II, p. 326.)

lits est supérieur à celui des établissements : la raison en est que les villes sont ordinairement divisées en plus de cantons qu'elles n'ont d'hôpitaux.

D'après l'enquête du 30 juin 1892, la moyenne générale était de un lit pour 766 habitants. Si l'on sépare les lits affectés à la population urbaine de ceux affectés à la population rurale, on obtient deux moyennes qui sont, pour la population urbaine, d'un lit pour 261 habitants, et, pour la population rurale, d'un lit pour 1,902 habitants. Les chiffres extrêmes sont : pour la population urbaine, 1 lit pour 80 habitants dans les Côtes-du-Nord, et 1 lit pour 783 habitants dans la Saône-et-Loire : pour la population rurale, 1 lit pour 418 habitants dans le Vaucluse, et 1 lit pour 16,560 habitants dans le Lot, 1 lit pour 20,262 habitants dans l'Aude, 1 lit pour 27,233 habitants dans la Corse.

Les tableaux III, III *bis* et IV (p. 178, 186 et 187) sont consacrés uniquement à la population urbaine. On y verra combien est inégale la répartition des lits d'hôpital entre les villes.

Ce qu'il importe de constater, c'est que pour la population urbaine — et l'on verra dans le tableau VIII qu'il en est de même pour la population rurale — les ressources hospitalières, *là où elles existent*, sont presque toujours considérables par rapport à la population qui en profite.

Le tableau III montre que le nombre des villes possédant au moins un hôpital est de 302, et que la population de ces 302 villes est de 7,524,032 habitants. Si l'on ajoute à ce dernier nombre les 325,526 habitants des 40 villes qui, sur les 90 dépourvues de lits, peuvent être considérées comme des banlieues des villes pourvues a proportion est d'un lit pour 236 habitants et il ne reste à pourvoir, sur les huit millions d'habitants qui forment la population urbaine en dehors de la Seine, que 422,421 habitants répartis entre 50 villes. Ces villes-là sont, il est vrai, rattachées pour la plupart à un service départemental de médecine gratuite, mais elles manquent de ressources hospitalières pour leurs malades.

Ce qui fait l'énorme différence entre la population urbaine et la population rurale, c'est que la première, non seulement possède assez de lits pour elle-même, mais est en mesure d'en fournir à peu près suffisament dans les limites du territoire qui peut être pratiquement desservi par ses établissements hospitaliers, tandis que, sur les 35,667 communes rurales, 916 seulement possèdent un hôpital ou un hôpital-hospice, et que les circonscriptions que l'on tracera autour de ces centres ruraux privilégiés, devront être proportionnées au nombre des lits disponibles, laisseront entre elles de grands espaces. On devra donc, dans l'organisation future, s'efforcer d'utiliser le plus possible les lits situés dans les villes, soit en agrandissant les circonscriptions, soit en faisant la part large au grand hôpital lorsqu'il s'agira de répartir les malades entre celui-ci et l'infirmerie. Il faut d'ailleurs être bien pénétré de l'impossibilité de procurer à toute la population française les facilités d'hospitalisation dont jouissent aujourd'hui les communes le plus abondamment pourvues. Dans ces communes, les établissements hospitaliers doivent leurs ressources à des fondations accumulées depuis des siècles et réparties sans méthode, au hasard de la foi religieuse ou des affections particulières des donateurs. La charité privée a pu se permettre des libéralités excessives. L'assistance publique n'a pas ce droit. Son devoir est d'apporter dans ses créations, comme dans son fonctionnement, la stricte économie que commande l'emploi de ressources demandées à l'impôt. Elle doit en même temps faire une répartition aussi égale que possible de ces ressources entre les citoyens. Le plan général d'hospitalisation que j'ai l'honneur de vous soumettre a été arrêté d'après ces principes, et il y a lieu d'espérer que ses prévisions ne seront pas dépassées si ceux qui seront chargés d'appliquer la loi le font dans l'esprit qui l'a dictée.

Il sera nécessaire, avant que ce plan puisse entrer dans la période d'exécution, ou même être étudié dans le détail, de consulter les départements et les communes tant sur les convenances particulières des diverses localités qu'au sujet des réserves exprimées dans l'article 25 (1). Mais cette consultation elle-même suppose une idée d'ensemble, la notion d'organisation-type qui

(1) Art. 25. — Les droits résultant d'actes de fondation, des édits d'union ou de conventions particulières, sont et demeurent réservés.

servirait encore de guide pour l'application de l'article 35 (1) et de modèle pour l'application de l'article 5 (2).

II. — *Desiderata*

Pour déterminer aussi exactement que cela est possible *a priori* où et dans quelle mesure l'agrandissement des hôpitaux existants ou la fondation de nouveaux établissements s'impose, il importe d'abord de savoir quelle est, en moyenne, pour une population déterminée, le nombre des lits nécessaires à l'hospitalisation, étant donné le fonctionnement simultané de l'assistance à domicile.

M. l'inspecteur général Drouineau, raisonnant d'après l'état actuel des choses, fixe à un lit par 1,000 habitants le nombre des lits nécessaire pour assurer d'une façon convenable l'hospitalisation (3). Suivant lui, le rapport du nombre des hospitalisés au chiffre de la population est d'environ 10 0/00, et la durée moyenne du traitement est d'environ 37 jours (4). Un lit pourrait donc servir successivement à dix malades dans le cours d'une année, et, à supposer que les malades se succèdent sans interruption, on aurait besoin de 40,000 lits pour toute la France. Les 50,000 lits existants seraient donc à peu près suffisants s'ils étaient mieux répartis.

---

(1) Art. 35. — Les communes ou syndicats de communes qui justifient remplir d'une manière complète leur devoir d'assistance envers leurs malades peuvent être autorisés par décision spéciale du ministre de l'intérieur, rendue après avis du conseil supérieur de l'assistance publique, à avoir une organisation spéciale.

(2) Art. 5. — A défaut d'une délibération du conseil général sur les objets prévus à l'article précédent (organisation du service de l'assistance médicale, détermination et création des hôpitaux auxquels est rattaché chaque commune ou syndicat de communes), ou en cas de suspension de la délibération en exécution de l'article 49 de la loi du 10 août 1871, il peut être pourvu à la réglementation du service par un décret rendu en la forme des règlements d'administration publique.

(3) Drouineau, *Du classement des établissements hospitaliers*, p. 81 et suiv.

(4) Le chiffre de 37 jours donné, d'après Lurieu, pour l'année 1864, est le résultat d'une erreur de calcul : il doit être réduit à 32 jours. Toutefois, ce chiffre se trouve rétabli si l'on consulte les statistiques officielles de ces dernières années. D'après ces statistiques, la moyenne du nombre des journées de présence des malades dans les hôpitaux s'est élevée à 38 jours 4 dixièmes pour la période 1883-1885 (*Annuaire de statistique*, 1890) et à 36 jours 2 dixièmes pour l'année 1883 (*Statistique générale*, 1890).

Une certaine élasticité est ici indispensable : Les besoins d'une circonscription hospitalière sont variables. Ils sont d'autant plus variables que la circonscription est plus petite : les prévisions fondées sur des moyennes ont en effet d'autant plus de valeur que les ensembles sont plus grands. Il faudra d'ailleurs toujours une réserve de lits disponibles : il y aura les cas urgents ; il y aura les épidémies. Un malade ne succède pas immédiatement à un autre malade dans le même lit, comme les vieillards se succèdent à l'hospice. Il faut tenir compte de ces considérations avant de tirer des conclusions du grand nombre de lits vacants que relèvent les statistiques. Ce n'est pas seulement en France que cette situation est signalée : en Italie, sur 54,390 lits d'hôpital, 33,551 seulement étaient occupés au 31 décembre 1887 (1).

Il n'en reste pas moins qu'une proportion de lits vacants de 30 à 40 0/0 paraît bien forte. Elle était de 28,8 0/0 le 28 février 1890, et de 37,3 0/0 le 30 juin 1892. Le tableau V (p. 190) montre la proportion des lits occupés, soit en hiver, soit en été, d'une part dans la population urbaine, de l'autre dans la population rurale. Dans la population urbaine les lits occupés sont proportionnellement plus nombreux en hiver qu'en été ; dans les villes, en effet, on sollicite moins l'hospitalisation dès que les beaux jours arrivent. La proportion est renversée à la campagne, sans doute parce que le travailleur des champs, exposé à moins d'accidents pendant la morte-saison, trouve aussi alors plus de soins dans sa famille.

M. Drouineau dit que « la proportion trop grande de lits dans les centres industriels est devenue une nécessité absolue ». Il est certain que l'utilisation des lits d'hôpital est en raison directe de leur densité. Le développement des ressources hospitalières dans les villes a pour conséquence de multiplier les demandes d'admission, tandis que dans les campagnes, où les ressources sont assez restreintes pour ne pouvoir servir qu'aux plus misérables, on voit persister le préjugé qui écarte même ces misérables de l'hôpital (2). Mais il faut espérer que l'application de la nouvelle

(1) *Statistica administrativa degli ospedali*, Roma 1892, page XIV.

(2) L'examen attentif du tableau V montre avec une force extraordinaire combien, dans les campagnes, les lits trop rares sont peu utilisés.

loi rétablira en quelque mesure l'équilibre, assurera l'hospitalisation nécessaire dans les campagnes, et restreindra l'abus qu'on en fait dans certaines villes. En tout cas, du désordre actuel il est très difficile de tirer un pronostic sérieux, et j'écarte en conséquence la base des calculs de M. Drouineau. Il me semble que c'est ailleurs qu'il convient de chercher les éléments d'une évaluation rationnelle.

Le type d'assistance que le gouvernement propose de généraliser est celui que nous présente le fonctionnement de la médecine gratuite telle qu'elle se pratique actuellement dans 49 départements. Ce fonctionnement est résumé dans le fascicule 9 des publications du conseil supérieur de l'assistance publique (1). Reportons-nous à ce document, et, après avoir recherché le nombre moyen des malades privés de ressources pour une population de mille ou de cent habitants, tâchons de déterminer la part du traitement à domicile, et celle pour laquelle il faudra que soit préparée l'hospitalisation.

La proportion du nombre des indigents inscrits sur les listes à la population des communes a été en moyenne de 6,42 0/0, (Tableau II du fasc. 9, col. 14, p. 89). Cette proportion est considérable ; on n'hésitera pas à la trouver même très exagérée si on la compare à celle des indigents dans les pays voisins de la France. En Allemagne (2), elle est de 3,40 0/0 du total des habitants de l'empire (3,37 0/0 dans la Prusse seule). En Italie, elle tombe à 2,6 0/0. En Angleterre, elle n'a été, en 1887, que de 2,7 0/0 dans le pays de Galles et de 2,5 0/0 dans la métropole (3).

Il est d'ailleurs démontré, quoiqu'on en ait dit, que l'organisation sérieuse de l'assistance publique a pour effet de diminuer le nombre des indigents (4). Ce n'est pas à l'Angleterre seulement qu'ont profité les tristes expériences faites dans ce pays au commencement de ce siècle.

---

(1) Ces départements étaient au nombre de 44 seulement lors de la publication du fascicule. Les cinq départements ayant organisé depuis lors un service de médecine gratuite sont la Charente-Inférieure, la Haute-Loire, la Loire-Inférieure, la Manche et la Vienne.

(2) *Annuaire statistique de l'Empire allemand*, 1891.

(3) Rapport de M. C. S. Loch au Congrès international d'assistance publique, *Procès-verbaux du congrès de* 1889, tome 1er, p. 60.

(4) Rapport de M. Tessier du Cros, *ibidem*, p. 41.

Le chiffre de 6,42 0/0 ne prouve qu'une chose, c'est que les listes des personnes admises aux secours médicaux sont dressées le plus souvent sans règle fixe et en dehors de tout contrôle. Qu'il en soit effectivement ainsi, cela est facile à démontrer. Il suffit de comparer dans les divers départements la proportion des inscrits à celle des malades secourus. La proportion du nombre des malades secourus à la population est évidemment la seule sur laquelle on puisse asseoir un calcul sérieux. Celle-là repose sur des faits matériels qui doivent se reproduire d'une façon à peu près constante. La répartition sur le territoire des départements où le service est organisé est telle que la moyenne calculée sur l'ensemble de ce service paraît pouvoir être admise pour toute la France. Il faut néanmoins mettre à part le Pas-de-Calais et la Corse, où l'assistance est beaucoup trop étendue. Ces deux départements écartés, la proportion du nombre des malades secourus à la population est de 2,05 0/0, en chiffres ronds 2 0/0 (1). Le nombre des malades qu'en une année le service de l'assistance médicale serait appelé à soigner soit à domicile, soit à l'hôpital, serait donc pour les 86 départements de 700,000.

De ces 700,000 individus, combien relèveront de l'assistance à domicile ? Combien de l'hospitalisation ?

On peut évaluer à un dixième des malades ceux dont l'hospitalisation sera nécessaire, lorsqu'aura été organisé, avec des dispensaires fonctionnant convenablement, le service d'assistance à domicile (2).

Cette proportion de neuf dixièmes pour la part du traitement à domicile ne devra pas être trouvée exagérée si l'on considère que, dans la grande majorité des cas, le malade est conduit à l'hôpital, non pas à cause de la gravité de son mal ou par crainte des complications qui peuvent se produire normalement, mais parce que, malade, il lui est impossible de se nourrir, et qu'à l'hôpital il est nourri. Si le traitement du dispensaire est complété, comme il devrait toujours l'être, du secours en nourriture, le malade restera chez lui au grand bénéfice des finances du service. La généralisation du traitement à domicile a été tentée avec succès au Havre

(1) Fascicule 9, tableau 2, *rapport de la colonne* 15 *à la colonne* 12.

(2) Commentaire de l'article 30 devenu l'article 26.

par une société d'assurance contre les accidents (1). L'on peut tirer de cette expérience des conclusions *a fortiori*; car s'il est une classe de maladies qui paraît réclamer particulièrement le traitement hospitalier, c'est bien celle des cas chirurgicaux. Or, on a trouvé une économie sensible à guérir à domicile jusqu'à des fractures de la jambe ou du bras. Quant aux cas bénins, la société les soigne au dispensaire qu'elle a établi. Dans un travail extrêmement précis, le Dr Gibert, membre du conseil supérieur de l'assistance publique, a démontré que dans cette même ville du Havre, où cependant les secours médicaux à domicile sont donnés, mais le sont incomplètement, et où par conséquent l'hospitalisation est trop étendue, sur 1.064 malades recueillis à l'hôpital, plus de 800 eussent pu avec avantage être soignés chez eux, que, sur les seules maladies de peau, il eût été facile d'économiser par ce moyen 15,000 francs en une année à l'assistance publique (2).

Il est donc permis d'espérer qu'en s'appliquant à faire du traitement à domicile la règle générale, et en organisant des dispensaires partout où la chose sera possible, on ne dépassera pas dans la pratique la proportion d'un dixième pour les malades qu'on ne pourra se dispenser d'hospitaliser.

Puisque le nombre des malades privés de ressources est évalué à 704.032, le nombre de ceux dont il faut prévoir l'hospitalisation sera donc de 70.403.

Quel est le nombre de lits nécessaire pour ces malades ?

En admettant une moyenne de séjour à l'hôpital de 37 à 38 jours, ils n'auraient besoin que de 10.000 lits, supposé, ce qui n'est pas et ne saurait être, que ces lits soient convenablement répartis sur la surface du territoire, et que les malades exigeant l'hospitalisation aient l'obligeance de se succéder régulièrement et de n'exiger un lit d'hôpital que lorsque ce lit est vacant. Il est vrai que la moyenne de 38 jours de présence, même en concédant que des infirmes ou des incurables n'ont pas été confondus avec les malades aigus dans les relevés qui ont servi à l'établir, doit être abaissée si l'on se place par hypothèse à l'époque où fonctionnera la loi d'assis-

---

(1) *Une expérience de deux années*, par le Dr Lecène, le Havre, 1891.

(2) *De l'assistance publique au Havre*, par le Dr Gibert, le Havre 1891, pages 20 et 39.

tance médicale. En effet, si de la province on passe à Paris (1), où l'absence à peu près complète de lits vacants force à restreindre la durée de l'hospitalisation dans des limites plus strictes, le séjour moyen dans les hôpitaux est généralement inférieur à trente jours, malgré la présence d'un certain nombre d'incurables. Si l'on y regarde de très près, on trouvera que ce chiffre est encore trop fort.

J'admets que plus on restreint l'hospitalisation, plus on doit s'attendre à recevoir des malades qui, en raison de la gravité de leur affection, devront subir un traitement d'une certaine durée : il ne doit cependant pas y avoir entre les maladies soignées à domicile et celles pour lesquelles l'hospitalisation est obtenue un écart telle que la durée du traitement soit en moyenne de 7 jours 72 centièmes dans le premier cas (2), et de 30 jours dans le second. La vérité est que le séjour à l'hôpital dépasse souvent en durée le traitement médical proprement dit.

A Paris, on garde à l'hôpital des guéris, soit parce qu'ils n'ont pas de famille pour les recevoir, soit parce qu'ils seront faciles à renvoyer le jour où l'on aura besoin de leur place pour l'admission d'urgence de quelque cas intéressant. On ne conservera aucune illusion à cet égard en examinant le tableau VI (p. 192) (3). C'est tous les 7 jours qu'un médecin des hôpitaux prononce les admis-

---

(1) Voici quelques indications sur la moyenne du nombre de journées de séjour dans les hôpitaux de la capitale : elles sont extraites de l'*Annuaire de statistique de la ville de Paris* :

Année 1885 (services de médecine et de chirurgie réunis) 29,11
— 1886 — idem — 29,11

Année 1887 Services de médecine : 29,55 ; service de chirurgie : 30,23
— 1888 idem 29,56 ; — — 28,21

Le *Compte moral de l'assistance publique de Paris* publié en 1892 donne pour l'année 1889 :

Services de médecine : 30,45 ; services de médecine et de chirurgie réunis : 28,33.

On trouve les chiffres suivants pour la ville de Berlin : en 1887, la durée moyenne du séjour des malades a été de 26 jours à Friedrichshain, de 33 jours à l'hôpital Moabit, de 27 jours à la Charité, de 33 jours à l'hôpital Augusta.

(2) *Compte moral de l'assistance publique de Paris*, exercice 1889.

(3) On remarquera, dans la colonne des observations du tableau VI, que la durée moyenne du séjour à l'hôpital s'est trouvée réduite de 50 0/0 pendant les trois premiers mois de 1892. Cela tient à l'existence de l'épidémie d'influenza qui a fait entrer en ligne de compte un grand nombre de malades dont la guérison a été rapide. La portée des conclusions tirées de ce tableau n'en est pas amoindrie ; au contraire, on y a la preuve que l'encombrement des hôpitaux n'empêche pas que beaucoup d'hospitalisés soient conservés plus longtemps qu'ils ne devraient l'être.

sions dans son service. Si des lits deviennent vacants dans l'intervalle, ces lits sont occupés sur les indications des médecins des autres services par des malades ordinaires, des phtisiques surtout, ce qu'en terme de métier on appelle des « patraques. » Le médecin pense avoir intérêt à écarter de tels malades de son service. Il croit donc avoir intérêt à ne pas laisser de lits vacants dans ses salles. C'est pour cela qu'il prolonge à dessein la présence à l'hôpital de personnes qui pourraient parfaitement le quitter. Si les médecins des hôpitaux ne gardaient pas indûment un certain nombre d'hospitalisés, l'on ne verrait pas se produire dans la courbe des présences à l'hôpital ces bonds réguliers les 7e, 14e, 21e, 28e jours de présence.

A la campagne, où les intérêts de l'enseignement médical ne concourent pas à prolonger le séjour des malades à l'hôpital, d'autres causes produisent le même résultat. Partout où les communes n'ont pas un intérêt financier à restreindre la durée du traitement, l'établissement, qui ne prévoit aucune diminution de charges dans le remplacement d'un malade par un autre, prolonge volontiers l'hospitalisation au delà du temps nécessaire ; il peut même être tenté de conserver sans nécessité un malade payant dont le lit, devenu libre, risquerait d'être occupé par un malade ayant droit au traitement gratuit. Ajoutez que partout où la médecine gratuite à domicile n'est pas pratiquée, l'indigent malade n'a de ressource que dans l'hôpital et, quand il y entre, c'est pour n'en sortir qu'au moment de reprendre son travail ordinaire.

Cet état de choses ne changera que lorsque l'assistance médicale sera devenue un service public, lorsque la loi assurera le recouvrement des frais de séjour à l'hôpital aussi bien que le payement des secours médicaux à domicile.

Quelle sera alors la durée moyenne du traitement dans un hôpital ? Quelle est, d'une manière générale, la durée d'une maladie ?

Considérons ce qui se passe dans les sociétés de secours mutuels, où les administrateurs sont intéressés à arrêter les frais dès que la guérison est obtenue. Les sociétés de secours mutuels approuvées ont, pendant la période décennale de 1879 à 1888, soigné à domicile 1,875,211 de leurs malades, et le total des journées de présence s'est élevé à 32,522,087 (1), ce qui donne une moyenne de 17 jours par maladie. Il est vrai que les faits qui contribuent à produire cette moyenne comprennent de courtes indispositions pour lesquelles l'entrée dans les établissements hospitaliers ne serait en aucun cas indiquée, mais il ne faut pas oublier que ces indispositions des mutualistes, lorsqu'elles ne sont que de trois, de quatre, ou même de cinq jours, sont ordinairement écartées des secours par un article des statuts.

Il semble qu'on ne se tromperait guère en admettant que la moyenne du traitement des hospitalisés devra tenir le milieu entre la durée actuelle du séjour à l'hôpital et la durée du traitement telle qu'elle apparaît dans les comptes des sociétés de secours mutuels. On peut donc adopter une moyenne de 25 jours, ce qui, pour 70,403 malades à hospitaliser, donne un total de 1,760,075 journées d'hôpital par an.

Si donc les malades pouvaient se succéder sans interruption dans les lits vacants, ce n'est plus même 10,000, c'est moins de 5,000 lits, c'est-à-dire le dixième des lits existants, moins du tiers des lits vacants, qu'exigerait le service. Mais, comme je l'ai déjà indiqué, un lit vacant n'est pas nécessairement un lit disponible. Il peut y avoir surabondance de lits sur un point, disette sur un autre, sans qu'il soit réalisable de secourir celui-ci avec les ressources de celui-là. Dans quelle mesure cette impossibilité existe-t-elle? L'on n'aura quelques éclaircissements à cet égard que quand on aura pris une à une toutes les circonscriptions hospitalières et fait l'application à chacune d'elles du calcul des lits nécessaires d'après le chiffre de sa population. Il faudra rechercher en même temps comment les malades seront répartis entre l'établissement rural que le projet appelle *infirmerie* et *l'hôpital* proprement dit.

Tout d'abord, à quels établissements doit-on réserver cette qualification d'hôpital? Je la réserve aux hôpitaux ou hôpitaux-hospices possédant au moins cinquante lits de malades; ce n'est guère qu'à partir de ce chiffre que l'on trouve une installation et un personnel pouvant suffire au traitement de tout cas morbide.

---

(1) Rapports du jury de l'Exposition de 1889 : *Économie sociale*, p. 347.

Il est très peu de départements qui ne possèdent pas un hôpital d'au moins cinquante lits, situé au chef-lieu ou dans l'un des chefs-lieux d'arrondissement (1); beaucoup en ont jusqu'à trois et plus. C'est ce que montre le tableau VII (p. 194). Il serait donc très rare qu'on fût obligé de faire voyager un malade d'un département vers l'autre. Mais, si l'on veut écarter absolument cette éventualité et s'en tenir à la lettre du projet qui organise l'assistance par département, il suffira, pour qu'il n'y ait plus de département dépourvu d'un hôpital d'au moins cinquante lits, d'agrandir les établissements existants dans trois arrondissements et dans les proportions suivantes :

Départements.	Communes.	Lits existants.	Lits à créer.
Basses-Alpes	Digne	36	14
Creuse	Guéret	32	18
Lozère	Mende	19	31
Total des lits d'hôpital à créer......			63

En second lieu, quelle sera la proportion des malades qu'il faudra envoyer à l'hôpital ? Elle ne variera pas seulement d'après la nature des maladies; elle sera influencée par des circonstances de fait. Plus les centres principaux seront nombreux et rapprochés, plus le médecin du dispensaire sera tenté d'y envoyer ses malades. Quant à la nature des maladies justiciables soit de l'hôpital, soit de l'infirmerie, j'ai cherché à savoir s'il existait un critérium théorique. M. le Dr Dreyfus-Brisac, rapporteur de la loi d'assistance médicale devant le conseil supérieur, a bien voulu se livrer sur ma demande à un pointage sur les maladies traitées dans les hôpitaux de Paris. Il est difficile de tirer une conclusion nette de son travail à cause du nombre considérable des cas intermédiaires ou incertains. En règle générale, on ne devra pas trop craindre, en cas de nécessité démontrée d'hospitalisation, d'envoyer dans les grands hôpitaux. Les ressources y sont meilleures à tous les

(1) Il est assez fréquent qu'un hôpital de plus de cinquante lits soit situé dans une commune qui n'est pas chef-lieu d'arrondissement. Dans ce cas, il conviendra d'examiner si l'établissement remplit les conditions nécessaires pour prendre rang d'hôpital proprement dit et devenir un centre hospitalier principal, tant au point de vue de son installation qu'à celui des facilités de communication et des habitudes de la population.

points de vue, et lorsque ces hôpitaux seront assurés du remboursement des frais de séjour, ils trouveront toujours assez de lits. Ce qui restreindra l'envoi des malades à l'hôpital, c'est la question des frais de transport, frais qui seront souvent élevés, car souvent il arrivera que, la distance obligeant de recourir au chemin de fer, et le malade ne pouvant marcher, celui-ci devra subir trois transbordements : de chez lui à la gare, d'une gare à l'autre, et de la seconde gare à l'hôpital. Je ne parle pas des frais de retour, car le malade pourra sans doute, sa guérison obtenue, retourner chez lui. Cependant ce transport pourra quelquefois s'opérer sans frais. Quand il ne s'agira que de conduire le patient à l'hôpital le plus proche, la famille le mènera elle-même dans une voiture de campagne, appartenant à la famille, ou due à la complaisance d'un voisin. Les autorités locales sauront bien imposer cette condition d'admission à l'hôpital toutes les fois qu'elle sera réalisable, ou encore elles la procureront elles-mêmes, sinon gratuitement, du moins à très bon marché. C'est une raison qui s'ajoute à tant d'autres pour intéresser les communes à la limitation des dépenses.

Le calcul n'accuse que dans très peu d'arrondissements une insuffisance de lits. Voici la liste des lits à créer d'après l'évaluation de M. Monod, le résultat serait d'accorder un lit par an pour moins de 7 malades (tableau VII, colonne 10).

Départements.	Arrondissements.	Lits à créer.	Établissements à créer.
Ardennes	Rocroi	17	1
Cantal	Mauriac	4	»
	Murat	11	1
Charente	Ruffec	11	»
Charente-Inférieure	Jonzac	3	»
	Marennes	9	»
Corrèze	Ussel	4	»
Corse	Calvi	8	1
	Corte	20	1
	Sartène	5	»
	A reporter	92	4

Départements.	Arrondissements.	Lits à créer.	Établissements à créer.
—	—	—	—
	Report.........	92	4
Creuse.................	Boussac.........	8	»
Drôme.................	Nyons...........	3	»
Finistère..............	Châteaulin.......	6	»
Haute-Garonne.........	Muret........ ..	6	»
	Saint-Gaudens...	27	»
	Villefranche	2	»
Gers..................	Mirande.........	4	»
Gironde.....	Lesparre........	14	1
Ille-et-Vilaine..........	Redon	6	»
Loire-Inférieure.......	Châteaubriand...	4	»
Lot.........	Gourdon.........	20	»
Lozère................	Florac	11	1
Meuse	Montmédy........	3	»
Morbihan..............	Ploërmel........	4	»
Pas-de-Calais..........	Saint-Pol........	7	»
Puy-de-Dôme...........	Ambert..........	3	»
	Issoire..........	10	»
Hautes-Pyrénées	Bagnères........	3	»
Savoie................	Albertville.......	7	»
Deux-Sèvres	Melle............	23	1
Tarn..................	Lavaur..........	4	»
Vienne................	Civray	9	»
Haute-Vienne..........	Saint-Yrieix	11	»
Vosges....	Neufchâteau.....	11	»
	TOTAUX.........	297	7

Ainsi d'une part, 63 lits pour avoir dans chaque département au moins un hôpital de cinquante lits, d'autre part, 297 lits pour que les malades puissent tous être hospitalisés dans leur arrondissement, soit un total de 360 lits à créer. Les localités qui se trouvent plus largement dotées continueraient à profiter comme par le passé des fondations qui leur ont procuré ce surplus. Quant à celles qui croiraient devoir augmenter au delà de nos prévisions leurs richesses hospitalières, elles pourraient le faire sur leurs propres ressources. Rien n'empêcherait les conseils généraux de les aider. Mais, sauf les modifications que le plan proposé pourra recevoir quand il aura été soumis à l'épreuve de la pratique, les subventions de l'État prévues par l'article 26 du projet en cas de construction ou d'agrandissement d'hôpitaux ne seraient accordées que selon les prévisions de ce plan.

C'est pour limiter sans trop de mécomptes futurs ces dépenses de premier établissement que je n'ai attribué que sept malades par an à un lit, ce qui, si les lits étaient constamment occupés, donnerait une durée moyenne de 52 jours à chaque maladie. Or, nous avons évalué cette durée moyenne à 25 jours. La marge est large. Si, à un moment donné, elle se trouvait ne pas l'être encore assez, si tout à coup le nombre des malades exigeait un nombre de lits supérieur, il faudrait chercher dans le voisinage un complément de ressources hospitalières. On le trouverait probablement, les circonstances exceptionnelles ne se produisant pas sans doute sur tous les points à la fois. Mais il est plus probable encore que ces circonstances ne se produiront pas du tout, lorsqu'aura été organisé un bon service de secours à domicile.

Quant aux épidémies, l'établissement qui manquerait de lits installerait des baraquements provisoires ou des tentes dont la location serait comprise dans le prix de la journée. De telles installations auraient l'avantage de pouvoir être transportées d'un point à un autre de la circonscription.

Les fondations hospitalières qui continueraient l'œuvre de la charité privée ne rencontreraient pas d'obstacles ; le seul élément nouveau apporté par l'établissement du service médical gratuit serait l'apparition d'une méthode générale qui ferait mieux voir les défectuosités du système actuel, et dont feraient leur profit aussi bien les donateurs et testateurs que les pouvoirs investis du droit d'acceptation.

Le tableau VIII (p. 210) montre comment le hasard de ces fondations a réparti les lits entre les communes.

La population des 86 départements où a eu lieu l'enquête du 18 juin 1892 est de 35,201,597 habitants. Parmi les communes qui, n'ayant pas d'établissement hospitalier, ont la jouissance de lits dans des hôpitaux voisins, il en est qui possèdent ces lits indivisément avec la commune où est l'hôpital, d'autres qui ont dans l'hôpital des lits qui leur appartiennent en propre. Il faut nécessairement réunir la population des premières à celle des villes où sont les hôpitaux. Les secondes au contraire peuvent être comptées à part. Ceci posé, le tableau VIII montre que 10,233,151 habitants d'une part (1), et 295,377 habitants d'autre part (2) ont ensemble la jouissance de 47,381 lits, soit 1 lit par 223 habitants, et que 2,233,123 habitants (3) ont l'usage exclusif de 2,757 lits, soit 1 lit par 810 habitants.

Si ces chiffres sont exacts, et ils ne peuvent pas être très éloignés de la vérité, il n'y aurait, dans plus du tiers de la France, presque rien à faire pour assurer l'hospitalisation gratuite. On pourrait donc à la rigueur défalquer le tiers des dépenses prévues pour l'hospitalisation. Si, dans le paragraphe qui va suivre, cette déduction n'a pas été faite, c'est que la prudence commande de ménager une réserve destinée à compenser certaines dépenses dont il n'a pas été tenu compte, par exemple les frais de transport et les frais d'aménagement des salles où seront installés les dispensaires.

III. — *Dépenses*

L'article 26 du projet de loi distingue deux sortes de dépenses obligatoires : les dépenses ordinaires, c'est-à-dire celles que nécessitera le fonctionnement normal du service, et les dépenses extraordinaires, comprenant les frais d'agrandissement et de construction d'hôpitaux.

Dans une discussion relative à la construction des hôpitaux qui a eu lieu en 1883 à la Société de médecine publique (4), le rapporteur, M. le Dr Rochard, évaluait à 5,000 francs le prix de revient

(1) Population des communes où sont situés les établissements hospitaliers, et dont par conséquent la population pauvre, bénéficiant des dispositions de la loi de 1851, a droit à l'usage gratuit des lits de malades.

(2) Population des communes n'ayant pas d'établissement hospitalier, mais ayant droit de faire soigner leurs malades pauvres dans une autre commune, sans cependant avoir l'usage exclusif d'un nombre de lits de malades dans une autre commune.

(3) Population des communes n'ayant pas d'établissement hospitalier, mais ayant l'usage exclusif d'un certain nombre de lits de malades dans une autre commune.

(4) *Bulletin de la Société de médecine publique et d'hygiène professionnelle*, année 1883, page 296.

d'un lit d'hopital dans un établissement modèle d'environ 500 lits.

Ce chiffre de 5,000 francs a été souvent reproduit depuis ; on l'a généralement considéré comme un *maximum* qui ne devait pas être dépassé, et qu'on était loin d'atteindre dans la construction des petits hôpitaux (1).

C'est bien là un prix maximum. Souvent, il n'a pas été atteint et l'on est resté quelquefois beaucoup au-dessous. L'hôpital de Vichy, inauguré en 1887, revient à 4,600 francs par lit pour un total de 400 lits. L'hôpital rural de Saint-Romain-de-Colbosc (2), cité comme type d'infirmerie, a coûté 24,000 francs pour 10 lits, dont 2 lits destinés au personnel, soit 3,000 francs par lit de malade. Dans le département de Seine-et-Oise, où le conseil général a pris l'initiative d'un service d'hospitalisation en s'inspirant du projet de loi d'assistance médicale, le prix moyen d'un lit d'hôpital est de 2,845 francs. Pour l'hôpital d'Aurillac, la dépense n'a pas dépassé 686,000 francs pour 473 lits, soit moins de 1,500 francs par lit, sans compter, il est vrai, le prix du terrain.

Dans ces conditions, il semble que l'on n'éprouverait aucune déception en évaluant à 4,000 francs le coût d'un lit dans les établissements où le plan proposé porte à cinquante le nombre des lits (voir p. 194), à 3,000 francs le coût d'un lit dans les sept établissements plus petits qui sont à créer de toutes pièces, à 2,000 francs le coût d'un lit dans les autres.

Les dépenses de premier établissement se chiffreraient donc à peu près comme suit :

63 lits..........	à 4,000 fr........	252,000 fr.
104 —	à 3,000 fr........	312,000 fr.
193 —	à 2,000 fr........	386,000 fr.
360		950,000 fr.

(1) « On doit presque toujours pouvoir établir un hospice rural à raison de 3,000 ou 2,500 francs par lit. » (M. Foville, inspecteur général des services administratifs au ministère de l'Intérieur: *Note sur le prix de revient des constructions hospitalieres*. — Cette note forme la troisième partie de *L'hospice rural, sa nécessité, sa dépense, ses voies et moyens*, brochure publiée par la Société de médecine publique et d'hygiène professionnelle et comprenant, outre la note de M. Foville, *un projet d'hospice rural*, par M. le Dr du Mesnil, médecin de l'asile national de Vincennes, et un rapport de M. E. Cheysson, inspecteur général des ponts et chaussées, sur le projet de M. du Mesnil. — Paris, Baillière, 1886.)

(2) Décrit par M. l'inspecteur général Napias dans la *Revue d'hygiène*, juillet 1891, page 575.

Passons maintenant aux dépenses ordinaire du service, soit à domicile, soit à l'hôpital. Ces dépenses figurent au tableau IX (p. 213), qui se compose de deux parties. Dans la première (colonnes 1 à 8), on voit quels éléments concourent à former la charge dont le total s'élève, sans déduction des dépenses actuelles, à 7,075,515 francs pour les 86 départements. Dans la seconde (col. 9 à 12) est indiquée la répartition probable de cette charge entre les communes, les départements et l'État (1).

La dépense du secours à domicile étant en moyenne de 6 fr. 90 par malade d'après les comptes du service de la médecine gratuite (fascicule 9, page 94), je l'ai évaluée à 7 francs. Pour 633,629 malades (704,032 secourus, moins 70,403 hospitalisés), la dépense serait donc de 4,435,403 francs (2).

Pour chaque hospitalisation, la dépense peut être évaluée à raison de 37 fr. 50, soit 25 jours, moyenne de la durée du traitement, à 1 fr. 50, prix moyen de la journée d'hôpital. Le chiffre de 1 fr. 50, fourni par les statistiques (3), a été obtenu en divisant, pour l'ensemble de la France, le montant des dépenses hospitalières proprement dites (personnel, matériel, nourriture et pharmacie) par le nombre annuel des journées de présence.

On peut soutenir que pour les lits nouvellement créés, surtout dans les établissements à installer en entier, le prix de journée s'élèvera un peu à cause des frais généraux qui resteront à la charge du service. J'estime que l'écart ne sera pas considérable si l'on s'applique à réduire l'importance des constructions et par conséquent les frais d'entretien.

---

(1) En ce qui concerne la participation des communes à la dépense, c'eût été un travail très considérable que d'en faire l'évaluation en appliquant le barème du tableau A, qui est annexé au projet de loi soumis au Sénat. J'ai, à l'exemple du rapporteur de la Chambre des députés, M. le Dr Rey, adopté une moyenne de 50 0/0. Je la crois assez exacte. Si la population est plus nombreuse dans l'ensemble des communes rurales qui contribueront pour moins de 50 0/0, la proportion du nombre des pauvres sera plus forte dans l'ensemble des villes qui contribueront pour plus de 50 0/0, ce qui sans doute rétablira à peu près l'équilibre.

(2) Ce serait une grave erreur de baser le calcul des dépenses, comme nous l'avons fait pour la durée moyenne des maladies, sur les résultats produits par le fonctionnement des sociétés de secours mutuels. Les sociétaires ne sont pas des indigents et ils peuvent se payer, ils se paient en réalité, un luxe de médicaments qui élève naturellement la dépense.

(3) La *Statistique générale de la France* donne les chiffres suivants pour l'année 1888. hommes : 1 fr. 58 ; femmes : 1 fr. 46 ; enfants : 1 fr. 33.

Quant aux fondations existantes, elles viendront en aide au nouveau service dans les limites indiquées aux articles 25 et 30 (1).

Il faut attendre l'inventaire hospitalier dont il a été parlé plus haut pour évaluer l'importance de ce concours. Les seules indications que possède à cet égard l'Administration consistent dans l'état de répartition des lits d'hôpital entre les communes. Ces indications sont, comme je l'ai indiqué plus haut, résumées dans le tableau VIII.

De toutes façons, la condition essentielle du succès de l'œuvre entreprise sera une rigoureuse économie. Mais, dès à présent, la question des dépenses qu'entraînera l'exécution de la loi, si elle n'est pas complètement résolue, est assez élucidée pour qu'il ne soit pas téméraire d'affirmer que ces dépenses ne seront hors de proportion ni avec l'importance de la réforme à réaliser, ni avec les possibilités budgétaires.

LE CONSEILLER D'ÉTAT,

directeur de l'assistance et de l'hygiène publiques,

HENRI MONOD.

(1) ART. 25. — Les droits résultants d'actes de fondations des édits d'union ou de convention particulières sont et demeurent réservés.

Il n'est pas dérogé à l'article 1er de la loi du 7 août 1851.

Tous les lits dont l'affectation ne résulte pas des deux paragraphes précédents ou qui ne seront pas reconnus nécessaires au service des vieillards ou incurables, des militaires, des enfants assistés (et des maternités), seront affectés au service de l'assistance médicale.

ART. 30. — Les communes, les départements, les bureaux de bienfaisance et les établissements hospitaliers possédant en vertu d'actes de fondations des biens dont le revenu a été affecté par le fondateur à l'assistance médicale des indigents à domicile, sont tenus de contribuer aux dépenses du service de l'assistance médicale jusqu'à concurrence du dit revenu, sauf ce qui a été dit à l'article 25.

TABLEAUX STATISTIQUES

10.

TABLEAUX STATISTIQUES

TABLEAU I

STATISTIQUE DES LITS D'HOPITAL PUBLIC

DÉPARTEMENNTS.	ENQUÊTE DU 30 JUIN 1892 (¹).				
	NOMBRE d'établissements.	NOMBRE des lits de malades.	CANTONS pourvus de lits de malades.	CANTONS dépourvus de lits de malades.	TOTAL des cantons.
Ain	21	541	19	17	36
Aisne	20	846	18	19	37
Allier	16	727	16	12	28
Alpes (Basses-)	13	188	12	18	30
Alpes (Hautes-)	4	123	4	20	24
Alpes-Maritimes	17	477	16	10	26
Ardèche	13	312	13	18	31
Ardennes	9	297	9	22	31
Ariège	8	230	8	12	20
Aube	9	216	10	16	26
Aude	6	323	8	23	31
Aveyron	9	303	8	35	43
Bouches-du-Rhône	23	1.264	24	5	29
Calvados	13	771	15	23	38
Cantal	7	204	9	14	23
Charente	10	380	12	17	29
Charente-Inférieure	9	425	12	28	40
Cher	20	373	16	13	29
Corrèze	12	237	12	17	29
Corse	3	192	3	59	62
Côte-d'Or	19	716	19	17	36
Côtes-du-Nord	10	776	12	36	48
Creuse	10	133	10	15	25
Dordogne	23	398	23	24	47
Doubs	9	407	10	17	27
Drôme	9	341	10	19	29
Eure	17	504	18	18	36
Eure-et-Loir	25	446	23	1	24
Finistère	11	585	13	30	43
Gard	16	393	18	22	40
Garonne (Haute-)	9	757	11	28	39
Gers	12	216	13	16	29
Gironde	12	894	18	31	49
Hérault	25	1.209	21	15	36
Ille-et-Vilaine	13	943	17	26	43
Indre	12	249	12	11	23
Indre-et-Loire	11	502	12	12	24
Isère	21	561	21	24	45
Jura	11	318	11	21	32
Landes	11	185	11	17	28
Loir-et-Cher	10	375	10	14	24
Loire	25	902	20	10	30
A reporter	563	20.239	577	822	1.399

(¹) Enquête faite par la direction de l'assistance et de l'hygiène publiques.

Tableau I (*Suite*)

DÉPARTEMENTS.	ENQUÊTE DU 30 JUIN 1892. NOMBRE d'établissements.	NOMBRE des lits de malades.	CANTONS pourvus de lits de malades.	CANTONS dépourvus de lits de malades.	TOTAL des cantons.
Reports	563	20.239	577	822	1.399
Loire (Haute-)	12	245	13	15	28
Loire-Inférieure	16	1.128	19	26	45
Loiret	20	599	23	8	31
Lot	5	103	6	23	29
Lot-et-Garonne	22	269	19	16	35
Lozère	6	83	6	18	24
Maine-et-Loire	33	833	25	9	34
Manche	19	559	17	31	48
Marne	13	943	14	19	33
Marne (Haute-)	10	284	10	18	28
Mayenne	14	535	16	11	27
Meurthe-et-Moselle	13	528	14	15	29
Meuse	11	288	11	17	28
Morbihan	11	361	13	24	37
Nièvre	15	429	15	10	25
Nord	39	2.034	49	16	65
Oise	13	311	14	21	35
Orne	12	397	12	24	36
Pas-de-Calais	15	902	19	26	45
Puy-de-Dôme	15	494	18	32	50
Pyrénées (Basses-)	8	477	10	30	40
Pyrénées (Hautes-)	4	221	5	21	26
Pyrénées-Orientales	10	331	8	9	17
Rhin (Haut-) [Partie française]	1	74	1	5	6
Rhône	19	2.798	21	8	29
Saône (Haute-)	9	232	9	19	28
Saône-et-Loire	23	700	24	26	50
Sarthe	20	470	21	12	33
Savoie	8	318	9	20	29
Savoie (Haute)	9	214	10	18	28
Seine	»	»	»	»	»
Seine-Inférieure	29	2.280	33	21	54
Seine-et-Marne	21	531	20	9	29
Seine-et-Oise	32	989	26	11	37
Sèvres (Deux-)	10	300	10	21	31
Somme	21	786	22	19	41
Tarn	7	277	7	29	36
Tarn-et-Garonne	9	354	10	14	24
Var	36	761	24	4	28
Vaucluse	38	680	22	»	22
Vendée	12	397	11	19	30
Vienne	8	206	8	23	31
Vienne (Haute-)	9	442	10	17	27
Vosges	15	343	12	17	29
Yonne	16	441	17	20	37
TOTAUX	1.251	45.971	1.259	1.594	2.853

TABLEAU II

RÉPARTITION DES LITS D'HOPITAL ENTRE LA POPULATION URBAINE ET RURALE

d'après l'enquête du 30 juin 1892

DÉPARTEMENTS	POPULATION TOTALE			POPULATION URBAINE (1)			POPULATION RURALE		
	Nombre d'habitants	Nombre d'établ.		Nombre d'habitants	Nombre des lits de malades	1 lit pr combien d'hab.	Nombre d'habitants	Nombre des lits de malades	Un lit pour combien d'habitants
		Hôpitaux	Hôpit.-Hospic.						
Ain	356.907	12	9	18.968	146	130	337.939	395	856
Aisne	545.493	7	13	109.890	585	188	435.603	261	1.669
Allier	424.382	7	9	74.031	358	207	350.351	369	950
Alpes (Basses-)	124.285	»	13	7.261	36	202	117.024	152	770
Alpes (Hautes-)	115.522	»	4	17.058	74	231	98.464	49	2.010
Alpes Maritimes	258.571	8	9	137.379	331	415	121.192	146	830
Ardèche	371.269	3	10	32.762	167	197	338.507	145	2.335
Ardennes	324.923	»	9	70.407	237	297	254.516	60	4.242
Ariège	227.491	2	6	24.159	107	226	203.332	123	1.654
Aube	255.548	3	6	62.827	100	629	192.721	116	1.662
Aude	317.372	1	5	74 251	311	239	243.141	12	20.262
Aveyron	400.467	»	9	57.127	168	340	343.340	135	2.544
Bouches-du-Rhône	630.622	5	18	476.771	1.043	458	153.851	221	697
Calvados	428.945	2	11	100.333	613	164	328.612	158	2.080
Cantal	239.601	»	7	15.824	133	119	223.777	71	3.152
Charente	360.259	1	9	54.082	271	200	306.177	109	2.809
Charente-Inférieure	456.202	»	9	84.018	288	292	372.184	137	2.717
Cher	359.276	10	10	70.272	176	400	289.004	197	1.467
Corrèze	328.119	4	8	35.767	156	230	292.352	81	3.610
Corse	288.596	»	3	43.594	183	239	245.002	9	27.223
Côte-d'Or	376.866	10	9	83.025	352	236	293.841	364	808
Côtes-du-Nord	618.652	4	6	45.590	572	80	573.062	204	2.810
Creuse	284.660	2	8	14.471	51	284	270.189	82	3.295
Dordogne	478.471	10	12	46.174	114	405	432.297	284	1.523
Doubs	303.081	1	8	78.031	338	231	225.050	69	3.262
Drôme	306.419	4	5	66.188	270	246	240.236	71	3.384
Eure	349.471	2	15	32.995	132	250	316.476	372	851
Eure-et-Loir	284.683	18	7	41.140	184	224	243.543	262	930
Finistère	727.012	»	11	172.493	523	330	554.519	62	8.944
Gard	419.388	5	11	132.114	264	501	287.274	129	2.227
Garonne (Haute-)	472.383	2	7	149.791	686	219	322.592	71	4.544
Gers	261.084	2	10	14.782	58	255	246.302	158	1.559
Gironde	793.528	5	7	300.222	790	380	493.306	104	4.744
Hérault	461.651	12	13	171.991	1.003	172	289.660	206	1.407
Ille-et-Vilaine	626.875	7	7	135.071	851	159	491.804	92	5.346
Indre	292.868	2	10	48.785	123	397	244.083	126	1.938
Indre-et-Loire	337.298	3	8	60.335	349	173	276.963	153	1.811
Isère	572.145	7	14	104.077	346	301	468.068	215	2.177
Jura	273.028	1	10	41.769	152	275	231.259	166	1.394
Landes	297.842	5	6	22.271	101	221	275.571	84	3.281
Loir-et-Cher	280.358	5	5	40.807	300	136	239.551	75	3.194
Loire	616.227	5	20	246.680	651	380	369.547	251	1.473
Loire (Haute-)	316.735	»	12	25.654	119	216	291.081	126	2.311
A reporter	17.209.838	179	412	3.821.789	14.685	»	13.388.483	6.927	»

(1) Cette population se compose de 392 villes (430 en comprenant la Seine) qui figurent dans les tableaux suivants.

Tableau II (*Suite*)

DÉPARTEMENTS	POPULATION TOTALE			POPULATION URBAINE			POPULATION RURALE		
	Nombre d'habitants	Nombre d'établ. Hôpitaux	Nombre d'établ. Hôpit.-Hospic.	Nombre d'habitants	Nombre des lits de malades	1 lit pr combien d'hab.	Nombre d'habitants	Nombre des lits de malades	Un lit pour combien d'habitants
Reports.....	17.209.838	179	412	3.821.355	14.685	»	13.388.483	6.927	»
Loire-Inférieure.....	645.263	2	14	180.143	873	207	465.120	255	1.824
Loiret...............	377.718	8	12	75.305	402	188	302.413	197	1.536
Lot..................	253.885	»	5	22.049	89	248	231.836	14	16.560
Lot-et-Garonne......	295.360	4	18	47.373	150	316	247.987	119	2 084
Lozère...............	135.527	»	6	7.878	19	415	127.649	64	1.995
Maine-et-Loire......	518.589	12	21	109.574	423	259	409.015	410	998
Manche..............	513.815	»	19	97.244	424	230	416.571	135	3.086
Marne...............	434.692	1	12	148.410	767	194	286.282	176	1.627
Marne (Haute-)......	243.533	3	7	37.371	175	214	206.162	109	1.892
Mayenne.............	332.387	4	10	48.083	356	135	284.304	179	1.589
Meurthe-et-Moselle..	444.150	4	9	150.740	458	330	293.410	70	4.192
Meuse...............	292.253	1	10	58.323	240	243	233.930	48	4.874
Morbihan............	544.470	»	11	89.241	284	315	455.229	77	5.912
Nièvre..............	343.581	9	6	43.217	211	205	300.364	218	1.378
Nord................	1.736.341	10	29	871.774	1.824	478	864.567	210	4.117
Oise................	401.835	1	12	47.359	166	286	354.476	145	2.445
Orne................	354.387	2	10	45.378	197	231	309.009	200	1.545
Pas-de-Calais........	874.364	3	12	248.286	795	313	626.078	107	5.852
Puy-de-Dôme.........	564.266	1	14	83.626	358	234	480.640	136	3.535
Pyrénées (Basses-)...	425.027	4	4	83.996	334	252	341.031	143	2.385
Pyrénées (Hautes-)..	225.861	2	2	25.087	139	181	200.774	82	2.449
Pyrénées-Orientales.	210.125	8	2	33.878	159	213	176.247	172	1.025
Rhin (Haut-) [Partie frse]	83.670	»	1	25.455	74	344	58.215	»	»
Rhône...............	806.737	9	10	513.623	2.393	215	293.114	190	1.543
Saône (Haute-)......	230.856	5	4	16.678	130	129	264.178	102	2.590
Saône-et-Loire......	619.523	14	9	113.473	145	783	506.050	555	912
Sarthe..............	429.737	3	17	67.661	249	272	362.076	221	1.639
Savoie..............	263.297	2	6	20.922	115	182	242.375	203	1.194
Savoie (Haute-)....	268.267	2	7	17.727	108	165	250.540	106	2.458
Seine (y compris Paris).	3.141.595	15	16	3.052.303	8.155	375	89.292	19	4.700
Seine-Inférieure....	839.876	7	22	373.955	2.087	179	465.921	193	2.414
Seine-et-Marne......	356.709	7	14	47.519	256	225	309.190	275	1.125
Seine-et-Oise.......	628.590	5	27	171.822	688	250	456.768	301	1.518
Sèvres (Deux-)......	354.282	1	9	23.225	140	166	331.057	160	2.070
Somme..............	546.495	2	19	115.299	440	263	431.196	346	1.247
Tarn................	346 739	1	6	79.841	231	362	266.898	56	4.766
Tarn-et-Garonne....	206.596	3	6	30.388	201	152	176.208	153	1.152
Var.................	288.336	12	24	116.877	507	231	171.459	254	675
Vaucluse...........	235.411	13	25	59.315	258	230	176.096	422	418
Vendée.............	442.355	1	11	33.636	235	144	408.719	162	2.523
Vienne.............	344.355	5	3	60.019	111	541	284.336	95	2.993
Vienne (Haute-).....	372.878	2	7	82.073	343	240	290.805	99	2.938
Vosges.............	410.196	»	15	68.806	228	302	341.390	115	2 969
Yonne..............	344.688	5	11	38.118	221	173	306.570	220	1.394
TOTAUX et moyennes.	38.343.192	370	912	11.324.282	39.960	284	27.018.910	14.185	1.905
La Seine en moins..	3.141.595	15	16	3.052.303	8.155	375	89.292	19	4.700
Reste pour 86 départements.	35.201.597	355	896	8.271.979	31.805	261	26.929.618	14.166	1.902

TABLEAU III

POPULATION URBAINE POSSÉDANT DES LITS D'HOPITAL

(Défalcation faite des lits réservés aux communes voisines.)

DÉPARTEMENTS	VILLES pourvues D'HÔPITAUX	NOMBRE d'habitants	ÉTABLISSEMENTS	NOMBRE des lits de malades	Un lit pour combien d'habit^ts	BANLIEUE URBAINE des villes ci-contre(¹)
Ain	Bourg	18.968	Hôp.— Hosp.	145	131	
Aisne	Saint-Quentin	47.551	— —	138	345	
	Hirson	6.294	Hôpital	27	234	
	Guise	8.153	Hôp.— Hosp.	56	146	
	Soissons	12.074	— —	105	115	
	Laon	14.129	— —	145	98	
	La Fère	5.394	— —	33	163	
	Chauny	9.315	Hôpital	38	246	
Allier	Moulins	22.665	Hôp.— Hosp.	74	307	
	Vichy	10.870	— —	175	63	
	Montluçon	27.878	— —	63	443	
Alpes (Basses-)	Digne	7.261	— —	33	220	
Alpes (Hautes-)	Gap	10.478	— —	78	135	
	Briançon	6.580	— —	12	549	
Alpes-Maritimes	Grasses	14.015	— —	44	319	Vallauris.
	Cannes	19.983	Hôpital	92	218	
	Nice	88.973	Hôp.— Hosp.	229	386	
	Menton	9.050	— —	24	377	
Ardèche	Aubenas	7.824	Hôpital	28	280	
	Privas	7.312	—	26	282	
	Annonay	17.626	Hôp.— Hosp.	114	155	
Ardennes	Mézières	6.700	— —	53	127	Nouzon.
	Charleville	17.390	— —	52	335	
	Rethel	7.136	— —	42	170	
	Sedan	29.292	— —	61	333	
Ariège	Foix	7.563	— —	74	103	
	Pamiers	11.143	— —	25	446	
	Saint-Girons	5.448	— —	24	227	
Aube	Troyes	50.330	Hôpital	195	259	Sainte-Savine.
Aude	Carcassonne	28.235	—	117	242	
	Castelnaudary	10.059	Hôp.— Hosp.	45	224	
	Narbonne	29.566	— —	177	168	
	Limoux	6.371	— —	43	149	
Aveyron	Millau	17.429	— —	30	581	
	Rodez	16.122	— —	123	581	

(¹) Présumée pouvoir profiter des lits de malades existant dans la ville voisine.

Tableau III (*Suite*)

DÉPARTEMENTS	VILLES pourvues D'HÔPITAUX	NOMBRE d'habitants	ÉTABLISSEMENTS	NOMBRE des lits de malades	Un lit pour combien d'habit^ts	BANLIEUE URBAINE des villes ci-contre
Bouches-du-Rhône	Aix	28.357	Hôp.—Hosp.	191	149	
	Arles	24.288	Hôpital	160	152	
	Marseille	403.749	2 établissem.	1.129	358	
	La Ciotat	12.223	Hôp.—Hosp.	51	220	
	Aubagne	8.154	— —	25	327	
Calvados	Bayeux	8.102	Hôpital	88	92	
	Caen	45.201	2 établissem.	336	135	
	Falaise	8.313	Hôp.—Hosp.	32	260	
	Lisieux	16.260	— —	71	229	
	Honfleur	9.450	— —	33	287	
	Condé-sur-Noireau	6.764	— —	11	615	
Cantal	Aurillac	15.824	— —	118	135	
Charente	Angoulême	36.690	— —	222	166	
	Cognac	17.392	— —	55	317	
Charente-Inférieure	La Rochelle	26.808	— —	134	200	
	Saintes	18.461	— —	35	528	
	Rochefort	33.334	— —	122	273	
	Marennes	5.415	— —	4	1.354	
Cher	Bourges	45.342	2 établissem.	93	488	
	Vierzon (Ville)	10.559	Hôp.—Hosp.	18	813	Vierzon-Village
	Méhun-sur-Yèvre	6.572	— —	6	1.096	
Corrèze	Brive	16.803	— —	60	280	
	Tulle	18.964	— —	101	188	
Corse	Ajaccio	20.197	— —	103	196	
	Bastia	23.397	— —	62	378	
Côte-d'Or	Beaune	12.470	— —	111	113	
	Châtillon-sur-Seine	5.127	2 établissem.	12	428	
	Dijon	65.428	Hôp.—Hosp.	176	372	
Côtes-du-Nord	Dinan	10.444	— —	103	102	
	Guingamp	9.196	Hôpital	124	75	
	Lannion	6.002	Hôp.—Hosp.	50	120	
	Saint-Brieuc	19.948	— —	163	123	
Creuse	Aubusson	6.672	— —	19	352	
	Guéret	7.799	Hôpital	30	260	
Dordogne	Bergerac	14.735	—	43	343	
	Périgueux	31.439	Hôp.—Hosp.	104	303	
Doubs	Besançon	56.055	— —	248	227	
	Montbéliard	9.561	— —	20	478	Audincourt.
	Pontarlier	7.187	— —	69	105	

Tableau III (*Suite*)

DÉPARTEMENTS	VILLES pourvues D'HÔPITAUX	NOMBRE d'habitants	ÉTABLISSEMENTS	NOMBRE des lits de malades	Un lit pour combien d'habit^ts	BANLIEUE URBAINE des villes ci-contre
Drôme	Crest	5.569	Hôp.— Hosp.	24	233	
	Montélimar	13.764	— —	48	287	
	Valence	25.283	— —	133	191	
	Romans	16.545	— —	107	155	Bourg-de-Péage
Eure	Évreux	16.932	— —	68	249	
	Louviers	9.979	— —	32	312	
	Pont-Audemer	6.084	— —	20	302	
Eure-et-Loir	Chartres	23.108	Hôpital	115	201	
	Dreux	9.364	Hôp.— Hosp.	42	225	
	Nogent-le-Rotrou	8.068	— —	36	241	
Finistère	Brest	75.854	— —	256	294	Lambézellec, St-Pierre-Quilbignon
	Morlaix	16.300	— —	116	141	
	Quimper	17.406	— —	161	109	
	Douarnenez	10.021	— —	19	528	
	Quimperlé	8.049	— —	97	83	
	Landerneau	8.497	— —	34	250	
Gard	Alais	24.356	— —	51	478	
	Le Vigan	5.374	— —	13	414	
	Nîmes	71.623	2 établiss.	158	454	
	Beaucaire	8.947	Hôpital	34	264	
Garonne (Hte-)	Toulouse	149.791	2 établiss.	387	388	
Gers	Auch	14.782	Hôp.— Hosp.	51	290	
Gironde	Blaye	5.015	Hôpital	51	99	
	Bordeaux	252.415	—	703	360	Bègles.
	La Teste	6.480	Hôp.— Hosp.	8	810	
	Libourne	17.867	Hôpital	36	497	
Hérault	Bédarieux	6.578	Hôp.— Hosp.	79	84	
	Béziers	45.475	— —	164	278	
	Clermont	5.079	— —	19	268	
	Lodève	9.060	— —	27	336	
	Montpellier	69.258	2 établiss.	551	126	
	Cette	36.541	Hôp.— Hosp.	120	305	
Ille-et-Vilaine	Fougères	18.221	Hôtel-Dieu	86	212	
	Redon	6.929	Hôp.— Hosp.	22	315	
	Rennes	69.232	Hôtel-Dieu	485	143	
	Saint-Servan	11.608	Hôpital	112	104	
	Saint-Malo	11.896	Hôtel-Dieu	166	72	
	Vitré	10.607	2 établiss.	63	169	
Indre	Argenton	6.270	Hôpital	20	314	
	Buzançais	5.027	Hôp.— Hosp.	13	387	

Tableau III (*Suite*)

DÉPARTEMENTS	VILLES pourvues D'HÔPITAUX	NOMBRE d'habitants	ÉTABLISSEMENTS	NOMBRE des lits de malades	Un lit pour combien d'habit.	BANLIEUE URBAINE des villes ci-contre
Indre (*Suite*)...	Châteauroux.......	23.924	Hôp.—Hosp.	45	532	
	Issoudun..........	13 504	—	45	302	
Indre-et-Loire.	Tours.............	60.335	— —	456	133	
Isère..........	Grenoble..........	60.439	— —	283	214	
	Voiron............	11.004	— —	55	211	
	Bourgoin..........	7.217	— —	18	401	
	Vienne............	24.817	— —	107	232	
Jura...........	Dole..............	14.253	— —	47	304	
	Lons-le-Saunier....	12'610	— —	65	194	
	Morez.............	5.124	Hôpital	17	301	
	Saint-Claude......	9.782	Hôp.—Hosp.	17	576	
Landes........	Dax...............	10.240	— —	74	139	
	Mont-de-Marsan ...	12.031	— —	55	219	
Loir-et-Cher...	Blois.............	23.457	Hôtel-Dieu	185	127	
	Romorantin..	7.812	Hôp.—Hosp.	51	154	
	Vendôme..........	9.538	— —	61	157	
Loire........	Chazelles-sur-Lyon.	5.461	— —	18	303	
	Charlieu..........	5.247	— —	27	195	
	Roanne............	31.380	Hôpital	88	357	
	Saint-Etienne......	133.443	Hôp.—Hosp.	423	315	La Ricamarie.
	Firminy...........	14.511	— —	38	382	
	Rive-de-Gier.......	13.134	Hôpital	49	268	
	Chambon-Feugerolles.	9.016	Hôp.—Hosp.	13	694	
	Saint-Chamond.....	14.963	— —	46	320	Izieux, Saint-Julien-en-Jarret.
Loire (Haute-).	Le Puy............	20.308	— —	125	163	
	Saint-Dizier-la-Séauve.	5.346	— —	62	87	
Loire-Inférieure	Nantes............	122.750	— —	753	163	
	Saint-Nazaire......	30.935	— —	102	304	
	Chantenay.........	14.130	Hôpital	22	643	
Loiret.........	Montargis.........	11.600	Hôp.—Hosp.	47	247	
	Orléans...........	63.705	— —	346	185	
Lot............	Cahors............	15.369	— —	55	280	
	Figeac............	6.680	— —	60	112	
Lot-et-Garonne.	Agen..............	23.234	— —	80	201	
	Marmande.........	10.341	— —	25	414	
	Villeneuve-sur-Lot..	13.798	— —	38	364	
Lozère.........	Mende.............	7.878	— —	35	225	
Maine-et-Loire.	Angers............	72.660	— —	363	201	Trélazé.
	Cholet............	16.891	— —	54	313	
	Saumur............	14.867	— —	89	167	

Tableau III (*Suite*)

DÉPARTEMENTS	VILLES pourvues D'HÔPITAUX	NOMBRE d'habitants	ÉTABLISSEMENTS	NOMBRE des lits de malades	Un lit pour combien d'habitts	BANLIEUE URBAINE des villes ci-contre
Manche	Avranches	7.785	Hôp.—Hosp.	45	173	
	Granville	12.721	— —	68	187	
	Cherbourg	38.554	— —	128	302	Équeurdreville Tourlaville.
	Coutances	8.145	— —	86	95	
	Saint-Lô	11.445	— —	46	249	
	Valognes	5.791	— —	28	207	
Marne	Châlons	25.863	2 établissnts.	143	181	
	Épernay	18.361	Hôp.—Hosp.	54	340	
	Reims	104.186	2 établissnts.	518	202	
Marne (Haute-)	Chaumont	13.280	Hôp.—Hosp.	42	317	
	Langres	10.719	— —	82	131	
	Saint-Dizier	13.372	— —	42	319	
Mayenne	Château-Gonthier	7.281	— —	79	93	
	Laval	30.374	Hôpital.	203	150	
	Mayenne	10.428	Hôp.—Hosp.	34	307	
Meurthe-et-Moselle	Longwy	6.978	— —	20	349	
	Lunéville	21.542	Hôpital.	70	308	
	Nancy	87.110	—	188	464	
	Pont-à-Mousson	11.595	—	59	197	
	Saint-Nicolas	5.654	Hôp.—Hosp.	25	227	
	Toul	12.138	— —	42	289	
Meuse	Bar-le-Duc	18.761	— —	136	138	
	Ligny-en-Barrois	5.101	— —	3	1.701	
	Commercy	7.483	— —	40	188	
	Verdun	18.852	Hôpital.	94	201	
	Saint-Mihiel	8.126	Hôp.—Hosp.	28	290	
Morbihan	Auray	6.236	— —	37	169	
	Hennebont	6.972	— —	34	205	
	Lorient	42.116	— —	154	274	Plœmeur.
	Vannes	21.504	— —	100	215	
Nièvre	Clamecy	5.318	— —	22	242	
	Nevers	26.436	— —	158	168	
	La Charité	5.443	Hôpital.	23	237	
Nord	Armentières	28.638	—	88	326	Nieppe.
	Lille	201.211	2 établissnts.	675	298	Hellêmes-Lille La Madeleine
	Roubaix	114.917	Hôp.—Hosp.	360	320	Croix.
	Tourcoing	65.477	Hôpital.	99	661	Roncq, Marcq-en-Barœul.
	Watrelos	19.770	—	34	582	
	Valenciennes	28.700	Hôtel-Dieu.	132	218	Anzin.
	Comines	7.422	Hôp.—Hosp.	30	248	
	Haubourdin	7.457	— —	13	574	Loos.
	Lomme	5.245	— —	2	2.623	

Tableau III (*Suite*)

DÉPARTEMENTS	VILLES pourvues D'HÔPITAUX	NOMBRE d'habitants	ÉTABLISSEMENTS	NOMBRE des lits de malades	Un lit pour combien d'habit^ts^	BANLIEUE URBAINE des villes ci-contre
Nord (*suite*)....	Seclin............	6.141	Hôp.— Hosp.	52	118	
	Maubeuge....	18.863	— —	11	1.715	Hautmont.
	Wignehies.........	6.463	— —	6	1.078	
	Cambrai...........	24.122	Hôpital	163	148	
	Le Cateau...... ..	10.544	—	36	293	
	Douai.............	29.909	Hôtel-Dieu	128	234	Sin-le-Noble.
	Bailleul..........	13.276	Hôpital	40	332	
	Hazebrouck........	71.672	Hôp.— Hosp.	36	325	
	Dunkerque........	39.498	— —	172	230	Rosendaël, Saint-Pol-sur-Mer.
	Bergues...........	5.380	— —	22	245	
	Saint-Amand......	12.043	— --	9	1.339	
Oise..........	Beauvais..........	19.382	— —	135	144	
	Compiègne........	14.498	— —	70	208	
Orne..........	Alençon..	18.319	— —	110	167	
	Flers......	13.860	Hôpital	28	495	
	Laigle............	5.078	Hôp.— Hosp.	13	391	
	La Ferté-Macé.....	8.121	— —	29	280	
Pas-de-Calais..	Arras.............	25.701	-- —	248	104	
	Béthune..........	11.098	— —	88	127	
	Carvin............	8 000	— —	14	572	
	Lens..............	13.862	— —	60	231	
	Lillers...........	7.609	— —	10	761	Auchel.
	Boulogne.........	45.205	Hôpital	192	236	Le Portel.
	Calais..	56.867	—	64	889	
	Aire..............	8.409	Hôp.— Hosp.	60	142	
	Saint-Omer........	21.661	Hôpital	74	293	
Puy-de-Dôme. .	Clermont-Ferrand..	50.119	Hôtel-Dieu	263	191	
	Riom..............	11.189	Hôp.— Hosp.	51	220	
	Thiers............	16.814	— —	23	731	Saint-Rémy.
Pyrénées(Basses-)	Bayonne..........	27.192	Hôpital	240	114	Biarritz.
	Pau..............	33.111	Hôp.— Hosp.	117	283	
	Oloron.....	8.758	Hôpital	29	302	
Pyrénées(Hautes-)	Tarbes............	25.087	Hôp.— Hosp.	109	231	
Pyrénées-Orientales..	Perpignan.........	33.876	-- —	159	213	
Rhin (Haut-)....	Belfort...........	25.455	-- --	70	364	
Rhône.........	Lyon..............	438.077	6 établiss^nts^.	2.515	175	Villeurbanne, Oullins.
	Givors............	10.857	Hôp.— Hosp.	8	1.358	
	Tarare......	12.387	Hôpital	35	354	
	Ampepuis.........	7.113	Hôp.— Hosp.	9	791	
	Villefranche......	12.928	— —	100	130	

Tableau III *(Suite)*

DÉPARTEMENTS	VILLES pourvues D'HÔPITAUX	NOMBRE d'habitants	ÉTABLISSEMENTS	NOMBRE des lits de malades	Un lit pour combien d'habitts	BANLIEUE URBAINE des villes ci-contre
Saône (Haute-).	Gray	6.908	Hôtel-Dieu	67	104	
	Vesoul	9.770	Hôp.— Hosp.	63	124	
Saône-et-Loire.	Autun	15.187	— —	25	608	
	Chalon-sur-Saône	24.086	Hôpital	86	287	
	Mâcon	19.573	—	74	265	
Sarthe	Le Mans	57.412	Hôp.— Hosp.	200	287	
	La Flèche	10.249	Hôpital	63	162	
Savoie	Chambéry	20.922	Hôp.— Hosp.	42	499	
Savoie (Haute-).	Annecy	11.947	— —	91	132	
	Thonon	5.780	— —	19	305	
Seine-Inférieure	Dieppe	22.771	— —	161	142	
	Bolbec	12.028	Hôpital	28	430	
	Le Havre	116 369	2 établissnts.	844	138	Graville, Sanvic.
	Fécamp	13.577	Hôp.— Hosp.	60	227	
	Lillebonne	6.500	— —	5	1.300	
	Montivilliers	5.344	— —	10	535	
	Rouen	112.352	4 établissnts.	1.072	105	Sotteville, Déville.
	Darnétal	6.460	Hôp.— Hosp.	33	196	
	Elbœuf	21.404	— —	115	187	
	Petit-Quevilly	10.688	— —	18	594	
	Caudebec-lès-Elbeuf	10.434	Hôpital	20	522	
Seine-et-Marne.	Fontainebleau	14.222	Hôp.— Hosp.	60	237	
	Montereau	7.672	— —	31	248	
	Meaux	12.833	— —	69	186	
	Melun	12.792	— —	128	100	
Seine-et-Oise	Corbeil	8.184	— —	29	283	Essonnes.
	Étampes	8.573	— —	62	140	
	Mantes	7.032	— —	34	207	
	Pontoise	7.422	— —	50	149	
	Saint-Germain	14 262	— —	166	86	
	Sèvres	6 902	— —	15	461	
	Versailles	51.679	— —	227	228	
	Saint-Cloud	5.660	— —	53	107	Meudon.
	Argenteuil	13.339	— —	27	494	
	Poissy	6.432	— —	24	268	
Sèvres (Deux-).	Niort	23.225	— —	106	220	

Tableau III (*Fin*)

DÉPARTEMENTS	VILLES pourvues D'HÔPITAUX	NOMBRE d'habitants	ÉTABLISSEMENTS	NOMBRE des lits de malades	Un lit pour combien d'habit^{ts}	BANLIEUE URBAINE des villes ci-contre
Somme	Abbeville	19.851	Hôp.— Hosp.	109	183	
	Amiens	83.654	Hôtel-Dieu	338	248	
	Albert	6.169	Hôp.— Hosp.	20	308	
Tarn	Albi	20.903	Hôpital	94	223	
	Castres	27.509	Hôp.— Hosp.	90	306	
	Mazamet	14.361	— —	8	1.796	
	Graulhet	7.477	— —	2	3.739	
Tarn-et-Garonne	Montauban	30.388	— —	281	109	
Var	Draguignan	9.816	— —	71	139	
	Toulon	77.747	— —	370	211	
	La Seyne	14.332	Hôpital	28	512	
	Hyères	14.982	Hôp.— Hosp.	56	268	
Vaucluse	Orange	9 859	— —	30	329	
	Avignon	43.453	Hôpital	254	171	
	L'Isle	6.003	Hôp.— Hosp.	54	112	
Vendée	Fontenay	9.864	— —	43	230	
	La-Roche-sur-Yon	12.215	— —	156	79	
	Les Sables-d'Olonne	11.557	— —	50	232	
Vienne	Chatellerault	22.522	— —	20	1.127	
	Poitiers	37.497	Hôtel-Dieu	44	853	
Vienne (Haute-)	Limoges	72.697	Hôp.— Hosp.	307	237	
	Saint-Junien	9.376	— —	20	469	
Vosges	Épinal	23.223	— —	90	258	
	Mirecourt	5.141	— —	28	184	
	Remiremont	9.374	— —	68	138	
	Saint-Dié	18.136	— —	60	303	
	Rambervillers	5.735	— —	23	250	
Yonne	Auxerre	18.036	— —	101	179	
	Sens	14.006	— —	84	167	
	Avallon	6.076	— —	20	304	
Totaux et moyennes.	302 villes pourvues d'hôpitaux.	7.524.203		33.482	226	40 villes formant la banlieue de villes pourvues d'hôpitaux (col. 2). Ces 40 villes ont ensemble une Population de 325,526 habitants.

Pour l'ensemble des 342 villes, il y a un lit pour 236 habitants.

TABLEAU III *bis*

(Développement de la colonne 7 du tableau III.)

DÉPARTEMENTS	VILLES pourvues D'HÔPITAUX	NOMBRE D'HABITANTS	BANLIEUE URBAINE des villes ci-contre	NOMBRE D'HABITANTS de la banlieue urbaine	TOTAL des COLONNES 3 et 5	NOMBRE DES LITS	Un lit pour combien d'hab.? (rap. de la col. 6 à la col. 7)
Alpes-Maritimes	Cannes......	19.983	Vallauris	6.058	26.041	92	284
Ardennes......	Charleville..	17.300	Nouzon........	6.741	24.731	52	465
Aube..........	Troyes.......	50.330	Sainte-Savine..	5.253	55.583	195	286
Cher	Vierzon-Ville	10.559	Vierzon-Village	7.799	18.358	13	1.413
Doubs.........	Montbéliard..	9.561	Audincourt	5.228	14.789	20	740
Drôme.........	Romans	16.645	Bourg-de-Péage	5.022	21.567	107	202
Finistère	Brest........	75.854	Lambézellec...	16.084	»	256	»
	—	»	Saint-Pierrre-Quilbignon ..	8.755	100.693	»	394
Gironde	Bordeaux....	252.415	Bègles.........	10.535	262.950	703	375
Loire..........	Saint-Etienne	133.443	La Ricamarie ..	7.044	140.487	423	333
	St-Chamond..	14.963	Izieux.........	6.141	»	46	»
	—	»	Saint-Julien-en-Jarret.......	6.349	27.444	»	597
Maine-et-Loire .	Angers......	72.669	Trélazé........	5.147	77.816	363	215
Manche........	Cherbourg...	38.554	Equeurdreville.	5.421	»	128	»
	—	»	Tourlaville	7.382	51.357	»	402
Morbihan.......	Lorient......	42.116	Plœmeur	12.413	54.529	154	355
Nord..........	Maubeuge ...	18.863	Hautmont......	10.238	29.101	11	2.646
	Roubaix	114.917	Croix..........	12.438	127 355	360	354
	Valenciennes	28.700	Anzin	11.538	40.238	132	305
	Douai........	29.909	Sin-le-Noble...	6.502	36.411	128	285
	Dunkerque...	39.498	Rosendaël	7.432	»	172	»
	—	»	St-Pol-sur-mer	6.312	53.242	»	310
	Armentières.	28.638	Nieppe	5.253	33.891	88	386
	Lille	201.211	Hellemme-Lille	5.428	»	675	»
	—	»	La-Madeleine ..	9.689	216.328	»	321
	Tourcoing ...	65.477	Roncq.........	6.734	»	99	»
	—	»	Marcq-en-Barœul ..	9.752	81.963	»	828
	Haubourdin..	7.457	Loos	7.924	15.381	13	1.184
Pas-de-Calais..	Boulogne....	45.205	Le Portel......	5.329	50.534	192	264
	Lillers.......	7.609	Auchel	7.262	14.871	10	149
Puy-de-Dôme ..	Thiers	16.814	Saint-Remy	5.504	22.318	23	971
Pyrénées (B.-).	Bayonne.....	27.192	Biarritz........	9.177	36.369	240	152
Rhône.........	Lyon........	438.077	Villeurbanne ..	17.940	»	2.515	»
	—	»	Oullins........	8.327	464.344	»	185
Seine-Inférieure	Rouen.......	112.352	Sotteville......	16.384	»	1.072	»
	—	»	Déville........	5.264	134.000	»	125
	Le Havre....	116.369	Graville	7.500	»	844	»
	—	»	Sanvic	6.880	130.749	»	155
Seine-et-Oise ..	Corbeil......	8.184	Essonnes......	7.351	15.535	29	356
	Saint-Cloud..	5.660	Meudon........	8.005	13.665	53	258
TOTAUX.....	31 villes.....	2.066.514	40 villes	325.526	2 392.040	»	»

TABLEAU IV

POPULATION URBAINE DÉPOURVUE DE LITS D'HOPITAL

DÉPARTEMENTS	VILLES SANS HÔPITAL	NOMBRE d'habitants	OBSERVATIONS
Aisne	Bohain	6.980	Secours à domicile. — Établissement hospitalier, créé en 1891, destiné aux seuls vieillards.
Allier	Commentry.........	12.618	Il existe un hôpital privé.
Alpes-Maritimes	Fumay............	5.065	Il existe un hospice qui paraît avoir reçu des malades.
Ardennes......	Givet............	7.083	Service médical gratuit à domicile.
Aube..........	Romilly-sur-Seine ..	7.244	Service médical et médicaments gratuits.
Aveyron.......	Aubin	9.052	Médecine gratuite. — Petites sœurs des pauvres. — L'admission des malades est demandée à l'hospice de Villefranche.
	Decazeville.......	8.871	
	Cransac...........	5.653	
Calvados.......	Trouville..........	6.243	Hospices privés à Trouville et à Deauville.
Finistère.......	Concarneau........	5.991	Les malades sont soignés à Quimper moyennant un prix de journée.
	Pont-Labbé........	5.536	L'établissement des Dames hospitalières reçoit les malades en vertu d'une convention.
Gard..........	La Grand' Combe...	13.141	Secours à domicile par le bureau de bienfaisance et par les médecins de la compagnie des mines.
	Bessège...........	8.673	Hospice annexe du bureau de bienfaisance, reçoit les malades moyennant un prix de journée.
Gironde........	Arcachon..........	7.910	L'hôpital de Teste est à 5 kilomètres environ. Mais il n'a que 8 lits.
Ille-et-Vilaine..	Cancale......... ..	6.578	Service médical gratuit.
Loire-Inférieure	Couëron...........	5.377	A 15 kilomètres de Nantes (chemin de fer).
	Montoir-de-Bretagne.	6.942	A 7 kilomètres de Saint-Nazaire (chemin de fer).
Meurthe-et-Moselle..	Baccarat...........	5.723	Hôpital privé déclaré d'utilité publique (Œuvre des Dames de Baccarat).

Tableau IV *(Suite)*

DÉPARTEMENTS	VILLES SANS HOPITAL	NOMBRE d'habitants	OBSERVATIONS
Nièvre........	Fourchambault....	6.020	1° Les ouvriers des mines sont soignés par la compagnie moyennant une retenue sur les salaires. 2° Un service médical avec médicaments gratuits est organisé par la commune. 3° Fourchambault possède à Nevers 1/2 lit d'hôpital.
Nord.........	Fourmies.........	15.895	Médecine gratuite et médicaments à domicile. — Hospitalisation dans les villes voisines.
	Halluin...........	14.841	Il existe à l'hospice un appartement particulier réservé aux malades et blessés.
	Denain...........	18.258	Secours médicaux du bureau de bienfaisance. — Hospitalisation à Valenciennes.
	Caudry............	8.045	Médecin et médicaments du bureau de bienfaisance. — Hospitalisation à Cambrai.
	Solesmes.........	6.241	La maison de vieillards du bureau de bienfaisance reçoit accidentellement les malades.
	Aniches	6.765	Secours médicaux et pharmaceutiques à domicile par le bureau de bienfaisance.
	Somain...........	6.043	Secours médicaux et pharmaceutiques. — Dans certains cas urgents, les malades sont confiés à des familles d'ouvriers bien notés moyennant une rétribution de 75 centimes à 1 franc par jour.
	Gravelines........	5.952	A 20 kilomètres de Dunkerque.
	Merville..........	7.573	Les indigents sont traités à l'établissement des sœurs garde-malades moyennant un prix de journée.
	Houplines........	7.499	Traitement à domicile par le bureau de bienfaisance et hospitalisation à Armentières.
	Quesnoy-sur-Deule.	5.328	A 10 kilomètres de Lille (chemin de fer).
	Fresnes...........	6.369	La commune possède 2 lits à Valenciennes et entretient chez elle une sorte d'hôpital-hospice du bureau de bienfaisance possédant en tout 34 lits indivis.
	Vieux-Condé......	6.977	Secours médicaux et autres à domicile par le bureau de bienfaisance.

Tableau IV *(Fin)*

DÉPARTEMENTS	VILLES SANS HÔPITAL	NOMBRE d'habitants	OBSERVATIONS
Oise.........	Creil............. Montataire........	8.183 5.290	Secours médicaux et hospitaliers à l'hôpital général de Senlis.
Pas-de-Calais.	Liévin............	12.417	Secours à domicile. — Hospitalisation à Lens au tarif ordinaire.
	Hénin-Liétard.....	9.467	Secours à domicile. — Les compagnies houillères n'ont pas d'hôpital.
	Bruay......... ...	9.647	Secours médicaux et pharmaceutiques à domicile.
	Berck-sur-Mer....	5.572	A 12 kilomètres de Montreuil (chemin de fer).
Pyrénées (Basses-).	Hasparren........	5.758	Hôpital-hospice en formation. — En attendant, hospitalisation à Bayonne.
Rhône........	Cours............	5.994	A 7 kilomètres de Thizy (chemin de fer).
Saône-et-Loire.	Le Creusot....... Monlceau-les-Mines.	28.635 19.612	Hôpital privé. Le tiers de la population travaille aux mines de Blanzy qui possèdent un grand hôpital privé et ont établi l'assistance à domicile. — Pour le reste, médecine gratuite insuffisante.
	Saint-Vallier......	5.780	Médecine gratuite insuffisante.
Seine-et-Oise..	Villeneuve-Saint-Georges........	5.193	Entre Corbeil et Paris (chemin de fer, Seine).
	Neuilly sur-Marne. Le Raincy........ Rueil.............	6.374 5.477 9.937	Service médical à domicile. — En cas de nécessité d'hospitalisation, on a recours à l'hôpital le plus voisin, conformément à la loi du 7 août 1851.
Somme	Villers-Bretonneux	5.625	Les malades reçoivent à domicile les soins de deux médecins et les médicaments.
Tarn.........	Carmaux.........	9.591	Hôpital-hospice d'Albi (16 kilomètres) moyennant payement de journées.
Vosges........	Gérardmer	7.197	Service médical gratuit.
TOTAUX.......	50 villes sans hôpital.	422.421	

TABLEAU V

UTILISATION DES LITS D'HOPITAL

par la population urbaine et rurale

DÉPARTEMENTS	Sur 100 lits de malades exist. combien de lits occupés ?		NOMBRE ABSOLU DES LITS OCCUPÉS							
			par la populat. urbaine (1)				par la population rurale			
	le 28 février 1890	le 30 juin 1892	le 28 février 1890	1 lit occupé pour combien d'hab. ?	le 30 juin 1892	1 lit occupé pour combien d'hab. ?	le 28 février 1890	1 lit occupé pour combien d'hab. ?	le 30 juin 1892	1 lit occupé pour combien d'hab. ?
Ain	85,1	69,3	121	159	126	151	341	992	249	1,358
Aisne	17,1	56,0	554	199	353	312	166	2,625	121	3,600
Allier	61,5	60,7	294	252	188	394	214	1,638	254	1.380
Alpes (Basses-)	39,2	49,4	29	251	8	908	94	1,245	85	1,377
Alpes (Hautes-)	73.1	57,7	127	135	60	285	1	98,464	11	8,952
Alpes-Maritimes	22,9	41,9	52	2,642	149	923	40	3,030	51	2,377
Ardèche	69,9	64,7	98	335	104	316	95	3,564	98	3,455
Ardennes	72,7	56,2	212	333	144	489	44	5,785	23	11,066
Ariège	43,7	50,1	80	302	65	372	»	»	64	3,177
Aube	54,1	61,5	124	507	78	806	29	6,646	55	3,504
Aude	28,8	53,5	184	404	169	440	»	»	4	60,785
Aveyron	72,4	82,5	141	406	135	424	153	2,244	115	2,986
Bouches-du-Rhône	82,3	59,4	1,415	337	420	1,136	134	1,149	352	437
Calvados	76,9	57,5	476	211	350	287	57	5,766	94	3,496
Cantal	59,5	71,5	213	75	127	125	15	14,919	19	11,778
Charente	100,0	71,8	347	156	198	274	67	4,570	73	4,083
Charente-Inférieure	85,6	52,2	225	374	142	592	140	2,516	80	4,653
Cher	49,8	40,2	85	827	89	790	46	6,283	61	4,738
Corrèze	74,5	73,4	184	267	118	312	59	4,956	56	5,221
Corse	20,0	31.7	29	1,504	61	715	4	61,251	»	»
Côte-d'Or	86,5	63,9	310	268	277	300	223	1,318	181	1,624
Côtes-du-Nord	81,4	53,2	344	133	324	141	104	5.511	89	6 440
Creuse	78,7	50,3	71	204	36	402	29	9,317	31	8,716
Dordogne	62,1	38,6	128	361	62	745	80	5,404	91	4.571
Doubs	57.3	68,3	345	227	235	333	46	4,893	43	5,234
Drôme	60,3	55,7	246	270	157	422	22	10,920	33	7,280
Eure	53,1	68,4	130	254	109	303	242	1,308	236	1,341
Eure-et-Loir	57,4	56.5	192	215	127	324	142	1,716	125	1,949
Finistère	83,6	72,1	547	316	374	462	17	32,619	48	11,553
Gard	70,1	58,5	234	565	172	769	115	2,499	58	4,953
Garonne (Haute-)	75,1	74,6	758	198	535	280	32	10,081	30	10,753
Gers	71,3	47,2	58	255	32	462	94	2,621	70	3,519
Gironde	100,0	89,8	972	309	756	398	89	5,543	47	10,496
Hérault	47,7	55,3	691	249	623	277	40	7,242	46	6,297
Ille-et-Vilaine	67,1	62,2	705	192	506	267	93	5,289	81	6,072
Indre	51,2	46,1	128	382	45	1,085	84	2,906	70	3,487
Indre-et-Loire	63,6	63,9	283	114	232	254	93	2,979	89	3,112
Isère	65,7	66,1	375	278	258	404	124	3,775	113	4,143
Jura	70,3	67,2	129	324	100	418	120	1,928	114	2,029
Landes	40,5	49,7	83	269	63	354	24	11,483	29	9,503
Loir-et-Cher	54,1	50,1	244	168	150	273	82	2,922	38	6,304
Loire	78,1	76,0	711	347	551	448	176	2,100	135	2,738
A reporter	»	»	12,624	»	8,808		3,770	11,111	3,664	221,212

(1) Voir dans les tableaux précédents la liste des villes qui composent cette population.

Tableau V. (*Suite*)

DÉPARTEMENTS	Sur 100 lits de malades exist. combien de lits occupés ?		NOMBRE ABSOLU DES LITS OCCUPÉS							
			par la population urbaine				par la population rurale			
	le 28 février 1890	le 30 juin 1892	le 28 février 1890	1 lit occupé pour combien d'hab. ?	le 30 juin 1892	1 lit occupé pour combien d'hab. ?	le 28 février 1890	1 lit occupé pour combien d'hab. ?	le 30 juin 1892	1 lit occupé pour combien d'hab. ?
Reports	»	»	12,624	»	8,808	»	3,770	»	3,664	»
Loire (Haute-)	39,1	57,1	70	367	70	367	55	5,293	70	4,159
Loire-Inférieure	66,4	63,1	734	246	582	310	104	4,473	130	3,578
Loiret..............	65,8	58,1	280	269	240	314	137	2,208	108	2,801
Lot.................	39,0	73,7	68	325	74	298	10	23,184	2	115,918
Lot-et-Garonne.......	68,9	62,1	161	295	121	392	63	3,937	46	5,391
Lozère	100,0	43,3	89	89	13	607	61	2,093	23	5,550
Maine-et-Loire	63,0	57,6	325	338	269	408	150	2,727	211	1,939
Manche..............	69,8	52,7	322	303	221	441	91	4,578	74	5,630
Marne............ ...	78,9	71,3	794	187	599	248	147	1,948	74	3,869
Marne (Haute-).......	82,2	70,1	175	214	132	284	93	2,217	67	3,077
Mayenne	78,2	71,7	346	139	253	191	150	1,896	131	2,171
Meurthe-et-Moselle...	100,0	73,6	345	437	356	424	296	992	42	6,986
Meuse.........	100,0	63,8	379	154	158	370	35	6,684	26	8,998
Morbihan.	96,6	72,8	364	246	222	402	91	5,003	41	11,104
Nièvre	80,4	50,3	153	283	112	386	115	2,612	104	2,889
Nord	67,3	64,8	1,501	581	1,261	692	45	19,213	58	14,907
Oise................	60,3	45,0	116	409	70	677	65	5,454	70	5,064
Orne................	100,0	76,8	181	251	135	337	239	1,293	170	1,818
Pas-de-Calais	77,0	52,5	754	330	418	594	105	5,963	56	11,180
Puy-de-Dôme..	69,5	56,8	368	227	198	423	53	9,069	83	5,791
Pyrénées (Basses-)..	71,6	73,3	264	319	241	349	115	2,966	109	3,129
Pyrénées (Haute-)....	100,0	42,5	109	231	70	359	80	2,510	24	8,366
Pyrénées-Orientales..	53,8	40,1	115	295	106	320	72	2,448	27	6,528
Rhin (Haut-) Partie franç^{e}.	100,0	82,4	115	222	61	418	»	»	»	»
Rhône...............	89,8	90,8	2,778	185	2,217	232	146	2,008	130	2,255
Saône (Haute-)	67,1	34,0	108	155	43	388	51	5,180	36	7,339
Saône-et-Loire	91,4	59,1	119	954	87	1,305	390	1,298	327	1,548
Sarthe.........	100,0	62,7	408	166	176	385	67	5,405	119	3,043
Savoie	59,2	67,3	92	228	60	349	110	2,204	154	1,574
Savoie (Haute-)	86,4	47,2	112	159	35	507	66	3,797	66	3,796
Seine......	»	»	»	»	»	»	»	»	»	»
Seine-Inférieure.	76,0	70,3	2,135	176	1,486	252	171	2,725	118	3,949
Seine-et-Marne.......	56,4	56,1	191	249	164	290	157	1,970	134	2,308
Seine-et-Oise	65,8	65,0	576	199	489	352	173	2,641	154	2,966
Sèvres (Deux-).......	54,7	58,6	57	408	100	233	105	3,153	76	4,356
Somme....	83,3	52,0	554	209	204	566	260	1,659	205	2,104
Tarn	68,5	72,2	137	583	164	487	20	13,345	36	7,414
Tarn-et-Garonne	40,1	61,5	247	124	130	234	70	2,513	88	2,003
Var	45,7	36,1	241	485	205	571	62	2,798	70	2,450
Vaucluse	48,5	45,4	300	198	123	483	80	2,202	186	947
Vendée..............	71,5	50,3	185	182	121	278	86	4,753	79	5,174
Vienne..............	59,6	60,6	69	870	68	883	92	3,091	57	4,989
Vienne (Haute-)......	93,3	64,2	281	293	214	384	40	7,271	70	4,155
Vosges	77,1	59,7	290	238	141	488	56	6,097	64	5,335
Yonne...............	70,4	58,9	189	202	157	243	142	2,159	103	2,977
TOTAUX et moyennes.	71,2	62,7	29,821	278	21,174	391	8,486	3,174	7,682	3,506

TABLEAU VI

DURÉE DU SÉJOUR

DU 1er FÉVRIER AU 30 AVRIL 1890, DANS LES HOPITAUX GÉNÉRAUX DE PARIS
(*Hôtel-Dieu, Pitié, Charité, Saint-Antoine, Necker, Cochin, Beaujon, Lariboisière, Tenon*).

NOMBRE de MALADES	GRADATION du SÉJOUR	PROPORTION pour 100	NOMBRE de JOURNÉES	OBSERVATIONS
1.294	1 jour	7,18	1.294	
792	2 jours	4,40	1.584	
668	3 —	3,71	2.004	
744	4 —	4,13	2.976	
752	5 —	4,17	3.760	
728	6 —	4,04	4.368	
1.366	**7** —	**7,58**	9.562	39,79 p. 100 des malades ont été hospitalisés moins de 8 jours.
822	8 —	4,56	6.576	
889	9 —	4,94	8.001	
839	10 —	4,66	8.390	
675	11 —	3,75	7.425	
511	12 —	2,84	6.132	
531	13 —	2,95	6.903	
859	**14** —	**4,77**	12.026	65,90 p. 100 ont été hospitalisés moins de 16 jours.
397	15 —	2,20	5.955	
343	16 —	1,90	5.488	
330	17 —	1,83	4.610	
332	18 —	1,84	5.976	
300	19 —	1,66	5.700	
307	20 —	1,70	6.140	
461	**21** —	**2,56**	9.681	
189	22 —	1,05	4.158	
227	23 —	1,26	5.221	
219	24 —	1,22	5.256	
218	25 —	1,21	5.450	
199	26 —	1,10	5.174	82,15 p. 100 ont été hospitalisés moins de 26 jours.
171	27 —	0,95	4.617	
262	**28** —	**1,45**	7.336	
136	29 —	0,75	3.944	
157	30 —	0,88	4.710	
110	31 —	0,61	3.410	
154	32 —	0,85	4.928	
99	33 —	0,55	3.267	89,30 p. 100 ont été hospitalisés moins de 34 jours.
118	34 —	0,65	4.012	
156	**35** —	**0,87**	5.460	
92	36 —	0,51	3.312	
87	37 —	0,48	3.219	
68	38 —	0,38	2.584	
94	39 —	0,52	3.666	
66	40 —	0,37	2.640	
64	41 —	0,35	2.624	
106	**42** —	**0,59**	4.452	
16.932		94,02	214.991	

Tableau VI (*Suite*)

NOMBRE de MALADES	GRADATION du SÉJOUR	PROPORTION pour 100	NOMBRE de JOURNÉES	OBSERVATIONS
16.932		94,02	214.901	
73	43 jours	0,40	3.139	
44	44 —	0,24	1.936	
59	45 —	0,33	2.655	
48	46 —	0,27	2.208	
43	47 —	0,24	2.021	
43	48 —	0,24	2.064	
66	**49** —	**0,37**	3.234	
42	50 —	0,23	2.100	96,35 p. 100 des malades ont été
30	51 —	0,17	1.530	hospitalisés moins de 51 jours.
39	52 —	0,22	2.028	
44	53 —	0,24	2.332	
34	54 —	0,19	1.836	
26	55 —	0,14	1.430	
45	**56** —	**0,25**	2.520	
20	57 —	0,11	1.140	
20	58 —	0,11	1.160	
36	59 —	0,20	2.124	
32	60 —	0,18	1.920	
20	61 —	0,11	1.220	
31	62 —	0,17	1.922	
27	63 —	0,15	1.701	
25	64 —	0,14	1.600	
18	65 —	0,10	1.170	
13	66 —	0,07	858	
16	67 —	0,08	1.072	
17	68 —	0,09	1.156	
9	69 —	0,05	621	
14	70 —	0,07	980	
14	71 —	0,07	994	
14	72 —	0,07	1.008	
11	73 —	0,06	803	
12	74 —	0,06	888	
12	75 —	0,06	900	
9	76 —	0,05	684	
6	77 —	0,03	462	
8	78 —	0,04	624	
8	79 —	0,04	632	
8	80 —	0,04	640	
11	81 —	0,06	891	
3	82 —	0,01	246	
9	83 —	0,05	747	
7	84 —	0,03	588	
4	85 —	0,02	340	
2	86 —	0,01	172	
2	87 —	0,01	174	
2	88 —	0,01	176	La moyenne du séjour de ces malades est de 15 jours 3 dixièmes.
18.008		100	275.637	Elle s'élève à 22 jours 4 dixièmes, si on défalque les hospitalisations de moins de 8 jours.

TABLEAU VII

L'ASSISTANCE HOSPITALIÈRE PAR ARRONDISSEMENT

D'après les chiffres de l'enquête du 30 juin 1892

CIRCONSCRIPTIONS D'ASSISTANCE MÉDICALE EXISTANTES EN 1893

DÉPARTEMENTS	ARRONDISSEMENTS	NOMBRE d'établissements de 50 lits et plus	NOMBRE d'établissements de moins de 50 lits	NOMBRE DE LITS d'hôpital existants au chef-lieu	Nombre de cantons pourv. d'hôpital (1)	Nombre de communes pourv. d'hôpital	NOMBRE DE LITS de malades existants dans l'arrondissement	Nombre de lits calculés nécessaires (2)	Nombre de lits manquants (3)	RATTACHEMENT aux centres hospitaliers principaux proposé pour les arrondissements ne possédant pas d'établissement d'au moins 50 lits de malades (4). — Villes possédant des établissements d'au moins 50 lits et non centres principaux.
Ain	Belley	»	4	24	4	4	49	23	»	La circonscription de Bourg comprendrait ies arrondissements de Belley, Gex et Nantua.
	Bourg (5)	1	6	146	6	7	239	38	»	
	Gex	»	1	31	1	1	31	8	»	
	Nantua	»	1	20	1	1	20	13	»	
	Trévoux	1	7	64	7	8	202	26	»	
		2	19	285	19	21	541	108	»	
Aisne	*Château-Thierry*	1	2	75	2	3	95	17	»	Chaque arrondissement formerait au moins une circonscription. — Il existe 53 lits à La Fère (arrondissement de Laon) et 55 lits à Guise (arrondissement de Vervins).
	Laon	2	6	137	7	8	310	50	»	
	Saint-Quentin	1	1	148	2	2	158	44	»	
	Soissons	1	2	125	3	3	145	23	»	
	Vervins	2	2	50	4	4	138	32	»	
		7	13	535	18	20	846	166	»	
Allier	Gannat	»	4	23	4	4	110	20	»	La circonscription de Moulins comprendrait Gannat, et *Vichy*, qui possède un hôpital de 213 lits, serait le centre de la circonscription de La Palisse.
	La Palisse	1	4	20	4	5	318	29	»	
	Montluçon	1	2	65	4	3	87	44	»	
	Moulins	1	2	80	4	3	107	38	»	
		3	12	188	16	15	(6)622	132	»	

(1) Lorsqu'une vil'e pourvue de lits d'hôpital est divisée en plusieurs cantons, tous ces cantons sont considérés comme desservis.

(2) Voir colonne 5, page 213, les éléments de ce calcul.

(3) Différence entre la colonne 8 et la colonne 9 lorsque le chiffre de cette dernière est supérieur.

(4) L'on a utilisé, pour les propositions résumées dans la colonne 11, un travail minutieux, fait sur la carte en 1890, d'après les chiffres de l'enquête de cette année-là (tableau I, col. 5). Bien des éléments nouveaux amèneront la modification de ces propositions. Celles-ci ne peuvent donc avoir que la valeur d'indications fournies aux conseils généraux, qui feront le rattachement prescrit par l'art. 4 de la loi en tenant compte de toutes les circonstances.

(5) Les *italiques* indiquent les centres hospitaliers principaux (voir page 15, paragraphe 2 et note 1).

(6) Le relevé du 30 juin 1892 porte le chiffre à 727 en y comprenant 105 lits de l'hôpital thermal de Néris.

Tableau VII (*Suite*)

DÉPARTEMENTS	ARRONDISSEMENTS	NOMBRE d'établissements de 50 lits et plus	NOMBRE d'établissements de moins de 50 lits	NOMBRE DE LITS d'hôpital existants au chef-lieu	Nombre de cantons pourvus d'hôpital	Nombre de communes pourv. d'hôpital	NOMBRE DE LITS de malades existants dans l'arrondiss[t]	Nombre de lits calculés nécessaires	Nombre de lits manquants	RATTACHEMENT aux centres hospitaliers principaux proposé pour les arrondissements ne possédant pas d'établissement d'au moins 50 lits de malades. — Villes possédant des établissements d'au moins 50 lits et non centres principaux.
Alpes (B.-).	Barcelonnette..	»	1	5	1	1	5	5	»	36 lits d'hôpital à créer à Digne, dont la circonscription s'étendrait à tout le département.
	Castellane.....	»	2	16	2	2	20	5	»	
	Digne.........	»	5	36	5	5	54	14	»	
	Forcalquier....	»	4	26	3	4	79	11	»	
	Sisteron.......	»	1	30	1	1	30	5	»	
		»	13	113	12	13	188	40	»	
Alpes (H.-).	Briançon... ...	»	1	12	1	1	12	8	»	La circonscription de Gap comprendrait tout le département.
	Embrun..	»	1	43	1	1	43	8	»	
	Gap...	1	1	62	2	2	68	20	»	
		1	3	117	4	4	123	36	»	
Alpes-Maritimes...	Grasse........	»	5	44	5	5	186	26	»	La circonscription de Nice comprendrait tout le département.
	Nice...........	1	9	171	9	10	276	44	»	
	Puget-Théniers	»	2	12	2	2	15	8	»	
		1	16	227	16	17	477	78	»	
Ardèche...	Largentière....	»	2	20	2	2	35	29	»	Annonay (arrondissement de Tournon), possédant un hôpital de 114 lits, serait le centre d'une circonscription qui comprendrait tout le département.
	Privas........	»	5	26	5	5	86	38	»	
	Tournon.......	1	5	34	6	6	191	49	»	
		1	12	80	13	13	312	116	»	
Ardennes..	*Mézières*.......	2	»	62	2	2	118	29	»	Un établ[t] à créer à Rocroi. La circonscription de Mézières comprendrait celle de Rethel et de Rocroi; celle de Sedan comprendrait Vouziers. — Il existe 56 lits à Charleville (arrondissem[t] de Mézières).
	Rethel.........	»	3	44	3	3	65	17	»	
	Rocroi........	»	»	»	»	»	»	17	17	
	Sedan.........	»	3	61	4	3	78	23	»	
	Vouziers.......	1	»	36	1	1	36	17	»	
		3	6	203	10	9	297	103	17	
Ariège.....	*Foix*...........	1	3	80	4	4	103	23	»	La circonscription de Foix comprendrait tout le département.
	Pamiers..	»	2	25	2	2	35	23	»	
	Saint-Girons...	»	2	2	2	2	24	23	»	
		1	7	107	8	8	(1)162	69	»	

(1) Le relevé du 30 juin 1892 porte ce nombre à 230, en y comprenant les 68 lits de l'hôpital thermal d'Ax.

Tableau VII (*Suite*)

DÉPARTEMENTS	ARRONDISSEMENTS	NOMBRE d'établissements de 50 lits et plus	NOMBRE d'établissements de moins de 50 lits	NOMBRE DE LITS d'hôpital existants au chef-lieu	Nombre de cantons pourvus d'hôpital	Nombre de communes pourv. d'hôpital	NOMBRE DE LITS de malades existants dans l'arrondiss^t	Nombre de lits calculés nécessaires	Nombre de lits manquants	RATTACHEMENT aux centres hospitaliers principaux proposé pour les arrondissements ne possédant pas d'établissement d'au moins 50 lits de malades. — Villes possédant des établissements d'au moins 50 lits et non centres principaux.
Aube	Arcis-sur-Aube	»	1	16	1	1	16	8	»	La circonscription de Troyes comprendrait tout le département.
	Bar-sur-Aube	»	1	30	1	1	30	11	»	
	Bar-sur-Seine	»	2	24	2	2	28	14	»	
	Nogent-s-Seine	»	3	15	2	3	26	11	»	
	Troyes	1	1	100	4	2	116	35	»	
		1	8	185	10	9	216	79	»	
Aude	*Carcassonne*	1	1	96	3	2	100	29	»	La circonscription de Carcassonne comprendrait tout le département.
	Castelnaudary	»	2	45	3	2	53	14	»	
	Limoux	»	1	45	1	1	45	20	»	
	Narbonne	1	»	125	1	1	125	25	»	
		2	4	311	8	6	323	88	»	
Aveyron	Espalion	»	3	15	3	3	29	17	»	La circonscription de Rodez comprendrait Espalion, Millau et Saint-Affrique.
	Millau	»	1	40	1	1	40	20	»	
	Rodez	1	2	128	2	3	133	35	»	
	Saint-Affrique	»	1	21	1	1	21	17	»	
	Villefranche	1	»	30	1	1	80	32	»	
		2	7	284	8	9	303	121	»	
Bouches-du-Rhône	*Aix*	1	8	194	7	9	293	32	»	Chaque arrondissement formerait une circonscription. — Il existe 63 lits à Tarascon (arrondissement d'Arles) et 51 lits à La Ciotat (arrondissement de Marseille).
	Arles	2	5	160	6	7	265	26	»	
	Marseille	3	4	(1)623	11	6	706	134	»	
		6	17	977	24	22	1.264	192	»	
Calvados	*Bayeux*	1	1	91	2	2	126	20	»	La circonscription de Caen comprendrait Falaise et Vire.
	Caen	1	2	(2)361	3	2	372	35	»	
	Falaise	»	1	29	2	1	29	14	»	
	Lisieux	1	1	83	3	2	103	20	»	
	Pont-l'Évêque	1	1	50	2	2	88	17	»	
	Vire	»	3	40	3	3	53	23	»	
		4	9	654	15	12	771	129	»	

(1) Un établissement de 252 lits, et un de 371.
(2) Un établissement de 350 lits, et un de 2.

Tableau VII (*Suite*)

DÉPARTEMENTS	ARRONDISSEMENTS	NOMBRE d'établissements de 50 lits et plus	NOMBRE d'établissements de moins de 50 lits	NOMBRE DE LITS d'hôpital existants au chef lieu	Nombre de cantons pourvus d'hôpital	Nombre de communes pourv. d'hôpital	NOMBRE DE LITS de malades existants dans l'arrondiss^t	Nombre de lits calculés nécessaires	Nombre de lits manquants	RATTACHEMENT aux centres hospitaliers principaux proposé pour les arrondissements ne possédant pas d'établissement d'au moins 50 lits de malades. — Villes possédant des établissements d'au moins 50 lits et non centres principaux.
Cantal	*Aurillac*	1	1	133	3	2	143	29	»	La circonscription d'Aurillac comprendrait tout le département.
	Mauriac	»	2	12	2	2	16	20	4	
	Murat	»	»	»	»	»	»	11	11	
	Saint-Flour	»	3	40	4	3	45	17	»	Un établissement à créer à Murat.
		1	6	185	9	7	204	77	15	
Charente	*Angoulême*	1	2	216	4	3	254	51	»	La circonscription d'Angoulême comprendrait Barbezieux, Confolens et Ruffec.
	Barbezieux	»	3	11	3	3	26	14	»	
	Cognac	1	1	55	2	2	71	20	»	
	Confolens	»	1	26	2	1	26	20	»	
	Ruffec	»	1	»	1	1	3	14	11	
		2	8	308	12	10	380	109	11	
Charent-Inf	Jonzac	»	1	20	1	1	20	23	3	Les arrondissements de Jonzac, Marennes et Saintes seraient divisés entre la circonscription de La Rochelle et celle de Rochefort.
	La Rochelle	1	2	123	4	3	169	26	»	
	Marennes	»	1	8	1	1	8	17	9	
	Rochefort	1	1	122	3	2	128	23	»	
	St-Jean-d'Angély	1	»	65	1	1	65	23	»	
	Saintes	»	1	35	2	1	35	32	»	
		3	6	373	12	9	425	144	12	
Cher	*Bourges*	1	7	(1)145	5	7	194	47	»	La circonscription de Bourges comprendrait tout le département.
	Saint-Amand	»	7	33	7	7	131	37	»	
	Sancerre	»	5	26	4	5	48	36	»	
		1	19	204	16	19	373	120	»	
Corrèze	*Brive*	1	5	60	5	6	97	38	»	La circonscription de Tulle comprendrait Ussel.
	Tulle	1	3	96	5	4	124	44	»	
	Ussel	»	2	12	2	2	16	20	4	
		2	10	168	12	12	237	102	4	
Corse	*Ajaccio*	1	»	103	1	1	103	23	»	La circonscription d'Ajaccio comprendrait Sartène; celle de Bastia comprendrait Calvi et Corte.
	Bastia	1	»	80	1	1	80	26	»	
	Calvi	»	»	»	»	»	»	8	8	
	Corte	»	»	»	»	»	»	20	20	
	Sartène	»	1	»	1	1	9	14	5	Un établissement à créer à Calvi, et un à Corte.
		2	1	783	3	3	192	91	33	

(1) Un établissement de 115 lits et un de 3.

Tableau VII (*Suite*)

DÉPARTEMENTS	ARRONDISSEMENTS	NOMBRE d'établissements de 50 lits et plus	NOMBRE d'établissements de moins de 50 lits	NOMBRE DE LITS d'hôpital existants au chef-lieu	Nombre de cantons pourvus d'hôpital	Nombre de communes pourv. d'hôpital	NOMBRE DE LITS de malades existants dans l'arrondisst	Nombre de lits calculés nécessaires	Nombre de lits manquants	RATTACHEMENT aux centres hospitaliers principaux proposé pour les arrondissements ne possédant pas d'établissement d'au moins 50 lits de malades. — Villes possédant des établissements d'au moins 50 lits et non centres principaux.
Côte-d'Or..	*Beaune*	1	7	89	8	8	230	35	»	Chaque arrondissement formerait une circonscription.
	Châtilln-s.-Seine	1	1	(1) 82	1	1	82	14	»	
	Dijon.....	1	2	181	5	3	221	50	»	
	Semur	1	6	58	5	6	174	17	»	
		4	15	410	19	18	716	116	»	
Côtes-du-Nord	*Dinan*	1	»	99	2	1	99	38	»	La circonscription de Saint-Brieuc comprendrait Loudéac.
	Guingamp......	1	»	283	1	1	283	38	»	
	Lannion	1	1	50	2	2	84	32	»	
	Loudéac	»	1	49	1	1	49	26	»	
	Saint-Brieuc...	1	4	140	6	5	261	53	»	
		4	6	621	12	10	776	187	»	
Creuse	Aubusson......	»	5	19	5	5	59	32	»	Plus 18 lits d'hôpital à créer à Guéret, qui étendrait sa circonscription à tout le département.
	Bourganeuf	«	2	20	2	2	28	14	»	
	Boussac	»	1	»	1	1	6	14	8	
	Guéret.........	»	2	32	2	2	40	32	»	
		»	10	71	10	10	133	92	8	
Dordogne..	Bergerac.......	»	4	43	4	4	76	32	»	La circonscription de Périgueux comprendrait tout le département.
	Nontron........	»	3	17	3	3	37	28	»	
	Périgueux	1	3	71	4	4	87	38	»	
	Ribérac	»	5	43	5	5	106	20	»	
	Sarlat	»	7	46	7	7	92	32	»	
		1	22	220	23	23	398	150	»	
Doubs.....	Baume	»	3	17	3	3	29	17	»	La circonscription de Besançon comprendrait Baume et Montbéliard.
	Besançon	1	1	234	3	2	260	35	»	
	Montbéliard....	»	1	34	1	1	34	26	»	
	Pontarlier	1	2	70	3	3	84	17	»	
		2	7	355	10	9	407	95	»	

(1) Un établissement de 64 lits et un de 18.

Tableau VII (*Suite*)

DÉPARTEMENTS	ARRONDISSEMENTS	NOMBRE d'établissements de 50 lits et plus	NOMBRE d'établissements de moins de 50 lits	NOMBRE DE LITS d'hôpital existants au chef-lieu	Nombre de cantons pourvus d'hôpital	Nombre de communes pourv. d'hôpital	NOMBRE DE LITS de malades existants dans l'arrondiss^t	Nombre de lits calculés nécessaires	Nombre de lits manquants	RATTACHEMENT aux centres hospitaliers principaux proposé pour les arrondissements ne possédant pas d'établissement d'au moins 50 lits de malades. — Villes possédant des établissements d'au moins 50 lits et non centres principaux.
Drôme	Die	»	2	16	3	2	40	17	»	La circonscription de Valence comprendrait tout le département. — Il existe 70 lits à Romans (arrondissement de Valence).
	Montélimar	»	4	48	4	4	72	20	»	
	Nyons	»	(1)	(1)	(1)	(1)	(1)	8	3	
	Valence	2	1	128	3	3	229	47	»	
		2	7	192	10	9	341	92	3	
Eure	Bernay	»	2	42	2	2	52	17	»	La circonscription d'Évreux comprendrait tout le département. — Il existe 50 lits à Verneuil et 60 à à Vernon (arrondissement d'Évreux).
	Évreux	3	3	71	7	6	261	35	»	
	Les Andelys	»	3	33	3	3	60	17	»	
	Louviers	»	3	36	3	3	69	17	»	
	Pont-Audemer	»	3	25	3	3	62	20	»	
		3	14	207	18	17	504	106	»	
Eure-et-Loir	*Chartres*	1	8	83	8	9	139	35	»	La circonscription de Chartres comprendrait Nogent-le-Rotrou.
	Châteaudun	1	5	81	5	6	137	20	»	
	Dreux	»	6	52	6	6	102	20	»	
	Nogent-le-Rotrou	»	4	49	4	4	68	14	»	
		2	23	265	23	25	440	89	»	
Finistère	*Brest*	1	3	189	6	4	241	71	»	La circonscription de Quimper comprendrait Châteaulin et Quimperlé.
	Châteaulin	»	2	»	2	2	30	35	5	
	Morlaix	1	1	93	2	2	103	44	»	
	Quimper	1	1	152	2	2	171	53	»	
	Quimperlé	»	1	40	1	1	40	17	»	
		3	8	474	13	11	585	220	5	
Gard	*Alais*	1	2	54	3	3	64	38	»	La circonscription de Nîmes comprendrait Uzès, et celle d'Alais comprendrait Le Vigan.
	Le Vigan	»	2	17	2	2	30	17	»	
	Nîmes	2	5	(2)161	9	7	262	50	»	
	Uzès	»	4	20	4	4	37	23	»	
		3	13	252	18	16	393	128	»	

(1) On trouve 5 lits de malades à Nyons dans la statistique du 18 juin, aucun dans celle du 30 juin.

(2) Il existe à Nîmes un établissement de 134 lits et un de 27.

Tableau VII (*Suite*)

DÉPARTEMENTS	ARRONDISSEMENTS	NOMBRE d'établissements de 50 lits et plus	NOMBRE d'établissements de moins de 50 lits	NOMBRE DE LITS d'hôpital existants au chef-lieu	Nombre de cantons pourvus d'hôpital	Nombre de communes pourv. d'hôpital	NOMBRE DE LITS de malades existants dans l'arrondissement	Nombre de lits calculés nécessaires	Nombre de lits manquants	RATTACHEMENT aux centres hospitaliers principaux proposé pour les arrondissements ne possédant pas d'établissement d'au moins 50 lits de malades. — Villes possédant des établissements d'au moins 50 lits et non centres principaux.
Garonne (Haute-)	Muret	»	1	20	1	1	20	26	6	La circonscription de Toulouse comprendrait tout le département.
	Saint-Gaudens	»	2	4	2	2	8	35	27	
	Toulouse	2	3	(1)686	7	4	717	68	»	
	Villefranche	»	1	»	1	1	12	14	2	
		2	7	710	11	8	757	143	35	
Gers	*Auch*	1	1	58	3	2	83	17	»	La circonscription d'Auch comprendrait tout le département.
	Condom	»	2	30	2	2	52	20	»	
	Lectoure	»	3	25	3	3	32	11	»	
	Lombez	»	3	5	3	3	33	11	»	
	Mirande	»	2	10	2	2	16	20	4	
		1	11	128	13	12	216	79	4	
Gironde	Bazas	»	2	16	2	2	23	17	»	La circonscription de Bordeaux comprendrait Bazas, La Réole, Lesparre et Libourne. Un établissement à créer à Lesparre.
	Blaye	1	1	51	2	2	53	17	»	
	Bordeaux	1	1	703	8	2	717	146	»	
	La Réole	»	3	25	3	3	45	14	»	
	Lesparre	»	»	»	»	»	»	14	14	
	Libourne	»	3	36	3	3	56	35	»	
		2	10	831	18	12	894	243	14	
Hérault	*Béziers*	1	10	140	7	11	286	53	»	La circonscription de Montpellier comprendrait Lodève, et celle de Béziers comprendrait Saint-Pons. — Il existe 397 lits à Cette (arrondissement de Montpellier).
	Lodève	»	3	40	3	3	64	17	»	
	Montpellier	3	3	(2)380	7	5	823	59	»	
	Saint-Pons	»	4	17	4	4	36	14	»	
		4	20	577	21	23	1.209	143	»	
Ille-et-Vil.	*Fougères*	1	»	86	2	1	86	29	»	La circonscription de Rennes comprendrait Montfort et Redon. — Il existe 170 lits à Saint-Servan (arrondissement de Saint-Malo).
	Montfort	»	2	20	2	2	30	20	»	
	Redon	»	2	22	2	2	23	29	»	
	Rennes	1	»	426	4	1	426	50	6	
	Saint-Malo	2	1	170	3	3	262	41	»	
	Vitré	1	3	70	4	4	116	23	»	
		5	8	794	17	13	943	192	6	

(1) Un établissement de 367 lits, et un de 319.
(2) Un établissement de 266 lits, et un de 114.

Tableau VII (*Suite*)

DÉPARTEMENTS	ARRONDISSEMENTS	NOMBRE d'établissements 50 lits et plus	NOMBRE d'établissements moins de 50 lits	NOMBRE DE LITS d'hôpital existants au chef-lieu	Nombre de cantons pourvus d'hôpital	Nombre de communes pourv. d'hôpital	NOMBRE DE LITS de malades existants dans l'arrondissement	Nombre de lits calculés nécessaires	Nombre de lits manquants	RATTACHEMENT aux centres hospitaliers principaux proposé pour les arrondissements ne possédant pas d'établissement d'au moins 50 lits de malades. — Villes possédant des établissements d'au moins 50 lits et non centres principaux.
Indre	Châteauroux	»	7	41	6	7	107	35	»	A défaut d'agrandissement de l'hôpital de Châteauroux, la circonscription de La Châtre comprendrait tout le département.
	Issoudun	»	2	48	3	2	53	17	»	
	La Châtre	1	»	51	1	1	51	20	»	
	Le Blanc	»	2	32	2	2	38	20	»	
		1	11	172	12	12	249	92	»	
Indre-et-Loire	Chinon	»	4	16	4	4	44	26	»	La circonscription de Tours comprendrait tout le département.
	Loches	»	2	33	2	2	39	20	»	
	Tours	1	4	349	6	5	419	59	»	
		1	10	398	12	11	502	105	»	
Isère	*Grenoble*	2	3	146	7	5	221	68	»	La circonscription de Grenoble comprendrait Saint-Marcellin, celle de Vienne comprendrait La Tour-du-Pin. — Il existe 56 lits à Voiron (arrondissement de Grenoble).
	La Tour-du-Pin	»	5	9	4	5	98	38	»	
	Saint-Marcellin	»	6	34	4	6	71	23	»	
	Vienne	1	4	120	6	5	171	41	»	
		3	18	309	21	21	561	170	»	
Jura	Dôle	»	1	42	1	1	42	20	»	La circonscription de Lons-le-Saulnier comprendrait tout le département.
	Lons-le-Saunier	1	3	72	4	4	124	29	»	
	Poligny	»	4	30	4	4	114	20	»	
	Saint-Claude	»	2	21	2	2	38	17	»	
		1	10	165	11	11	318	86	»	
Landes	*Dœx*	1	1	61	2	2	71	32	»	La circonscription de Dax comprendrait tout le département.
	Mont-de-Marsan	»	5	40	4	5	79	32	»	
	Saint-Sever	»	4	5	5	4	35	23	»	
		1	10	106	11	11	185	87	»	
Loir-et-Cher	*Blois*	1	2	185	4	3	209	44	»	La circonscription de Blois comprendrait Romorantin.
	Romorantin	»	2	47	2	2	62	20	»	
	Vendôme	1	4	68	4	5	104	23	»	
		2	8	300	10	10	375	87	»	
Loire	*Montbrison*	1	7	66	5	8	165	44	»	Chaque arrondissement formerait au moins une circonscription. — Il existe 54 lits à Saint-Chamond (arrondissement de Saint-Étienne).
	Roanne	1	7	92	5	8	178	50	»	
	Saint-Etienne	2	7	362	10	9	559	95	»	
		4	21	520	20	25	902	189	»	

Tableau VII (*Suite*)

DÉPARTEMENTS	ARRONDISSEMENTS	NOMBRE d'établissements de 50 lits et plus	NOMBRE d'établissements de moins de 50 lits	NOMBRE DE LITS d'hôpital existants au chef-lieu	Nombre de cantons pourvus d'hôpital	Nombre de communes pourv. d'hôpital	NOMBRE DE LITS de malades existants dans l'arrondisst	Nombre de lits calculés nécessaires	Nombre de lits manquants	RATTACHEMENT aux centres hospitaliers principaux proposé pour les arrondissements ne possédant pas d'établissement d'au moins 50 lits de malades. — Villes possédant des établissements d'au moins 50 lits et non centres principaux.
Loire (H.-).	Brioude........	»	2	36	2	2	43	23	»	La circonscription du Puy comprendrait tout le département.
	Le Puy	1	4	119	6	5	157	44	»	
	Yssingeaux....	»	5	33	5	5	45	29	»	
		1	11	188	13	12	245	96	»	
Loire-Infér.	Ancenis........	»	2	18	1	2	26	17	»	La circonscription de Nantes comprendrait Paimbœuf, Ancenis et Châteaubriant.
	Châteaubriant..	»	2	16	2	2	22	26	4	
	Nantes....	1	3	755	8	4	837	86	»	
	Paimbœuf.....	»	3	40	3	3	83	14	»	
	Saint-Nazaire ..	1	4	96	5	5	160	53	»	
		2	14	925	19	16	1.128	196	4	
Loiret.....	Gien	»	3	37	3	3	46	20	»	La circonscription d'Orléans comprendrait Gien et Pithiviers.
	Montargis......	1	5	52	6	6	84	26	»	
	Orléans........	1	6	350	11	7	427	53	»	
	Pithiviers......	»	4	29	3	4	42	17	»	
		2	18	458	23	20	599	116	»	
Lot........	Cahors........	»	3	29	3	3	40	32	»	La circonscription de Figeac comprendrait tout le département.
	Figeac	1	»	60	2	1	60	26	»	
	Gourdon.......	»	1	3	1	1	3	23	20	
		1	4	92	7	9	103	81	20	
Lot-et-Gar.	*Agen*	1	2	98	3	3	106	23	»	La circonscription d'Agen comprendrait tout le département.
	Marmande.....	»	8	20	5	7	76	26	»	
	Nérac..........	»	4	8	4	4	23	17	»	
	Villeneuve-sur-Lot..	»	7	32	7	7	64	23	»	
		1	21	158	19	21	269	89	»	
Lozère.....	Florac.........	»	»	»	»	»	»	11	11	Un établissement à créer à Florac. 31 lits d'hôpital à créer à Mende dont la circonscription s'étendrait à tout le département.
	Marvejols......	»	3	20	3	3	47	17	»	
	Mende	»	3	19	3	3	36	17	»	
		»	6	39	6	6	83	45	11	

Tableau VII (*Suite*)

DÉPARTEMENTS	ARRONDISSEMENTS	NOMBRE d'établissements de 50 lits et plus	NOMBRE d'établissements de moins de 50 lits	NOMBRE DE LITS d'hôpital existants au chef-lieu	Nombre de cantons pourvus d'hôpital	Nombre de communes pourv. d'hôpital	NOMBRE DE LITS de malades existants dans l'arrondiss^t	Nombre de lits calculés nécessaires	Nombre de lits manquants	RATTACHEMENT aux centres hospitaliers principaux proposé pour les arrondissements ne possédant pas d'établissement d'au moins 50 lits ds malades. — Villes possédant des établissements d'au moins 50 lits et non centres principaux.
Maine-et-Loire....	*Angers*.........	1	7	274	7	8	318	53	»	La circonscription d'Angers comprendrait Segré.
	Baugé.........	1	6	51	4	7	153	23	»	
	Cholet.........	1	5	61	4	6	107	38	»	
	Saumur.........	1	6	88	6	7	157	29	»	
	Segré..........	»	5	»	4	5	98	20	»	
		4	29	474	25	33	833	163	»	
Manche....	*Avranches*......	2	2	64	4	4	172	29	»	La circonscription de Coutances comprendrait St-Lô, celle de Cherbourg Valognes, et celle d'Avranches Mortain. — Il existe 70 lits à Granville, (arrondissement d'Avranches).
	Cherbourg......	1	»	128	1	1	128	29	»	
	Coutances......	1	1	86	2	2	114	32	»	
	Mortain........	»	3	19	3	3	26	20	»	
	Saint-Lô.......	»	3	46	3	3	74	26	»	
	Valognes......	»	6	30	4	6	45	23	»	
		4	15	373	17	19	559	159	»	
Marne......	*Châlons-s-Marne*.	1	1	(1)176	2	2	184	20	»	La circonscription de Châlons comprendrait Sainte-Menehould; celle de Reims comprendrait Epernay.
	Epernay.......	»	4	40	4	4	81	29	»	
	Reims.........	2	2	(2)551	6	3	577	59	»	
	Sainte-Menehould...	»	1	25	1	1	25	8	»	
	Vitry-le-Franç.	1	1	76	1	1	76	14	»	
		4	9	868	14	11	943	130	»	
Marne (H.-)	Chaumont.....	»	3	47	3	3	58	23	»	A défaut d'agrandissement de l'hôpital de Chaumont, la circonscription comprendrait tout le département, sauf l'arrondissement de Vassy où il existe un hôpital de 50 lits à *Saint-Dizier*.
	Langres........	1	2	78	3	3	103	26	»	
	Vassy.........	1	3	16	4	4	123	23	»	
		2	8	141	10	10	284	72	»	
Mayenne...	*Château-Gontier*	1	3	90	4	4	152	23	»	Il existe 61 lits à Ernée (arrondissement de Mayenne)
	Laval.........	1	3	226	5	4	259	35	»	
	Mayenne.......	1	5	40	7	6	124	44	»	
		3	11	356	16	14	525	102	»	

(1) Un établissement de 138 lits, et un de 38.
(2) Un établissement de 467 lits, et un de 84.

Tableau VII (*Suite*)

DÉPARTEMENTS	ARRONDISSEMENTS	NOMBRE d'établissements de 50 lits et plus	NOMBRE d'établissements de moins de 50 lits	NOMBRE DE LITS d'hôpital existants au chef-lieu	Nombre de cantons pourvus d'hôpital	Nombre de communes pourv. d'hôpital	NOMBRE DE LITS de malades existants dans l'arrondissement	Nombre de lits calculés nécessaires	Nombre de lits manquants	RATTACHEMENT aux centres hospitaliers principaux proposé pour les arrondissements ne possédant pas d'établissement d'au moins 50 lits de malades. — Villes possédant des établissements d'au moins 50 lits et non centres principaux.
Meurthe-et-Moselle..	Briey..........	»	2	5	2	2	25	20	»	La circonscription de Nancy comprendrait Briey et Toul. — Il existe 76 lits à Pont-à-Mousson (arrondissement de Nancy).
	Lunéville	1	1	65	3	2	91	29	»	
	Nancy.........	2	5	230	6	7	267	65	»	
	Toul...........	»	2	42	3	2	45	20	»	
		3	10	342	14	13	528	134	»	
Meuse.....	*Bar-le-Duc*	1	1	98	2	2	104	23	»	La circonscription de Bar-le-Duc comprendrait Montmédy.
	Commercy......	1	3	52	4	4	100	26	»	
	Montmédy.....	»	2	»	2	2	14	17	3	
	Verdun........	»	3	(1) 58	3	3	64	23	»	
		2	9	208	11	11	288	89	3	
Morbihan..	*Lorient*........	1	3	130	5	4	212	59	»	La circonscription de Lorient comprendrait Pontivy; celle de Vannes comprendrait Ploërmel.
	Ploërmel	»	3	8	3	3	25	29	4	
	Pontivy	»	2	29	2	2	39	35	»	
	Vannes	»	2	83	3	2	85	44	»	
		1	10	250	13	11	361	167	4	
Nièvre.....	Château-Chinon	»	4	30	4	4	78	23	»	La circonscription de Nevers comprendrait tout le département.
	Clamecy.......	»	4	23	4	4	71	20	»	
	Cosne.........	»	3	38	3	3	79	23	»	
	Nevers.........	1	3	159	4	4	201	38	»	
		1	14	250	15	15	429	104	»	
Nord......	Avesnes	1	4	30	7	5	117	62	»	La circonscription de Lille comprendrait Hazebrouck. — Il existe, dans l'arrondissement de Lille, 88 lits à Armentières, 340 à Roubaix, 52 à Seclin et 99 à Tourcoing. — L'arrondissement d'Avesnes aurait pour centre hospitalier *Le Quesnoy* où il existe 62 lits d'hôpital.
	Cambrai	1	1	156	3	2	191	59	»	
	Douai..........	1	1	123	4	2	143	41	»	
	Dunkerque......	1	4	143	5	5	211	41	»	
	Hazebrouck	»	7	32	5	7	97	35	»	
	Lille	6	9	(2)468	19	14	1.147	221	»	
	Valenciennes ...	1	2	116	6	3	128	65	»	
		11	28	1.068	49	38	2.034	524	»	

(1) Un établissement de 27 lits, et un de 31.
(2) Un établissement de 124 lits, et un de 344.

Tableau VII (*Suite*)

DÉPARTEMENTS	ARRONDISSEMENTS	NOMBRE d'établissements de 50 lits et plus	NOMBRE d'établissements de moins de 50 lits	NOMBRE DE LITS d'hôpital existants au chef-lieu	Nombre de cantons pourvus d'hôpital	Nombre de communes pourv. d'hôpital	NOMBRE DE LITS de malades existants dans l'arrondiss[t]	Nombre de lits calculés nécessaires	Nombre de lits manquants	RATTACHEMENT aux centres hospitaliers principaux proposé pour les arrondissements ne possédant pas d'établissement d'au moins 50 lits de malades. — Villes possédant des établissements d'au moins 50 lits et non centres principaux.
Oise	*Beauvais*	1	1	100	3	2	104	38	»	La circonscription de Beauvais comprendrait Clermont ; celle de Compiègne comprendrait Senlis.
	Clermont	»	5	31	5	5	53	26	»	
	Compiègne	1	.1	66	2	2	102	29	»	
	Senlis	»	4	36	4	4	52	29	»	
		2	11	233	14	13	311	122	»	
Orne	*Alençon*	1	1	121	3	2	153	20	»	La circonscription d'Alençon comprendrait tout le département.
	Argentan	»	2	32	2	2	57	26	»	
	Domfront	»	5	31	4	5	109	35	»	
	Mortagne	»	3	35	3	3	78	29	»	
		1	11	219	12	12	399	110	»	
Pas-de-Cal.	*Arras*	1	1	248	3	2	269	53	»	La circonscription d'Arras comprendrait Saint-Pol. — Il existe 60 lits à Sens (arrondissement de Béthune), 64 à Calais (arrondissement de Boulogne) et 60 à Aire (arrondissement de Saint-Omer.
	Béthune	2	2	71	4	4	157	74	»	
	Boulogne	2	»	190	4	2	254	56	»	
	Montreuil	1	1	60	2	2	70	23	»	
	Saint-Omer	2	»	76	3	2	136	35	»	
	Saint-Pol	»	3	10	3	3	16	23	7	
		8	7	655	19	15	902	264	7	
Puy-de-Dôme	Ambert	»	2	16	2	2	20	23	3	La circonscription de Clermont-Ferrand comprendrait Ambert et Thiers.
	Clermont	1	3	263	7	4	307	53	»	
	Issoire	»	3	10	3	3	19	29	10	
	Riom	1	2	70	3	3	89	44	»	
	Thiers	»	3	25	3	3	59	23	»	
		2	13	384	18	15	494	172	13	
Pyrén. (B.-).	*Bayonne*	1	2	173	4	3	213	32	»	La circonscription de Pau comprendrait Oloron ; celle de Bayonne comprendrait Mauléon.
	Mauléon	»	1	22	1	1	22	17	»	
	Oloron	»	2	31	2	1	21	20	»	
	Orthez	1	»	81	1	1	81	20	»	
	Pau	1	»	140	2	1	140	38	»	
		3	5	437	10	7	477	127	»	
Pyrén. (H.-).	Argelès	»	1	»	1	1	32	14	»	La circonscription de Tarbes comprendrait tout le département.
	Bagnères	»	-1	20	1	1	20	23	»	
	Tarbes	1	1	139	2	5	169	32	3	
		1	3	159	5	4	221	69	3	

Tableau VII (*Suite*)

DÉPARTEMENTS	ARRONDISSEMENTS	NOMBRE d'établissements de 50 lits et plus	NOMBRE d'établissements de moins de 50 lits	NOMBRE DE LITS d'hôpital existants au chef-lieu	Nombre de cantons pourvus d'hôpital	Nombre de communes pourv. d'hôpital	NOMBRE DE LITS de malades existants dans l'arrondiss[t]	Nombre de lits calculés nécessaires	Nombre de lits manquants	RATTACHEMENT aux centres hospitaliers principaux proposé pour les arrondissements ne possédant pas d'établissement d'au moins 50 lits de malades. — Villes possédant des établissements d'au moins 50 lits et non centres hospitaliers.
Pyrénées-Orient.	Céret	»	3	8	3	3	23	14	»	La circonscription de Perpignan comprendrait Céret.
	Perpignan	1	3	159	3	4	217	35	»	
	Prades	1	2	53	2	3	86	14	»	
		2	8	220	8	10	331	63	»	
Rhin (Haut-) (Ter. Belfort.).	*Belfort*	1	1	74	1	1	74	26	»	Une seule circonscription.
Rhône	*Lyon*	6	5	[1]2226	13	6	2.303	194	»	Chaque arrondissement formerait au moins une circonscription. — Il existe 50 lits à Beaujeu (arrondissement de Villefranche).
	Villefranche	2	6	120	8	8	280	50	»	
		8	11	2.346	21	14	2.583	244	»	
Saône (H.-).	*Gray*	1	4	67	5	5	73	20	»	La circonscription de Vesoul comprendrait Lure.
	Lure	»	2	20	2	2	50	38	»	
	Vesoul	1	1	63	2	2	109	26	»	
		2	7	150	9	9	232	84	»	
Saône-et-Loire	Autun	»	3	30	3	3	64	41	»	La circonscription de Châlon comprendrait Autun et Louhans.— Il existe 65 lits à Cluny (arrondissement de Mâcon).
	Chalon-s-Saône	1	3	115	5	4	151	50	»	
	Charolles	1	7	84	8	8	222	41	»	
	Louhans	»	3	44	3	3	77	26	»	
	Mâcon	2	3	74	5	5	186	32	»	
		4	19	347	24	23	700	190	»	
Sarthe	*La Flèche*	1	4	54	4	5	112	29	»	La circonscription du Mans comprendrait Mamers et Saint-Calais.
	Le Mans	1	3	195	6	4	209	53	»	
	Mamers	»	6	25	6	6	95	32	»	
	Saint-Calais	»	5	24	5	5	54	20	»	
		2	18	298	21	20	470	134	»	
Savoie	Albertville	»	1	4	1	1	4	11	7	La circonscription de Chambéry comprendrait Albertville et Moutiers. — Il existe 115 lits à Aix-les-Bains (arrondissement de Chambéry.
	Chambéry	2	1	115	4	3	238	41	»	
	Moûtiers	»	2	12	2	2	13	11	»	
	St-Jean-de-Maurienne.	1	1	56	2	5	63	17	»	
		3	5	187	9	8	318	82	7	

(1) Les six hôpitaux de Lyon comptent respectivement 976, 324, 593, 92, 134 et 107 lits.

Tableau VII (*Suite*)

DÉPARTEMENTS	ARRONDISSEMENTS	NOMBRE d'établissements de 50 lits et plus	NOMBRE d'établissements de moins de 50 lits	NOMBRE DE LITS d'hôpital existants au chef-lieu	Nombre de cantons pourvus d'hôpital	Nombre de communes pourv. d'hôpital	NOMBRE DE LITS de malades existants dans l'arrondiss^t	Nombre de lits calculés nécessaires	Nombre de lits manquants	RATTACHEMENT aux centres hospitaliers principaux proposé pour les arrondissements ne possédant pas d'établissement d'au moins 50 lits de malades. — Villes possédant des établissements d'au moins 50 lits et non centres principaux.
Savoie (H.-).	*Annecy*	1	1	88	3	2	107	26	»	La circonscription d'Annecy comprendrait tout le département.
	Bonneville	»	4	20	3	4	46	20	»	
	Saint-Julien	»	1	36	2	1	36	17	»	
	Thonon	»	2	20	2	2	25	20	»	
		1	8	164	10	9	214	83	»	
Seine	*Paris*	28	»	8.005	20	1	8.005	734	»	On pourrait peut-être créer un hôpital à Sceaux qui deviendrait le centre d'une circonscription.
	Saint-Denis	1	»	150	1	1	150	122	»	
	Sceaux	»	2	»	2	2	19	86	»	
		29	2	8.155	23	4	8.174	942	»	
Seine-Infér.	*Dieppe*	2	4	108	4	6	267	32	»	La circonscription de Rouen comprendrait Yvetot; celle de Dieppe comprendrait Neuchâtel. — Il existe 65 lits à Eu (arrondissement de Dieppe) et 106 lits à Elbeuf (arrondissement de Rouen).
	Le Hâvre	1	6	(1)782	11	6	884	83	»	
	Neufchâtel	»	4	9	4	4	61	23	»	
	Rouen	3	5	(2)854	9	5	1.039	92	»	
	Yvetot	»	4	»	4	4	29	32	»	
		6	23	1.845	32	25	2.280	262	»	
Seine-et-Marne	Coulommiers	»	4	34	4	4	56	17	»	La circonscription de Meaux comprendrait Coulommiers.
	Fontainebleau	1	5	53	5	6	110	26	»	
	Meaux	1	5	89	5	6	157	29	»	
	Melun	1	2	83	4	3	103	20	»	
	Provins	1	1	95	2	2	105	17	»	
		4	17	354	20	21	531	109	»	
Seine-et-Oise	Corbeil	»	3	38	2	3	54	29	»	La circonscription de Versailles comprendrait Corbeil, Mantes et Rambouillet. — Il existe 170 lits à Saint-Germain (arrondissement de Versailles).
	Etampes	1	»	62	1	1	62	14	»	
	Mantes	»	3	39	3	3	63	17	»	
	Pontoise	1	8	50	6	9	168	41	»	
	Rambouillet	»	6	10	5	6	89	20	»	
	Versailles	2	8	227	9	10	563	71	»	
		4	28	426	26	32	989	192	»	

(1) Un établissement de 772 lits et un de 10.
(2) Un établissement de 458 lits, un de 362, un de 16 et un de 28.

Tableau VII (*Suite*)

DÉPARTEMENTS	ARRONDISSEMENTS	NOMBRE d'établissements de 50 lits et plus	NOMBRE d'établissements de moins de 59 lits	NOMBRE DE LITS d'hôpital existants au chef-lieu	*Nombre de cantons pourvus d'hôpital*	Nombre de communes pourv. d'hôpital	NOMBRE DE LITS de malades existants dans l'arrondissement	Nombre de lits calculés nécessaires	Nombre de lits manquants	RATTACHEMENT aux centres hospitaliers principaux proposé pour les arrondissements ne possédant pas d'établissement d'au moins 50 lits de malades. — Villes possédant des établissements d'au moins 50 lits et non centres principaux.
Sèvres (Deux.-).	Bressuire......	»	6	36	4	6	100	26	»	Un établissement à créer à Melle.
	Melle..........	»	»	»	»	»	»	23	23	La circonscription de Niort comprendrait tout le département.
	Niort..........	1	1	140	4	2	165	35	»	
	Parthenay.....	»	2	31	2	2	35	20	»	
		1	9	207	10	10	300	104	23	
Somme...	*Abbeville*.......	1	4	113	6	5	186	41	»	La circonscription d'Amiens comprendrait Montdidier et Péronne.
	Amiens.......	1	3	307	7	4	357	59	»	
	Doullens.......	1	2	52	2	3	69	17	»	
	Montdidier	»	3	19	2	3	49	20	»	
	Péronne.......	»	6	36	5	6	125	32	»	
		3	18	527	22	21	786	169	»	
Tarn......	*Albi*...........	1	»	87	1	1	87	32	»	La circonscription d'Albi comprendrait Gaillac; celle de Castres comprendrait Lavaur.
	Castres........	1	1	124	2	2	132	41	»	
	Gaillac........	»	3	30	2	2	48	17	»	
	Lavaur........	»	2	8	2	2	10	14	4	
		2	5	249	7	7	277	104	4	
Tarn-et-Garonne	Castel-Sarrazin.	»	5	46	5	5	108	20	»	La circonscription de Montauban comprendrait tout le département.
	Moissac........	»	3	32	3	3	45	14	»	
	Montauban.....	1	»	201	2	1	201	29	»	
		1	8	279	10	9	354	63	»	
Var........	Brignoles......	»	13	21	7	13	99	17	»	La circonscription de Toulon comprendrait Brignoles.
	Draguignan....	1	13	63	9	14	174	26	»	
	Toulon........	1	8	370	8	9	488	47	»	
		2	34	454	24	36	761	90	»	
Vaucluse..	Apt...........	»	11	32	5	11	112	14	»	La circonscription d'Avignon comprendrait Apt et Orange. — Il existe 54 lits à L'Isle (arrondissement d'Avignon).
	Avignon........	2	3	204	5	5	313	26	»	
	Carpentras.....	1	12	70	5	13	183	14	»	
	Orange........	»	9	»	7	9	72	20	»	
		3	35	306	22	38	680	74	»	

Tableau VII (*Fin*)

DÉPARTEMENTS	ARRONDISSEMENTS	NOMBRE d'établissements de 50 lits et plus	NOMBRE d'établissements de moins de 50 lits	NOMBRE DE LITS d'hôpital existants au chef-lieu	Nombre de cantons pourvus d'hôpital	Nombre de communes pourv. d'hôpital	NOMBRE DE LITS de malades existants dans l'arrondiss'	Nombre de lits calculés nécessaires	Nombre de lits manquants	RATTACHEMENT aux centres hospitaliers principaux proposé pour les arrondissements ne possédant pas d'établissement d'au moins 50 lits de malades. — Villes possédant des établissements d'au moins 50 lits et non centres principaux.
Vendée....	Fontenay......	»	2	49	2	2	87	44	»	La circonscription de La Roche-sur-Yon comprendrait Fontenay.
	La Roche-s-Yon.	1	4	136	4	5	180	56	»	
	Les Sab.-d'Olon.	1	4	50	5	5	130	41	»	
		2	10	235	11	12	397	135	»	
Vienne....	Châtellerault...	»	1	20	1	1	20	20	»	La circonscription de Poitiers comprendrait Châtellerault, Civray et Loudun.
	Civray.........	»	1	8	1	1	8	17	9	
	Loudun........	»	1	15	1	1	15	11	»	
	Montmorillon...	1	3	60	3	4	72	20	»	
	Poitiers.......	1	»	91	2	1	91	38	»	
		2	6	194	8	8	206	106	9	
Vienne (H.-)	Bellac.........	»	3	22	3	3	48	26	»	La circonscription de Limoges comprendrait tout le département.
	Limoges.......	1	2	320	4	3	351	56	»	
	Rochechouart..	»	2	14	2	2	37	17	»	
	Saint-Yriex. .	»	1	6	1	1	6	17	11	
		1	8	362	10	9	442	116	11	
Vosges....	Epinal.........	»	3	23	3	3	93	32	»	Les circonscriptions de Remiremont et de Saint-Dié comprendraient Epinal ; celle de Mirecourt comprendrait Neufchâteau.
	Mirecourt......	1	2	53	2	3	66	20	»	
	Neufchâteau..	»	1	6	1	1	6	17	11	
	Remiremont. ..	1	4	68	3	5	93	23	»	
	Saint-Dié......	1	2	60	3	3	85	32	»	
		3	12	210	12	15	343	124	11	
Yonne.....	*Auxerre. ......*	1	5	107	6	6	156	35	»	La circonscription d'Auxerre comprendrait Avallon.
	Avallon........	»	2	38	2	2	47	14	»	
	Joigny.........	1	4	53	5	5	99	29	»	
	Sens..........	1	»	76	2	1	76	20	»	
	Tonnerre......	1	1	60	2	2	63	11	»	
		4	12	334	17	16	441	109	»	

Total des établissements comptant 50 lits et plus : 245 existants et 3 à ajouter lorsque le nombre des lits sera complété à Digne, à Guéret et à Mende.
Total des établissements comptant moins de 50 lits : 1,006 existants et 7 à créer dans les villes ci-après : Rocroi, Murat, Calvi, Corte, Lesparre, Florac et Melle.

} La Seine exceptée.

RÉPARTITION DES LITS D'HOPITAL ENTRE LES COMMUNES

d'après l'enquête du 18 juin 1892

DÉPARTEMENTS	COMMUNES POURVUES D'ÉTABLISSEMENTS et dont la population bénéficie de l'hospitalisation gratuite en vertu de l'art. 1er de la loi du 7 août 1851					COMMUNES ayant l'usage exclusif et gratuit d'un certain nombre de lits dans d'autres communes			COMMUNES ayant l'usage gratuit mais non exclusif de lits dans d'autres communes	
	nombre des communes	population de ces communes	nombre des lits à la disposition de leurs malades (1)	LITS AFFECTÉS à la population urbaine	LITS AFFECTÉS à la population rurale	nombre des communes	population de ces communes	nombre des lits réservés à leurs malades	nombre des communes	population de ces communes
Ain	21	66.011	526 1/4	145	381 1/4	34	26.717	40 3/4	20	12.520
Aisne	20	133.084	757 1/2	542	215 1/2	91	56.412	103 1/2	1	580
Allier	15	96.998	536	312	224	57	54.622	66	11	18.805
Alpes (Basses-)	13	86.142	204 5/6	33	171	32	19.403	33 1/6	14	5.827
Alpes (Hautes-)	4	22.179	145 (2)	90	55	»	»	»	»	»
Alpes-Maritimes	17	176.248	528	389	139	»	»	»	9	7.186
Ardèche	14	65.510	327	168	159	10	7.967	12	»	»
Ardennes	10	66.452	278	208	70	9	»	13	»	»
Ariège	8	35 111	257	123	134	8	32.923	14	»	»
Aube	9	71.504	307	195	112	11	6.127	12	»	»
Aude	5	76.727	386	382	4	3	2.697	6	»	»
Aveyron	7	61.563	257	153	104	24	14.059	32	»	»
Bouches-du-Rhône	23	531.114	1.812	1.556	256	3	4.972	15	3	2.610
Calvados	11	110.799	687 1/2	571	116 1/2	21	10.206	31 1/2	»	»
Cantal	7	30.597	164	118	46	15	15.262	22	»	»
Charente	10	75.375	406	277	129	47	39.161	36	»	»
Charente-Inférieure	9	106.212	411	295	116	5	7.233	5	»	»
Cher	19	114.491	297 3/4	112	185 3/4	26	36.314	43 1/4	12	5.755
Corrèze	12	67.864	255	161	94	14	14.411	6	»	»
Corse	3	47.207	168	165	3	4	8.382	6	»	»
Côte-d'Or	18	119 613	577 5/	299	278 5/6	118	55.281	131 1/6(3)	33	20.687
Côtes-du-Nord	9	64.189	582	440	142	7	10.963	8	»	»
Creuse	10	37.352	138	49	89	8	10.419	9	»	»
Dordogne	20	91.824	404	147	257	17	14 971	13	4	2.269
Doubs	10	86.066	420	337	83	166	76.298	23	6	7.708
Drôme	14	90.638	433 5/6(4)	312 5/6	121	7	13.745	9 1/6	»	»
Eure	17	79.885	512 5/12	120 1/4	392 1/6	57	31 222	76 7/12	»	»
Eure-et-Loir	23	82.857	447	183	254	69	37.084	37 (5)	88	43.707
Finistère	[illegible]	[illegible]	739	683	56	7	19.658	11	6	10.050
Gard	17	134.078	460	256	204	18	24.040	32	»	»
Garonne (Haute-)	6	[illegible]	463	[illegible]	[illegible]	[illegible]	[illegible]	[illegible]	[illegible]	[illegible]
Gers	12	51.121	258	51	207	81	44.854	22	»	»
Gironde	12	307 987	861	798	63	5	3.074	8	»	»
Hérault	24	242.236	1.209	960	249	41	44.914	41	»	»
Ille-et-Vilaine	14	155.301	1.028 1/2	934	94 1/2	55	69.783	51 1/2	»	»
Indre	11	76.338	254 1/2	123	131 1/2	16	18.530	16 1/2	»	»
Indre-et-Loire	10	90.220	606 1/2	456	150 1/3	34	31.590	45 1/2	»	»
Isère	21	151.231	703	463	240	46	59.007	48	16	9.492
Jura	11	62.326	303	146	157	34	24.180	49	»	»
Landes	10	44.519	297	129	108	7	5.731	8	»	»
Loir-et-Cher	10	55.795	359	297	62	33	24.458	25	35	35.000
Loire	24	273.007	941 2/3	702 2/3	239	57	76.560	60 1/3	»	»
Loire (Haute-)	13	64.817	309	187	122	20	18.060	16	»	»
Loire-Inférieure	16	220.005	1.106	877	229	31	63.545	43	»	»
Loiret	20	127.300	572	393	179	17	18.247	18	»	»
Lot	8	30.441	190	104	86	20	13.773	27	»	»
Lot-et-Garonne	20	94.876	291	143	148	21	11.000	25	»	»
Lozère	6	20.064	114	35	79	4	2.738	8	»	»
Maine-et-Loire	29	169.315	841	506	335	65	68.756	71	20	25.078
Manche	18	113.377	651	401	250	48	27.756	34	»	»
Marne	12	189.434	869	715	154	47	19.537	85	»	»
Marne (Haute-)	10	55.872	273	166	107	21	10.225	20	»	»
Mayenne	15	79.953	498 3/4	316	182 3/4	102	88.392	102 1/4	»	»
Meurthe-et-Moselle	11	155.446	457	404	53	35	34.585	84	»	»
Meuse	10	69 365	328	301	27	56	24.006	30	»	»
Morbihan	12	102.016	441	325	116	7	20.053	9	»	»
Nièvre	15	77.599	402 1/3	203	199 1/3	34	31.058	36 2/3	»	»
Nord	36	701.876	2.270	2.108	162	1	500	4	»	»
Oise	11	70.736	329	205	124	134	49.308	80	13	5.640
Orne	11	69.201	454	180	274	40	23.555	37	»	»
Pas-de-Calais	15	214.326	910 3/4	810	100 3/4	43	61.589	58 1/4	»	»
Puy-de-Dôme	14	113.737	469	337	132	38	38.802	45	»	»
Pyrénées (Basses-)	7	74.841	458	386	72	25	11.707	8 (6)	»	»
Pyrénées (Hautes-)	4	44.344	168	109	59	»	»	»	»	»
Pyrénées-Orientales	9	56.929	300	159	141	5	2.423	8	25	30.000
Rhin (Haut-)	1	25.455	70	70	»	»	»	»	»	»
Rhône	14	505.787	2.800	2.667	133	60	71.823	95	»	»
Saône (Haute-)	9	35.460	236	130	106	4	1.058	4	»	»
Saône-et-Loire	24	124.522	677	185	492	130	2.558	146	»	»
Sarthe	18	120 762	488 2/3	263 1/3	225 1/3	35	128.027	33	»	»

(1) Ce nombre se termine quelquefois par une fraction à raison des droits d'autres communes, indiqués dans la colonne 9.
(2) Y compris 34 lits affectés moyennant un prix de journée aux malades de l'arrondissement d'Embrun.
(3) Plus 3 lits départementaux.
(4) Y compris 6 lits de maternité pour les femmes du département.
(5) Plus 2 lits pour le diocèse de Chartres.
(6) Plus 17 lits départementaux.

Tableau VIII (*Fin*)

DÉPARTEMENTS	COMMUNES POURVUES D'ÉTABLISSEMENTS et dont la population bénéficie de l'hospitalisation gratuite en vertu de l'art. 1er de la loi du 7 août 1851					COMMUNES ayant l'usage exclusif et gratuit d'un certain nombre de lits dans d'autres communes			COMMUNES ayant l'usage gratuit mais non exclusif de lits dans d'autres communes	
	nombre des communes	population de ces communes	nombre des lits à la disposition de leurs malades	LITS AFFECTÉS à la population urbaine	LITS AFFECTÉS à la population rurale	nombre des communes	population de ces communes	nombre des lits réservés à leurs malades	nombre des communes	population de ces communes
Savoie	8	43.590	107	42	135	20	27.010	52 1/3	»	»
Savoie (Haute-)	8	34.012	214	110	104	13	29.743	7 (1)	»	»
Seine	»	»	»	»	»	»	»	»	»	»
Seine-Inférieure	27	372.724	2.045	2.360	279	56	35.202	54	»	»
Seine-et-Marne	22	99.866	570	288	282	45	26.718	25	»	»
Seine-et-Oise	31	173.131	901	687	214	100	82.242	71	7	5.044
Sèvres (Deux-)	11	57.009	253	106	147	16	10.019	34 (2)	»	»
Somme	22	158.901	801	467	334	39	24.332	40	»	»
Tarn	7	80.224	274	194	80	1	1.020	1	»	»
Tarn-et-Garonne	9	64.622	426	281	145	13	11.934	28	»	»
Var	35	101.389	817	525	292	17	10.730	14	»	»
Vaucluse	38	150.376	834	838	496	1	1.258	1	»	»
Vendée	12	67.540	406	249 (3)	157	9	12.500	17	»	»
Vienne	10	82.679	181	64	117	1	1.433	1 (4)	13	18.156
Vienne (Haute-)	9	117.933	440	327	113	13	18.685	15	»	»
Vosges	15	94.843	390 1/2	269 1/2	121	12	23.187	8 1/2 (5)	58	28.364
Yonne	16	73.451	430	205	225	29	16.331	38 (6)	»	»
TOTAUX	1.211	10.233.151	47.381, 1/12	33.482, 7/12	13.898, 6/12	2.814	2.233.123	2.757, 11/12	400	205.377

(1) Plus de 49 lits départementaux dont 16 pour la Haute-Savoie.
(2) Plus 20 lits départementaux.
(3) Compris 150 lits de l'hôpital départemental de la Roche-sur-Yon.
(4) Plus 53 lits départementaux.
(5) Plus 19 lits, répartis entre les départements des Vosges, Meurthe-et-Moselle, Haute-Saône et Côte-d'Or.
(6) Plus 15 lits réservés pour neuf cantons.

ÉVALUATION DES DÉPENSES DEVANT RÉSULTER DE L'APPLICATION DE LA LOI SUR L'ASSISTANCE MÉDICALE GRATUITE

DÉPARTEMENTS	POPULATION	NOMBRE DE MALADES à secourir (2 0/0)	NOMBRE DE MALADES à secourir à domicile (1,8 0/0)	NOMBRE DE MALADES à hospitaliser (0,2 0/0)	DÉPENSES de secours à domicile (7 fr. par malade)	DÉPENSES D'HOSPITALISATION (37 fr. 50 par malade)	TOTAL	PARTICIPATION des communes (50 0/0)	Coefficient de la part de l'État (*)	PARTICIPATION de l'État	RESTE A LA CHARGE du département
1	2	3	4	5	6	7	8	9	10	11	12
Ain	356.907	7.138	6.424	714	44.968	26.775 00	71.743 00	35.871 50	50	17.935 75	17.935 75
Aisne	545.493	10.910	9.819	1.091	68.733	40.912 50	109.645 50	54.822 75	50	16.446 82	38 375 93
Allier	424.382	8.488	7.639	849	53.473	31.837 50	85.310 50	42.655 25	45	19.194 86	23.460 39
Alpes (Basses-)	124.285	2.486	2.237	249	15.659	9.337 50	24.996 50	12.498 25	70	8.748 75	3.749 50
Alpes (Hautes-)	115.522	2.310	2.079	231	14.553	8.662 50	23.215 50	11.607 75	70	8.125 42	3.482 33
Alpes-Maritimes	258.571	5.171	4.654	517	32.578	19.387 50	51.965 50	25.982 75	30	7.794 82	18.187 93
Ardèche	371.269	7.425	6.683	742	46.781	27.825 00	74.606 00	37.303 00	55	20.516 65	16.786 35
Ardennes	324.923	6.499	5.849	650	40.943	24.375 00	65.318 00	32.659 00	40	13.063 50	19.595 40
Ariège	227.491	4.550	4.095	455	28.665	17.062 50	45.727 50	22.863 75	65	14.861 43	8.002 32
Aube	255.548	5.111	4.600	511	32.200	19.162 50	51.362 50	25.681 25	40	10.272 50	15.408 75
Aude	317.372	6.348	5.713	635	39.991	23.812 50	63.803 50	31.901 75	40	12.760 70	19.149 05
Aveyron	400.467	8.009	7.208	801	50.456	30.037 50	80.493 50	40.246 75	60	24.148 05	16.098 70
Bouches-du-Rhône	630.622	12.612	11.351	1.261	79.457	47,287 50	126.744 50	63.372 25	10	6.337 22	57,035 03
Calvados	428.945	8.579	7.721	858	54.047	32.175 00	86.222 00	43.111 00	20	8.622 20	34.488 80
Cantal	239.601	4.792	4.313	479	30.191	17.962 50	48.153 50	24.076 75	60	14.446 05	9.630 70
Charente	360.259	7.205	6.485	720	45.395	27.000 00	72.395 00	36.197 50	40	14.479 00	21.718 50
Charente-Infér.	456.202	9.124	8.212	912	57.484	34.200 00	91.684 00	45.842 00	30	13.752 60	32.089 40
Cher	359.276	7.186	6.467	719	45.269	26.962 50	72.231 50	36.115 75	55	19.863 96	16.252 09
Corrèze	328.119	6.562	5.906	656	41.342	24.600 00	65.942 00	32.971 00	65	21.431 15	11.539 85
Corse	288.596	5.772	5.195	577	36.365	21.637 50	58.002 50	29.001 25	70	20.300 87	8.700 38
Côte-d'Or	376.866	7.537	6.783	754	47.481	28.275 00	75.756 00	37.878 00	40	15.151 20	22.726 80
Côtes-du-Nord	618.652	12.373	11.136	1.237	77.952	46.387 50	124.339 50	62.169 75	45	22.976 38	34.193 37
Creuse	284.660	5.693	5.124	569	35.868	21.337 50	57.205 50	28.602 75	65	18.591 78	10.010 97
Dordogne	478.471	9.569	8.612	957	60.284	35.887 50	96.171 50	48.085 75	50	24.042 87	24.042 88
Doubs	303.081	6 062	5.456	606	38.193	22.725 00	60.917 00	30.458 50	40	12.183 40	18 275 10
Drôme	306.419	6.128	5.515	613	38 605	22.987 50	61.592 50	30.796 25	50	15.398 12	15.398 13
Eure	349.471	6 989	6.290	699	44.030	26.212 50	70.242 50	35.121 25	30	10.536 37	24.584 86
Eure-et-Loir	284.683	5.694	5.125	569	35.875	21.337 50	57.212 50	28.606 25	40	11.442 50	17.163 75
Finistère	727.012	14.540	13.086	1 454	91.602	54.525 00	146.127 00	73.063 50	40	29 227 40	43,838 10
Gard	419.388	8.388	7.549	839	52.843	31.462 50	84.305 50	42.152 75	30	12.645 82	29,506 93
Garonne (Hte-)	472.383	9.448	8.503	945	59 521	35.437 50	94.958 50	47.479 25	30	14,243 77	33.235 58

1	2	3	4	5	6	7	8	9	10	11	12
Gers	261.084	5.222	4.700	522	32.900	19.575 00	52.475 00	26.237 50	50	13.118 75	13.118 75
Gironde	793.528	15.871	14.284	1.587	99.988	59.512 50	159.500 40	79.750 25	20	15.950 05	63.800 20
Hérault	461.651	9.233	8.315	923	58.170	34.612 50	92.782 50	46.391 25	30	13.917 37	¢2.473 88
Ille-et-Vilaine..	626.875	12.537	11.283	1.254	78.981	47.025 00	126.0)6 00	63.003 00	40	25.201 20	37.801 80
Indre........ ...	292.868	5.857	5.271	586	36.897	21.975 00	58.872 00	29.436 00	60	17.661 60	11.774 40
Indre-et-Loire..	337.298	6.746	6.071	675	42.497	25.312 50	67.809 50	33.904 75	40	13.561 90	20.342 85
Isère	572.145	11.443	10.299	1.144	72.093	42.900 00	114.993 00	57.496 50	40	22.998 60	34.497 90
Jura...........	273.020	5.461	4.915	546	34.405	20.475 00	54.880 00	27.440 00	45	12.348 00	15.092 00
Landes	297.842	5.957	5.361	596	37.527	22.350 00	59.877 00	29.938 50	70	20.956 95	8.981 55
Loir-et-Cher....	280.358	5.607	5.046	561	35.322	21.037 50	56.359 50	28.179 75	50	14.089 87	14.089 88
Loire..........	616.227	12.324	11.092	1.232	77.644	46.200 00	123.844 00	61.922 00	20	12.384 40	49.537 60
Loire (Haute-)..	316.735	6.335	5.701	634	39.907	23.775 00	63.682 00	31.841 00	50	15.920 50	15.920 50
Loire-Inférieure	645.263	12.905	11.615	1.290	81.305	48.375 00	129.080 00	64.840 00	30	19.452 00	45.388 00
Loiret	377.718	7.554	6.799	755	47.593	28.312 50	75.905 50	37.952 75	40	15.181 10	22.771 65
Lot	253.885	5.078	4.570	508	31.990	19.050 00	51.040 00	25.520 00	50	12.760 00	12.760 00
Lot-et-Garonne	295.360	5.907	5.316	591	37.212	22.162 50	59.374 50	29.687 25	30	8.906 17	20.781 08
Lozère	135.527	2.711	2.440	271	17.080	10.162 50	37.242 50	13.631 25	70	9.534 87	4.086 38
Maine-et-Loire.	518.589	10.372	9.335	1.037	65.345	38.887 50	104.232 50	52.116 25	30	15.634 87	26.481 38
Manche........	513.815	10.276	9.248	1.028	64.736	38.550 00	103.286 00	51.643 00	30	15.492 90	36.150 10
Marne	434.692	8.694	7.825	869	54.775	32.587 00	87.362 50	43.681 25	40	17.472 50	26.208 75
Marne (Haute-).	243.533	4.871	4.384	487	30.688	18.262 50	48.950 50	24.475 25	50	12.237 62	12.237 63
Mayenne.......	332.387	6.648	5.983	665	41.881	24.937 50	66.818 50	33.409 25	40	13.363 70	20.045 55
Meurthe-et-Mos.	444.150	8.883	7.995	888	55.965	33.390 00	89.265 00	44.632 50	30	13.389 75	31.242 75
Meuse	292.253	5.845	5.261	584	36.827	21.900 00	58.727 00	29.363 50	45	13.213 57	16.149 93
Morbihan......	544.470	10.889	9.800	1.089	68.600	40.837 50	109.437 50	54.718 75	50	27.359 37	27.359 38
Nièvre.........	343.581	6.872	6.185	687	43.295	25.762 50	69.057 50	34.528 75	50	17.264 37	17.264 38
Nord...........	1.736.341	34.727	31.254	3.473	218.778	130.237 50	349.015 50	174.507 75	10	17.450 77	157.056 98
Oise...........	401.835	8.037	7.233	804	50.631	30.150 00	80.781 00	40.390 50	30	12.117 15	28.273 35
Orne	354.387	7.088	6.379	109	44.653	26.587 50	71.240 50	35.620 25	30	10.686 07	24.934 18
Pas-de-Calais..	874.364	17.487	15.738	1.749	110.166	65.587 50	175.753 50	87.876 75	20	17.575 35	70.301 40
Puy-de-Dôme ..	564.266	11.285	10.157	1.128	71.099	42.300 00	113.399 00	56.699 50	40	22.679 80	34.019 70
Pyrénées (H.-).	425.027	8.501	7.651	850	53.557	31.875 00	85.432 00	42.716 00	55	23.493 80	19.222 20
Pyrénées (B.-).	225.861	4.517	4.065	452	28.455	16.950 00	45.405 00	22.702 50	60	13.621 50	9.081 00
Pyrénées-Orient	210.125	4.202	3.782	420	26.474	15.750 00	42.224 00	21.112 00	55	11.611 60	9.500 40
Rhin (H.-) (part franç)	83.670	1.673	1.506	167	10.542	6.262 50	16.804 50	8.402 25	20	1.680 45	6.721 80
Rhône.........	806.737	16.135	14.521	1.614	101.647	60.525 00	162.172 00	81.086 00	10	8.108 60	72.977 40
Saône (Haute-).	280.856	5.617	5.055	562	35.385	21.075 00	56.460 00	28.230 00	45	12.703 50	15.526 50
Saône-et-Loire.	619.523	12.390	11.151	1.239	78.057	46.462 50	124.519 50	62.259 75	40	24.903 90	37.355 85
Sarthe.........	429.737	8.595	7.735	860	54.145	32.250 00	86.395 00	43.197 50	30	12.959 25	30.238 25
Savoie.........	263.297	5.266	4.739	527	33.173	19.762 50	52.935 50	26.467 75	70	18.527 42	7.940 33
Savoie (Haute-).	268.267	5.365	4.829	536	33.803	20.100 00	53.903 00	26.951 50	65	17.518 47	9.433 03

(1) Application du barème B, qui est annexé au projet de loi, et qui fixe la proportion de la participation de l'Etat aux dépenses du service départemental, défalcation faite de la part des communes.

Tableau IX *(Suite)*

DÉPARTEMENTS	POPULATION	NOMBRE DE MALADES à secourir (2 0/0)	NOMBRE DE MALADES à secourir à domicile (1,8 0/0)	NOMBRE DE MALADES à hospitaliser (0,2 0/0)	DÉPENSES de secours à domicile (7 fr. par malade)	DÉPENSES D'HOSPITALISATION (37 fr. 50 par malade	TOTAL	PARTICIPATION des communes (50 0/0)	Proportion 0/0 du tableau B	PARTICIPATION de l'État	RESTE A LA CHARGE du département
1	2	3	4	5	6	7	8	9	10	11	12
Seine	3.141.595	62.832	56.549	6.283	395.843	235.612 50	631.455 50	315.727.75	10	31.572 77	284.154 98
Seine-Infér	839.876	16.797	15.617	1.080	105.819	63.000 00	168 819 00	84.409 50	10	8.440 95	75.968 55
Seine-et-Marne	356.709	7.134	6.421	713	44.947	26.737 50	71.684 50	35.842 25	30	10.752 61	25.089 58
Seine-et-Oise	628.590	12.572	11.315	1.257	79.205	47.137 50	126.342 50	63.171 25	10	6.317 12	56.854 13
Sèvres (Deux-)	354.282	7.086	6.377	709	44.639	26.587 50	71.226 50	35.613 25	45	16.025 96	19.587 29
Somme	546.495	10.930	9.837	1.093	68.859	40.987 50	109.846 50	54.923 25	20	10.984 65	43.938 60
Tarn	346.739	6.935	6.242	693	43.694	25.987 50	69.681 50	34.840 75	45	15.678 33	19.162 42
Tarn-et-Gar	206.596	4.132	3.719	.413	26.033	15.487 50	41.520 50	20.760 25	30	6.228 07	14.532 18
Var	288.336	5.767	5.190	577	36.330	21.637 50	57.967 50	28.983 75	45	13.042 68	15.941 07
Vaucluse	235.411	4.708	4.237	471	29.659	17.662 50	47.321 50	23.660 75	40	9.464 30	14.196 45
Vendée	442.355	8.847	7.962	885	55.734	33.187 50	88.921 50	44.460 75	45	20.007 33	24.453 42
Vienne	344.355	6.887	6.198	689	43.386	25.837 50	69.223 50	34.611 75	50	17.305 87	17.305 88
Vienne (Haute-)	372.878	7.458	6.712	746	46.984	27.975 00	74.959 00	37.479 50	50	18.739 75	18.739 75
Vosges	410.196	8.204	7.384	820	51.688	30.750 00	82.438 00	41.219 00	45	18.548 55	22.670 45
Yonne	344.688	6.804	6.205	689	43.435	25.837 50	69.272 50	34.636 25	45	15.586 31	19.049 94
TOTAUX GÉNÉRAUX	38.343.102	786.864	690.178	76.686	4.831.216	2.875.725 00	7.706.971 00	3.853.485 50		1.338.244 63	2.515.240 87
Moins la Seine	3.141.595	62.832	56.549	6.283	395.843	235.612 50	631.455 50	315.727 75	10	31.572 77	284.154 98
Reste pour les 86 départements	35.201.507	704.032	633.629	70.403	4.4[illegible]5.403	2.640.112 50	7.075.515 50	3.587.757 75		1.306.671 86	2.231.085 89

TABLE ANALYTIQUE DES MATIÈRES

Paris — Imprimerie PAUL DUPONT (Cl.)

www.ingramcontent.com/pod-product-compliance
Ingram Content Group UK Ltd.
Pitfield, Milton Keynes, MK11 3LW, UK
UKHW020950230726
13923UKWH00007B/236